Produkthaftung
und Warnhinweise

ÖKONOMISCHE ANALYSE DES RECHTS

SCHRIFTENREIHE

LAW AND ECONOMICS

Herausgegeben von Michael Adams

Band 5

PETER LANG
Frankfurt am Main · Berlin · Bern · Bruxelles · New York · Oxford · Wien

Maja Kraas

Produkthaftung und Warnhinweise

Eine rechtsökonomische Analyse am Beispiel von Coca-Cola

PETER LANG
Europäischer Verlag der Wissenschaften

Bibliografische Information Der Deutschen Bibliothek
Die Deutsche Bibliothek verzeichnet diese Publikation in der Deutschen Nationalbibliografie; detaillierte bibliografische Daten sind im Internet über <http://dnb.ddb.de> abrufbar.

Zugl.: Hamburg, Univ., Diss., 2003

D 18
ISSN 1619-053X
ISBN 3-631-52360-2

www.peterlang.de

Vorwort

Diese Arbeit ist in den Jahren 2000 bis 2003 recherchiert und geschrieben worden – in einer Zeit, in der der Verbraucherschutz in sehr unterschiedlichen Formen breiteren Einzug in die öffentliche Debatte gefunden hat. Mit der Schaffung des Bundesministeriums für Verbraucherschutz, Ernährung und Landwirtschaft Anfang 2001 ist dem Thema von staatlicher Seite sichtbar Platz eingeräumt worden. Vorangegangen war das Auftreten der Maul- und Klauenseuche BSE.

Im selben Zeitraum erschienen die ersten wissenschaftlichen Auswertungen über die Strategie der Zigarettenindustrie bei der Vermarktung ihrer Produkte. Die im Rahmen des juristischen Vergleichs in den USA offen gelegten Doku-mente ermöglichten erstmals die Erforschung der an sich diskret und im Sinne der Public Relations hochgradig professionell agierenden Zigarettenkonzerne. In Europa haben viele Staaten die Erkenntnisse für eine erhebliche Anhebung der Tabaksteuer und sehr viel deutlichere Warnhinweise genutzt.

Warum wird nun Coca-Cola thematisiert?

Wahrscheinlich würde eine Umfrage unter durchschnittlich gebildeten Menschen in Deutschland zeigen, dass Coca-Cola nicht unbedingt als "gesund" gilt. Schon unter Kindern gehört es zur Allgemeinbildung, dass das Getränk sehr viel Zucker enthält. Doch die tatsächlichen Konsequenzen für die Gesundheit sind kaum bekannt. Die Autorin fand es deshalb sinnvoll, vorliegende medizinische, volkswirtschaftliche und juristische Erkenntnisse zusammen zu tragen.

Die Auswertung der medizinischen Literatur hat ergeben, dass Coca-Cola erhebliche Gesundheitsschäden verursachen kann und ein gewisses Suchtpotential hat. Übergewicht und Diabetes – zwei Krankheiten, die durch Coca-Cola mitverursacht werden können – haben in den westlichen Industrienationen mittlerweile ein epidemisches Ausmaß erreicht und drohen die Gesundheitssysteme erheblich zu belasten.

Der massenhafte Konsum lässt sich teilweise mit dem Ausmaß an Werbung der Coca-Cola Company für ihre Produkte erklären. Als Trend fällt dabei auf, dass sich Werbekampagnen immer stärker an Kinder richten. Außerdem werden die Packungseinheiten immer größer, bei sinkenden Preisen. Daneben gibt es Anzeichen dafür, dass die Coca-Cola Company – ähnlich wie zuvor die Tabakindustrie – in einem wachsend kritischen Umfeld versuchen könnte, durch Lobbyarbeit Wissenschaftler und Entscheidungsträger in Politik und Medien für sich zu gewinnen, um ein positives Verkaufsklima zu erhalten.

Nach den vorliegenden medizinischen Erkenntnissen müsste Coca-Cola vor den nicht allgemein bekannten Auswirkungen auf die Gesundheit durch deutliche Hinweise warnen. Damit könnte – ähnlich wie bei Zigaretten – ein Bewusstsein dafür geschaffen werden, dass Coca-Cola für den Einzelnen schädlich und für die Allgemeinheit, die die Behandlungskosten tragen muss, teuer ist.

Die Autorin hofft, dass es ihr gelungen ist, die weit reichenden Folgen des Coca-Cola Konsums aufzuzeigen, die systematischen Zusammenhänge nutzbringend zu analysieren und dadurch eine Diskussion über notwendige Maßnahmen des Verbraucherschutzes anzustossen.

Die Arbeit ist dem Fachbereich Wirtschaftswissenschaften der Universität Hamburg im Sommer 2003 als Dissertation vorgelegt worden. Zuallererst danke ich Professor Dr. Michael Adams, der die Anregung zu dieser Arbeit lieferte und mir am Institut für Recht der Wirtschaft der Universität Hamburg die Durchführung ermöglichte, für seine Unterstützung, Geduld und Kritik. Ich danke für die Freiheit, die er mir gewährt hat und für sein Beharren auf »credible deadlines« – die mir geholfen haben, die Arbeit zügig abzuschließen. Angesichts der interdisziplinären Aufgabenstellung war ich daneben gut beraten, das Korrekturlesen auf mehrere, kompetente Schultern zu verteilen. Ich bedanke mich für die konstruktive Kritik bei meinem Vater, der den medizinischen Teil las, bei Peter Littger, dem der Werbe- und Lobbyteil zufiel, bei Dr. Clemens von Zedwitz dem juristischen Fachmann, und bei meinem Kollegen am Institut für Recht der Wirtschaft, Christian Eilinghoff, für die Verbesserung der ökonomischen Analyse. Besonderer Dank gilt vor allem auch Dr. Henning Curti, der die Entwicklung der Arbeit aufmerksam beobachtete, mich in Diskussionen von Irrwegen abbrachte und bei Formatierungs- oder Literaturfragen ebenso half wie in der Rolle des personifizierten schlechten Gewissens.

Berlin, im Januar 2004

Maja Kraas

Inhalt

1. Einführung

Wer auf der Welt kennt Coca-Cola nicht? Allein der Name weckt rund um den Globus Assoziationen von jungen, fröhlichen und gesunden Menschen – den Coca-Cola-Werbeträgern. Coca-Cola ist eine wahrlich globale Marke, sie ist in allen Regionen der Erde präsent und unter allen *global brands* mit einem Jahresumsatz von über US$ 15 Milliarden die Nummer eins.

Deutlich weniger bekannt als die Marke selbst sind die Auswirkungen, die der Coca-Cola-Konsum auf die Gesundheit haben kann. So soll Coca-Cola bei der Entstehung von Übergewicht und der Entwicklung von Diabetes Typ 2 eine Rolle spielen, die Knochen angreifen und ein gewisses Suchtpotential haben, um nur die wichtigsten zu nennen. Den Gesundheitsauswirkungen von Coca-Cola nachzugehen, ist ein Anliegen dieser Arbeit. Mögliche Gesundheitsschäden durch Coca-Cola werden daher in Kapitel 2 untersucht.

Die angesprochenen Gesundheitsschäden sind nicht nur bedauerliche Einzelfälle. Vor allem Übergewicht und Diabetes – zwei der vermuteten Folgen des Coca-Cola-Konsums – haben in den westlichen Industrienationen mittlerweile ein epidemisches Ausmaß erreicht. Aber auch weltweit nimmt das Problem zu. So lässt sich feststellen, dass die Zahl der Übergewichtigen in Ländern, die von traditioneller Ernährung zu modernem *junk food* übergehen, parallel zu den Lebensmittelimporten steigt[1].

Das Problem hat auch eine soziale Dimension: Das Gewicht eines Menschen wird in einer komplexen Weise von ökonomischen Variablen beeinflusst. Im Durchschnitt war die Bevölkerung in armen Ländern immer dünner als in wohlhabenderen Ländern. Das gilt auch heute noch. Aber innerhalb von Ländern wiegen die Wohlhabenden häufig weniger als die ärmeren Mitglieder der Bevölkerung[2]. In den USA lässt sich feststellen, dass Übergewicht ein Klassen-

---

[1] *Grimm, H.-U.*, Aus Teufels Topf: Die neuen Risiken beim Essen, München: Droemersche Verlagsanstalt Th. Knaur Nachf., 2001, S. 79; *Cleave, T.L./Campbell, G.D.*, Diabetes, Coronary Thrombosis and the Saccarine Disease, Verlag John Wright & Sons Ltd. Bristol; die schon in den 50er Jahren belegten, dass Diabetes bei Völkern, die noch keine raffinierten Kohlenhydrate verzehren, praktisch nicht vorkommt. Dabei stellten sie die „Regel der 20 Jahre auf", die besagt, dass der Kranke vor dem tatsächlichen Ausbruch des Diabetes etwa 20 Jahre falschen Ernährungsgewohnheiten mit raffinierten Kohlenhydraten ausgesetzt ist. S. auch *Cleave, T.L.*, The Saccharine Disease, Bristol: John Wright & Sons Ltd., 1974

[2] *Lakdawalla, D./ Philipson, T.*, The Growth of Obesity and Technological Change, National Bureau of Economic Research Working Paper No. 8, 946; zit. bei *Varian, H.R.*, Employment and Prosperity Affect Body Inflation, NY Times, Sept. 26, 2002

problem ist und in besonderem Maße Minderheiten und Ärmere trifft[3]. Ein ähnliches Phänomen lässt sich bei Diabetes beobachten. Die Zunahme der Krankheitsfälle in den Entwicklungsländern geht einher mit einer Umstellung der traditionellen Ernährung und Lebensgewohnheiten auf den westlichen *life-style*[4] und erreicht daher zuerst die, die einen gehobenen Lebensstandard erreichen. In den Industrienationen trifft Diabetes dagegen überproportional wirtschaftlich unterprivilegierte Menschen und Minderheiten[5]. Die WHO hat in ihrem World Health Report 1997[6] zum ersten Mal die wachsende Bedrohung durch nicht-übertragbare Krankheiten[7] thematisiert. Die Chance und Tragik der nicht-übertragbaren Krankheiten besteht darin, dass sie – im Gegensatz zu vielen ansteckenden Krankheiten – vermieden, aber nicht geheilt werden können. Der Prävention kommt also besondere Bedeutung zu.

Wenn aber Coca-Cola bei der Entstehung (unter anderem) dieser Krankheiten eine Rolle spielen kann, stellt sich die Frage, warum dieses Produkt in solchen Massen konsumiert wird. Dieser Frage widmet sich das 3. Kapitel: Auffallend an Coca-Cola ist die weltweite Präsenz der Marke – überall finden sich Plakate, Anzeigen, Werbespots, Cola-Trucks oder das Produkt selbst. Der Werbung und Vermarktung scheint offensichtlich eine Schlüsselrolle beim Absatz von Coca-Cola zuzukommen.

Die Bekanntheit und Präsenz eines Produkts wie Coca-Cola hat auch eine andere Seite: Wenn Risiken einer Produktgruppe bekanntwerden, richtet sich Kritik zuallererst an die bekanntesten Produkthersteller – die Coca-Cola Company zum Beispiel. Die Coca Cola Company wird es also besonders hart treffen, wenn sich Erkenntnisse über Gesundheitsschäden durch *Soft Drinks* im Allgemeinen erhärten. Kritische Stimmen gibt es bereits, Coca-Cola ist als Produkt nicht un-

---

[3] Nach einer Untersuchung der University of North Carolina könnte das Fehlen von Supermärkten, die Zugang zu Obst und Gemüse ermöglichen würden, in weniger gut situierten Wohnvierteln hierfür eine Erklärung sein. Überwiegend von Weißen bewohnte Wohnviertel hatten durchschnittlich fünf mal mehr Supermärkte als Wohnviertel mit überwiegend schwarzer Bevölkerung. *Duenwald, M.*, Good Health is Linked to Grocer, NY Times, 12 Nov. 2002

[4] Das hat Cleave schon vor mehreren Jahrzehnten festgestellt. Vgl. *Cleave, T.L.*, The Saccharine Disease, ch. VII: On the Causation of Diabetes, Bristol: John Wright, 1974, und darauf hingewiesen, dass Diabetes in der Regel erst 20 Jahre nach der Umstellung auf zuckerreiche Ernährung auftritt („The Rule of Twenty Years"), ebenda, S. 86

[5] *Zimmet, P.*, Globalization, Coca-colonization and the Chronic Disease Epidemic: can the Doomsday Scenario be Averted? Journal of Internal Medicine (2000), Vol. 247: 301-310

[6] World Health Organization: World Health Report 1997. Conquering Suffering, Enriching Humanity. Genf: 1997

[7] Insbesondere Krebs, kardiovasculäre Erkrankungen, chronische Atmungserkrankungen und Diabetes.

umstritten. Darauf muss ein Unternehmen, das am Markt bleiben will, reagieren. Es wäre rational, in einer solchen Situation, neben der Gunst der Konsumenten auch Vertreter von Medien, Wissenschaft und Politik für die eigene Sache zu begeistern – durch Lobbyarbeit. Für das Einschlagen einer solchen Strategie gibt es Hinweise bei Coca-Cola. Auch damit beschäftigt sich Kapitel 3.

Das ganze Geschehen spielt sich nicht im rechtsfreien Raum ab. Der Staat kann durch eine rechtlichen Regulierung des Problemkreises in das Geschehen eingreifen. In erster Linie bietet sich hierfür im Fall von Coca-Cola das Instrument der Produkthaftung an. Darunter versteht man rechtliche Regelungen, die den durch ein fehlerhaftes Produkt entstandenen Schaden auf den Hersteller verlagern. In Kapitel 4 geht es dementsprechend – nach einer kurzen Darstellung der Grundzüge des deutschen Produkthaftungsrecht – um die Frage, ob eine Haftung von Coca-Cola nach derzeitigem Recht in Betracht kommt.

Im 5. Kapitel wird die dargestellte Situation schließlich mit der *toolbox* der Ökonomischen Analyse des Rechts analysiert. Die erste Frage, die sich stellt, ist, ob überhaupt ein Interventionsbedarf besteht, ob – mit anderen Worten – ein Marktversagen vorliegt. Im Anschluss daran wird untersucht, ob die Marktstörung durch die bestehende Regulierung bereits behoben wird. Hier wird vor allem das geltende Produkthaftungsrecht auf seine Anreize hin untersucht. Entsprechend dem Ergebnis besteht Raum für Kritik und Verbesserungsvorschläge. Man ist für die Regulierung aber nicht auf das Produkthaftungsrecht beschränkt. Ergänzungen zum Haftungsrecht und Alternativen werden zum Abschluss aufgezeigt und diskutiert. Diese Vorschläge sollen einen Anstoss für konkrete Maßnahmen liefern. In der Praxis werden die angesprochenen Themen im Rahmen des Verbraucherschutzes schon diskutiert, wirksame Maßnahmen lassen aber noch auf sich warten. Dabei ist die Problematik der Gesundheitsschädigung durch ein Alltagsprodukt nicht auf Coca-Cola beschränkt, die Untersuchung von Coca-Cola ist eine exemplarische. Die gewonnenen Erkenntnisse lassen sich auf andere Produkte anwenden, die ähnliche Charakteristika haben.

2. Medizinische Erkenntnisse

Coca-Cola besteht laut Inhaltsangabe aus Wasser, Zucker, Kohlensäure, Farbstoff, Säuerungsmittel, Phosphorsäure, Aroma und Koffein. Die Frage, wie diese Stoffe im Einzelnen und – in Coca-Cola vereint – gemeinsam wirken, ist außerordentlich komplex. Die Schwierigkeit, die Gefährlichkeit eines Alltagsprodukts wie Coca-Cola zu bestimmen, liegt darin, dass es nur eines von vielen täglich konsumierten Produkten ist. Dieses Problem besteht bei allen Produkten, deren Wirkung nicht offensichtlich und in engem zeitlichen Zusammenhang auftritt (wie bei einer Vergiftung). Erkenntnisse über gesundheitliche Risiken von Coca-Cola eindeutig festzustellen, ist somit kein leichtes Unterfangen.

Im Zusammenhang mit Coca-Cola gibt es aber Hinweise für Gesundheitsschädigungen von einem solchen Ausmaß, dass sich eine Untersuchung schon aufgrund der bereits bekannten Tatsachen rechtfertigt: So soll Coca-Cola eine Rolle bei der Entwicklung von Übergewicht spielen. Allein die Zahl der Übergewichtigen hat in den westlichen Industrienationen aber mittlerweile die Dimension einer regelrechten Epidemie erreicht. Schlechte Ernährung und zuwenig Bewegung verursachen in den USA schätzungsweise zwischen 310.000 und 580.000 Tote pro Jahr[8]. Die jährlichen Kosten von ernährungsbezogenen Krankheiten belaufen sich in den USA nach konservativen Schätzungen auf mindestens US$ 71 Milliarden[9], nach anderen Schätzungen auf bis zu US$ 117 Milliarden[10]. Coca-Cola ist selbstverständlich nur ein Faktor im Rahmen des großen Themas "schlechte Ernährung" – allerdings kein zu vernachlässigender: Allein die sog. „Classic Coke" bringt es jährlich auf Verkäufe von mehr als US$ 1 Milliarde[11]. Coca-Cola gehört zu den beliebtesten *Soft Drinks* und hatte in den USA 1996 einen Marktanteil von 20% am Soft Drink Markt[12].

---

[8] *Jacobson, M.F./ Brownell, K.D.*, Small Taxes on Soft Drinks and Snack Foods to Promote Health, American Journal of Public Health (2000), 90: 854-857 (854) FN 1

[9] *Jacobson, M.F./ Brownell, K.D.*, Small Taxes on Soft Drinks and Snack Foods to Promote Health, American Journal of Public Health (2000), 90: 854-857 (854), FN 2

[10] Vgl. Editorial: Getting a Handle on Obesity, The Lancet (2002), Vol. 359: 1955

[11] Vgl. *AC Nielsen*, Reaching the Billion Dollar Mark – A Review of Today's Global Brands, im World Wide Web unter: http://www.acnielsen.ch/Inhalt/Reaching%20the%20Billion%20Dollar %20Mark.pdf (accessed 2 Oct 2002)

[12] *Beverage World and Beverage Marketing Corporation,* The top 10 soft drink review (March 15, 1997), zit. in der Petition for Amendments of Food-Labeling Regulations to Require Quantitative Labeling of Caffeine Content and Request for Review of Health Effects of Caffeine, Center for Science in the Public Interest, July 31, 1997, anzufordern unter: www.cspinet.org ("CSPI Petition")

Um Klarheit über die Gesundheitsauswirkungen von Coca-Cola zu gewinnen, sollen nachfolgend zunächst die verschiedenen Krankheitsbilder (Übergewicht, Diabetes, Mangelernährung, Knochenschwund, Nierensteine und Zahnschäden) auf einen möglichen Verursachungsbeitrag von Coca-Cola an Hand der Literatur diskutiert werden. Anschließend wird auf den möglichen Suchteffekt von Zucker und die in der Literatur diskutierte Wirkung von Koffein einzugehen.

2.1 Übergewicht

Die Ursachen von Übergewicht sind kein Geheimnis: Übergewicht ist das Ergebnis einer positiven Energiebilanz. Übersteigt die Kalorienaufnahme den -verbrauch, nimmt man zu. Auch genetische Faktoren können nach derzeitigem Forschungsstand eine Rolle spielen[13]. Bemerkenswert ist jedoch, dass weltweit die Zahl der Übergewichtigen in genetisch stabilen Bevölkerungen zunimmt[14]. Damit sind die wichtigsten Ansatzpunkte für eine ausgeglichene Energiebilanz die Kalorienaufnahme einerseits, Bewegung andererseits.

So einig man sich bei der Grundaussage ist, dass eine positive Energiebilanz zu Gewichtszunahme führt, so umstritten ist die Frage, welche Nährstoffe und Nahrungsmittel zu meiden sind. Lange Zeit galt Fett als Ursache allen Übels. Seit den 70er Jahren wurde daher mehrheitlich empfohlen, konsequent den Fettanteil in der Nahrung zu reduzieren[15]. Obwohl aber der Fettanteil an der täglichen Nahrung in den USA seit den 60er Jahren von 42% auf 34% gefallen ist, ist der Anteil der Übergewichtigen stetig gestiegen[16]. Über die letzten Jahrzehnte lässt sich hingegen ein Anstieg des Verbrauchs an Süßstoffen aller Art feststellen[17]. Den Anstieg von Übergewicht in derselben Zeit führen Wissen-

---

[13] *Ebbeling C.B./ Pawlak D.B./ Ludwig D.S.*, Childhood Obesity: Public-health Crisis, Common Sense Cure. The Lancet (2002), Vol. 360: 473-482 (475) m.w.N.

[14] *Ebbeling C.B./ Pawlak D.B./ Ludwig D.S.*, Childhood Obesity: Public-health Crisis, Common Sense Cure, The Lancet (2002), Vol. 360: 473-482 (474)

[15] S. *Brody, J.E.*, Dietary Advice Takes on Mediterranean Flavor, NY Times, 3 Dec., 2002. Mittlerweile geht man davon aus, dass zumindest auch die Art der konsumierten Fette entscheidend ist.

[16] *Taubes, G.*, What if It's All Been a Big Fat Lie? NY Times, 7 July 2002. Dabei mag eine Rolle gespielt haben, dass die fettfreien Produktvarianten in den USA häufig genau so viel Kalorien enthalten wie die Originale – nur eben Kalorien aus Kohlenhydraten, nicht aus Fett.

[17] Der jährliche Pro-Kopf-Verbrauch aller Süßstoffe stieg in den USA von 55,8 kg im Jahr 1980 auf 70,35 kg 1998. Der jährliche Pro-Kopf-Verbrauch von Süßungsmitteln aus Mais hat sich in derselben Zeit von 17,3 kg (1980) auf 39,4 kg (1998) mehr als verdoppelt. S. *Chou, S.*-

schaftler daher seit neuerem[18] zum einen auf eine geringere körperliche Betätigung[19], zum andern auf den gestiegenen Kohlenhydratkonsum zurück[20].

Im Rahmen des Kohlenhydratverbrauchs spielen zuckerhaltige Getränke eine besondere Rolle: Sie machen unter allen Altersklassen 20-24% der gesamten täglich aufgenommenen Energie aus. Unter Jugendlichen sind *Soft Drinks* unter den Getränken der wichtigste Faktor. Sie liefern 8% der gesamten Energie. Die gestiegene Kalorienaufnahme kann daher bei Kindern und Jugendlichen in erster Linie auf einen gestiegenen Konsum von zuckerhaltigen *Soft Drinks* zurückgeführt werden[21]. *Soft Drinks* machen bei Übergewichtigen auch einen signifikant höheren Anteil der täglichen Kalorienaufnahme aus als bei nicht übergewichtigen Kindern und Jugendlichen. Bei übergewichtigen Kindern und Heranwachsenden war der Anteil der Kalorien aus *Soft Drinks* für alle Altersklassen größer als bei nicht übergewichtigen[22].

Nach Daten des US Department of Agriculture (USDA), ist der Pro-Kopf-Verbrauch von *Soft Drinks* über die letzten 50 Jahre um 500% gestiegen[23]. Die

---

Y./ Grossmann, M./ Saffer, H., An Economic Analysis of Adult Obesity: Results from the Behavioral Risk Factor Surveillance System; NBER Working Paper 9247, Oct 2002

18 Das ist mittlerweile auch in der breiten Öffentlichkeit angekommen, s. *Gonder, U.*, Fette Lügen, Die Zeit Nr. 18 (25. April 2002), S.34. Zu der Kontroverse zwischen fett- und proteinreichen Ernährungsempfehlungen s. *Burros, M.* The Diet Pendulum Swings Again NY Times, 14 Aug. 2002.

19 Auch diese Korrelation ist aber nicht nachgewiesen. Für die USA fehlen verlässliche Daten bis Mitte der 80er Jahre. In den 90er Jahren lässt sich eine Zunahme der Übergewichtigen feststellen, während das Aktivitätsniveau unverändert blieb, s. *Taubes, G.*, What if It's All Been a Big Fat Lie? NY Times, 7 July 2002

20 *Troiano, R.P.* et al., Energy and Fat Intake of Children and Adolescents in the Unites States: Data from the National Health and Nutrition Examination Surveys. Am J Clin Nutr (2000), 72 (suppl.): 1343S-53S

21 *Morton, J.F./ Guthrie, J.F.*, Changes in Children's Total Fat Intakes and their Food Group Sources of Fat, 1989-91 versus 1994-95: Implications for Diet Quality. Fam Econ Nutr Rev (1998), 11: 45-57; zit. bei *Johnson, R.K./ Frary.C.*, Choose Beverages and Foods to Moderate Your Intake of Sugars: The 2000 Dietary Guidelines for Americans - What's All the Fuss About, Journal of Nutrition (2001), Vol. 131: 2766S-2771S, FN 25

22 *Troiano, R.P. et al.*, Energy and Fat Intake of Children and Adolescents in the Unites States: Data from the National Health and Nutrition Examination Surveys. Am J Clin Nutr (2000), 72 (suppl.) 1343S-1353S

23 *Putnam, J.J./ Allshouse, J.E.*, Food Consumption, Prices, and Expenditures 1970-97, Washington DC: Food and Consumers Economics Division, Economic Research Service, US Department of Agriculture, 1999, zit. bei *Ludwig, D.S./ Peterson, K.E./ Gortmaker, S.L.*, Relation Between Consumption of Sugar-sweetened Drinks and Childhood Obesity: a Prospective, Observational Analysis; The Lancet (2001), Vol. 357: 505-508 (505)

Hälfte aller Amerikaner und die meisten Heranwachsenden (65% der Mädchen und 74% der Jungen) trinken täglich *Soft Drinks*, von denen die meisten zukkerhaltig (und keine Diät-Versionen) sind. Von 1989-91 bis 1994-95 stieg der Soft-Drink-Konsum in der breiten Öffentlichkeit, von 195 auf 275 ml, bei Kindern zwischen 2 und 17 Jahren von 200ml auf 280 ml und bei heranwachsenden Jungen sogar von 345 auf 570 ml[24]. *Soft Drinks* stellen die führende Quelle für zugefügten Zucker in der Ernährung dar[25], und machen bei heranwachsenden Mädchen 36,2 g täglich, bei heranwachsenden Jungen 57,7 g aus.

Nach einer US-Studie an Kindern und Heranwachsenden besteht eine positive Korrelation zwischen zuckerhaltigen *Soft Drinks* und den täglichen Gesamtkalorien. So lag der Durchschnittswert der Kalorienaufnahme bei Schulkindern (6-12 Jahre), die keine *Soft Drinks* tranken ca. 10% niedriger[26] als bei Kindern, die im Durchschnitt ein großes Glas (270 ml) oder mehr pro Tag an *Soft Drinks* tranken[27]. Jugendliche (13-18 Jahre), die keine Soft-Drinks trinken, nahmen täglich 1.984 Kcal auf im Vergleich zu 2.604 Kcal für diejenigen, die 770 ml oder mehr an *Soft Drinks* trinken[28]. Dies konnte in einer Studie mit 548 Schulkindern mit einem mittleren Alter von 11,7 Jahren, die über anderthalb Jahre

---

[24] *Morton, J.F./ Guthrie, J.F.*, Changes in Children's Total Fat Intakes and Their Food Group Sources of Fat, 1989-91 versus 1994-95: Implications for Diet Quality. Fam Econ Nutr Rev (1998), 11: 44-57, zit. bei: *Ludwig, D.S./ Peterson, K.E./ Gortmaker, S.L.*, Relation Between Consumption of Sugar-sweetened Drinks and Childhood Obesity: a Prospective, Observational Analysis; The Lancet (2001), Vol. 357: 505-508

[25] *Guthrie, J.F./ Morton, J.F.*,. Food Sources of Added Sweeteners in the Diets of Americans. J Am Diet Assoc (2000), Vol. 100: 43-51; *Bowman, S.A.*, Diets of individuals based on energy intakes from added sugars. Fam Econ Nutr Rev (1999), Vol. 12: 31-38, beide zit. bei *Ludwig, D.S./ Peterson, K.E./ Gortmaker, S.L.*, Relation Between Consumption of Sugar-sweetened Drinks and Childhood Obesity: a Prospective, Observational Analysis; The Lancet (2001), Vol. 357: 505-508

[26] Bei 1.830 kcal/Tag im Vergleich zu 2.018 kcal/Tag.

[27] Vgl. *Johnson, R.K./ Frary.C.*, Choose Beverages and Foods to Moderate Your Intake of Sugars: The 2000 Dietary Guidelines for Americans - What's All the Fuss About, Journal of Nutrition (2001), Vol. 131: 2766S-2771S, FN 27

[28] Vgl. *Johnson, R.K./ Frary.C.*, Choose Beverages and Foods to Moderate Your Intake of Sugars: The 2000 Dietary Guidelines for Americans - What's All the Fuss About, Journal of Nutrition (2001), Vol. 131: 2766S-2771S, FN. 27; Gerade kleine Unterschiede können auf die Dauer schwerwiegende Folgen haben. Übergewicht entwickelt sich in der Regel langsam über eine lange Zeit. Die erhöhte KalorienAufnahme kann so klein sein, dass sie dem Betroffenen gar nicht bewusst ist. So würde eine positive Energiebilanz von nur 120 kcal täglich (etwa ein 200 ml Glas Coca-Cola) über 10 Jahre zu einer Gewichtszunahme von 50 kg führen, S. *Ebbeling, C.B./ Pawlak, D.B./ Ludwig, D.S.*, Childhood Obesity: Public-health Crisis, Common Sense Cure. The Lancet (2002), Vol. 360: 473-482

die Verbindung zwischen zuckergesüßten Getränken[29] und Übergewicht bei Kindern untersuchte, bestätigt werden[30]: Der Body Mass Index (BMI)[31] korreliert mit dem Konsum zuckerhaltiger Getränke. Schon zu Beginn der Studie hatten Schulkinder, die täglich *Soft Drinks* konsumierten, einen vergleichsweise höheren BMI. Der BMI stieg aber auch im Verlauf der Studie für jeden zusätzlichen täglichen Konsum. Daneben zeigte sich, dass der Konsum gesüßter Getränke über die Laufzeit der Studie zunahm. Nur 7% der Kinder hatten einen unveränderten Konsum, während 57% einen erhöhten Konsum aufwiesen, ein Viertel von ihnen sogar von einer Dose mehr pro Tag. Dabei steigt die Wahrscheinlichkeit, übergewichtig zu werden, signifikant mit jedem täglich zusätzlich konsumierten zuckergesüßten Getränk[32]. Dies gilt übrigens auch für Erwachsene: Unter Soft-Drink-Konsumenten sind 16% der Männer und 24% der Frauen stark übergewichtig, im Vergleich zu 12% der Männer und 18% der Frauen unter denen, die keine *Soft Drinks* trinken[33].

Die Gründe für die sichtbare Übergewichts-Epidemie sind multifaktoriell. Auch kann eine Beobachtungsstudie keine Ursächlichkeit beweisen, die Ergebnisse sind aber doch bemerkenswert. Sie zeigen, dass gesüßte Getränke bei der Ent-

---

[29] Dazu zählen sodas (=Soft Drinks), Hawaiian punch, lemonade, Koolaid oder andere gesüßte Fruchtsäfte und Eistee (nicht künstlich-gesüßt). Diät-Varianten und reiner Fruchtsaft zählen nicht dazu.

[30] *Ludwig, D.S./ Peterson, K.E./ Gortmaker, S.L.*, Relation Between Consumption of Sugar-sweetened Drinks and Childhood Obesity: a Prospective, Observational Analysis, The Lancet (2001), Vol. 357: 505-508

[31] Der BMI gilt als Faustformel für die Bestimmung von Übergewicht und Fettleibigkeit. Er errechnet sich nach der Formel: Gewicht (kg) / Größe $(m)^2$. Normalgewichtig sind alle mit einem BMI von 20-25. Als übergewichtig gilt ein BMI über 25, als fettleibig ein BMI über 30.

[32] Potentiell verfälschende Variablen, wie körperliche Aktivität oder Gesamtkalorienzahl, wurden dabei schon berücksichtigt. Die Daten wurden in 3 Modellen analysiert. Das erste Modell bezieht anthropometrische und demographische Ausgangsdaten und Indikatorvariablen für die verschiedenen Schulen ein. Modell 2 bezieht weitere Faktoren ein, die das Körpergewicht beeinflussen könnten, wie Ernährung (prozentuale Energie aus Fett und energie-angepasster Fruchtsaft-Verbrauch zu Beginn und die Veränderung dieser Variablen im weiteren Verlauf), körperliche Aktivität und die Zeit, die für Fernsehen und Videos aufgewendet wurde, sowie die Veränderung dieser Zeit. In Modell 3 wurde die Gesamt-Kalorien-Aufnahme kontrolliert, indem die Variable für die Süßgetränke ersetzt wurde durch eine kalorienangepasste (energy adjusted) Süßgetränke-Variable.

[33] *Keast, D.R./ Hoerr, S.I.*, Beverage Choice Related to U.S. Adult Obesity, NHANES III. The Fourth International Conference on Dietary Assessment Methods. University of Arizona, Tuscon, AZ, 2000; zit. bei *Johnson, R.K./ Frary.C.*, Choose Beverages and Foods to Moderate Your Intake of Sugars: The 2000 Dietary Guidelines for Americans - What's All the Fuss About, Journal of Nutrition (2001), Vol. 131: 2766S-2771S, FN 29

wicklung von Übergewicht eine wesentliche Rolle spielen und gerade nicht unter all den anderen Faktoren untergehen. Die Wahrscheinlichkeit, dass Kinder übergewichtig werden, steigt um 60% für jede zusätzliche Dose *Soft Drinks*, die sie täglich konsumieren. Außerdem hat die Studie gezeigt, dass sowohl der Ausgangskonsum von Süßgetränken als auch die Veränderung des Konsums unabhängig voneinander eine Veränderung des BMI ankündigen. Es stellt sich die Frage, ob und warum Süßgetränke mehr als andere Nahrungsbestandteile die Entwicklung von Übergewicht fördern könnten.

Hierfür gibt es mehrere Erklärungen: Die meisten Individuen gleichen eine übermäßige Kalorienaufnahme kurzfristig aus, indem sie bei nachfolgenden Mahlzeiten weniger essen. Die Analyse von Studien der letzten 25 Jahre zeigt aber, dass dies für Kalorien, die in flüssiger Form konsumiert werden, nicht in gleichem Maße gilt wie für Energie aus fester Nahrung[34]. Kalorien aus Getränken kommen daher eher zu den Gesamtkalorien hinzu. Andere Studien zeigen auch, dass *Soft Drinks* geringere sättigende oder befriedigende Eigenschaften haben als feste Nahrung.

Einen anderen Erklärungsansatz bietet der sog. *glykämische Index*[35]. Mit dem glykämischen Index wird die Rate der Kohlenhydratabsorption nach einer Mahlzeit beschrieben[36]. Nahrungsmittel mit einem hohen glykämischen Index (wie z.B. weißes Brot, gezuckerte *cereals*, Kartoffeln, *Soft Drinks*, Kuchen und Kekse) lassen den Blutzuckerspiegel nach dem Essen stark ansteigen[37]. Der Insulinspiegel steigt, Peptide werden ausgeschieden. Der erhöhte Insulinspiegel bewirkt, dass der Blutzucker stark absinkt und das Fett in den Depots verbleibt. Dadurch wird erneut Heißhunger geschürt. Auf Dauer kann es zu einer funktionalen Hyperinsulinämie kommen. Bei einer Hyperinsulinämie werden Nährstoffe nur noch vermindert zur Oxidation in die Muskeln geschleust und verstärkt ins Fett eingelagert. Dieser Mechanismus fördert die Gewichtszunahme[38].

---

[34] *Mattes, R.D.*, Dietary Compensation by Humans for Supplemental Energy Provided as Ethanol or Carbohydrate in Fluids, Physiol Behav (1996), 59: 179-87. Das gilt allerdings nur eingeschränkt für kleine Kinder, s.u.

[35] Vgl. *Ebbeling, C.B./ Pawlak, D.B./ Ludwig, D.S.*, Childhood Obesity: Public-health Crisis, Common Sense Cure, The Lancet (2002), Vol. 360: 473-482 m.w.N., die aber auch darauf hinweisen, dass hierüber noch klinische Langzeitstudien fehlen.

[36] *Jenkins, D.J. et al.*, Glycemic Index of Foods: a Physiological Basis for Carbohydraet Exchange, Am J Clin Nutr (1981), 34: 362-366 zit. bei *Ludwig, D.S.*, Dietary Glycemic Index and Obesity, Journal of Nutrition (2000), Vol. 130: 280S-283S

[37] *Ludwig, D.S.*, Dietary Glycemic Index and Obesity, Journal of Nutrition (2000), Vol. 130: 280S-283S

[38] *Ludwig, D.S.*, Dietary Glycemic Index and Obesity, Journal of Nutrition (2000), Vol. 130: 280S-283S

Eine wachsende Anzahl an theoretischen und experimentellen Arbeiten weisen darauf hin, dass eine Ernährung, die Blutzuckerspitzen vermeidet und die Insulinantwort auf aufgenommene Kohlenhydrate senkt (= niedriger glykämischer Index), den Zugang zu den gelagerten metabolischen Brennstoffen verbessern, den Hunger senken und die Gewichtsreduktion fördern kann. Eine Ernährung mit Lebensmitteln mit niedrigem glykämischen Index kann möglicherweise auch das Risiko für verschiedene andere Zustände verringern, die mit Hyperinsulinämie in Verbindung gebracht werden, wie Diabetes mellitus[39] und kardiovaskuläre Erkrankungen[40].

Die Entwicklung von Übergewicht und dem glykämischen Index der Ernährung in den USA deutet auf eine entsprechende Korrelation hin: Der glykämische Index der amerikanischen Ernährung ist über die letzten Jahre ebenso gestiegen wie die Zahl der Übergewichtigen. Da *Soft Drinks* zu den Lebensmitteln mit einem hohen glykämischen Index gehören, werden sie heute (mit)verantwortlich gemacht für die Zunahme von Übergewicht, vor allem bei Kindern[41].

Aber auch der unübersehbare Trend zu immer *größeren Portionen* könnte von Bedeutung sein. In einer Studie[42], in der die Energieaufnahme bei Kindern gemessen wurde, bekamen Vorschulkinder zum Mittagessen entweder kleine, mittlere oder große Portionen. Die jüngeren Kinder (Durchschnittsalter 3,6) aßen unabhängig von der Portionsgröße jeweils dieselbe Menge. Aber schon Kinder von 5 Jahren aßen mehr, wenn sie eine größere Portion bekamen. Dies lässt vermuten, dass Kinder, wenn sie älter werden, weniger auf ihr inneres Hunger- und Sättigungsgefühl hören, sondern zunehmend auf Umweltreize reagieren.

Dabei können auch familiäre Umstände eine Rolle spielen. Der Trend geht dahin, dass Kinder immer häufiger außer Haus essen und immer mehr fernsehen. Kinder, die außer Haus essen, nehmen im Allgemeinen mehr Kalorien auf. Wer zu Hause isst, scheint dagegen in der Regel besseres Essen zu bekommen und

---

[39] *Salmeron, J. et al.*, Dietary Fiber, Glycemic Load, and Risk of Non-insulin-dependent Diabetes Mellitus in Women, J Am Med Assoc (1997), 277: 472-477 zit. bei *Ludwig, D.S.*, Dietary Glycemic Index and Obesity, Journal of Nutrition (2000), Vol. 130: 280S-283S

[40] *Frost, G. et al.*, A. Glycaemic Index as a Determinant of Serum HDL-cholesterol Concentration, The Lancet (1999), Vol. 353: 1045-1048, zit. bei *Ludwig, D.S.*, Dietary Glycemic Index and Obesity. Journal of Nutrition (2000), Vol. 130: 280S-283S

[41] Vgl. *Wüsthof A.*, Die dicken Kinder von nebenan, Die Zeit Nr.36 vom 29.August 2002, S. 33

[42] Untersuchungen über die Auswirkung der Portionsgröße auf die NahrungsAufnahme gibt es bislang wenig. Eine Ausnahme bildet: *Rolls, B.J./ Engell, D./ Birch, L.L.*, Serving Portion Size Influences 5-year-old but not 3-year-old Children's Food Intake. J Am Diet Assoc (2000), Vol. 100: 232–234

weniger fernzusehen[43]. Fernsehen scheint ein wichtiger Faktor bei der Entwicklung von Übergewicht zu sein und das genaue Gegenteil von Bewegung zu bewirken: Jede Stunde mäßige bis kräftige Bewegung kann bei Kindern das Risiko, fettleibig zu werden, um 10% senken. Jede Stunde, die täglich vor dem Fernseher verbracht wird, steigerte das Risiko um 12%[44]. Reduzieren Kinder über ein akademisches Jahr das Fernsehen um 40%, sinkt ihr Übergewicht signifikant im Vergleich zu Kindern, die ihre Fernsehgewohnheiten beibehalten[45].

Dabei wird vermutet, dass Fernsehen die Kinder nicht nur davon abhält, sich zu bewegen, sondern auch mit einem erhöhten Konsum von hochkalorischen Snacks einhergeht. Darüber hinaus dürfte die Fernsehwerbung auch zu anderen Zeiten während des Tages die Ernährungsmuster der jungen Zuschauer beeinflussen. US-amerikanische und britische Kinder sehen pro Stunde, die sie fernsehen, etwa zehn Werbespots für Nahrungsmittel. Darin werden in erster Linie Fast Food Produkte, *Soft Drinks* und zuckergesüßte *cereals* beworben [46]. Aber schon ein 30-Sekunden-Spot erhöht die Wahrscheinlichkeit, dass 3-5-jährige Kinder – wenn sie die Wahl haben – später das beworbene Produkt auswählen[47].

---

[43] S. *Chou, S.-Y./ Grossmann, M./ Saffer, H.*, An Economic Analysis of Adult Obesity: Results from the Behavioral Risk Factor Surveillance System, NBER Working Paper 9247, Oct 2002. Danach besteht eine signifikant positive Korrelation zwischen der Zahl der Restaurants pro Kopf und der Zunahme des BMI-Durchschnitts sowie der Zahl der Übergewichtigen. Chou et al. führen dabei die Zunahme der Restaurants auf die zunehmende Knappheit und den steigenden Wert von Haushalts- und Nichtarbeitszeit zurück.

[44] *Hernandez, B.* et. al., Association of Obesity with Physical Activity, Television Programs and other Forms of Video Viewing among Children in Mexico City., **Int J Obesity** (1999), 23: 845–54, zit.bei *Ebbeling C.B./ Pawlak D.B./ Ludwig D.S.*, Childhood Obesity: Public-health Crisis, Common Sense Cure, The Lancet (2002), Vol. 360: 473-482, FN 72

[45] *Robinson, T.N.*, Reducing Children's Television Viewing to Prevent Obesity: a Randomized Controlled Trial. **JAMA** (1999), Vol. **282**: 1561–67

[46] *Kotz, K./ Story, M.*, Food Advertisements During Children's Saturday Morning Television Programming: are they Consistent with Dietary Recommendations? **J Am Diet Assoc** (1994), Vol. **94**: 1296–300; *Lewis, M.K./ Hill, A.J.*, Food Advertising on British Children's Television: a Content Analysis and Experimental Study with Nine-year olds. **Int J Obesity** (1998), **22**: 206–14; *Taras, H.L./ Gage, M.*, Advertised Foods on Children's Television. **Arch Pediatr Adolesc Med** (1995), **149**: 649–52, zit. bei *Ebbeling C.B./ Pawlak D.B./ Ludwig D.S.*, Childhood Obesity: Public-health Crisis, Common Sense Cure, The Lancet (2002), Vol. 360: 473-482, FN 78-80

[47] *Borzekowski, D.L.G./ Robinson, T.N.*, The 30-second Effect: an Experiment Revealing the Impact of Television Commercials on Food Preferences of Preschoolers. **J Am Diet Assoc**

Um Übergewicht zu verhindern oder zu behandeln, muss man letztlich weniger essen und sich mehr bewegen. So einfach das klingt, so schwer ist die Umsetzung. Kaum ein Programm[48] hat durchschlagenden und vor allem langfristigen Erfolg. Die Ergebnisse sind enttäuschend[49]. Dafür gibt es mehrere Erklärungen: Zum einen sind möglicherweise die Ernährungs- und Bewegungsempfehlungen nicht besonders wirksam. Das zeigt etwa die fehlgeleitete Empfehlung, in erster Linie weniger Fett zu konsumieren, obwohl der Zusammenhang zwischen Fettreduzierung und Gewichtsabnahme nicht klar ist[50]. Außerdem liegt die Vermutung nahe, dass widrige Umweltfaktoren die Verhaltens- und Erziehungstechniken für eine gesündere Ernährung und mehr Bewegung überlagern. Dazu zählt etwa die Allgegenwärtigkeit von ungesunden Lebensmitteln und Getränken, die enorme Werbung usw. Darauf soll im nächsten Kapitel näher eingegangen werden. Schließlich gibt es aber auch eine physiologische Erklärung: Der Kalorienkonsum scheint einen Gewohnheitseffekt zu haben ("habituating"). D.h. der Konsum in der Vergangenheit hat einen positiven Effekt auf den gegenwärtigen Konsum[51]. Essgewohnheiten sind demnach schwer zu verändern, weil der Körper sich auf eine bestimmte Nahrungsmenge und ein bestimmtes Gewicht einstellt.

Daneben bieten auch Entwicklungen in der Lebensmittelversorgung, -verarbeitung und -herstellung eine Erklärung für die globale Epidemie des Übergewichts und die damit verbundenen Krankheiten[52]. Zucker war früher eine Kostbarkeit. Heute kann er sehr preiswert hergestellt werden[53]. Er hat bei der Lebensmittelherstellung eine wichtige Funktion, weil er den Geschmack vieler Produkte verbessern kann. Das Süße wird in der Nahrung allgemein als angenehm empfunden. Lebensmittelhersteller fügen Zucker daher allen mögli-

---

(2001), Vol. 101: 42–46, zit. bei *Ebbeling C.B./ Pawlak D.B./ Ludwig D.S.*, Childhood Obesity: Public-health Crisis, Common Sense Cure, The Lancet (2002), Vol. 360: 473-482, FN 81

[48] Familiy-based intervention, school-based Intervention oder eine pharmakologische Behandlung

[49] *Ebbeling C.B./ Pawlak D.B./ Ludwig D.S.*, Childhood Obesity: Public-health Crisis, Common Sense Cure, The Lancet (2002), Vol. 360: 473-482

[50] S. *Taubes, G.*, What if It's All Been a Big Fat Lie? NY Times, 7 July 2002

[51] *Naik, N.Y./ Moore, M.J.*, Habit Formation and Intertemporal Substitution in Individual Food Consumption, Review of Economics and Statistics 78, No.2 (May 1996), 321-328; *Cowley, J.*, Rational Addiction, the Consumption of Calories, and Body Weight; Ph.D. dissertation, Univ. of Chicago 1999, beide zit. bei *Chou, S.-Y./ Grossmann, M./ Saffer, H.*, An Economic Analysis of Adult Obesity: Results from the Behavioral Risk Factor Surveillance System, NBER Working Paper 9247, Oct 2002

[52] Vgl. *McLellan*, Obesity Rising to Alarming Levels Around the World, The Lancet (2002), Vol. 359: 1412

[53] Siehe hierzu *Dufty, W.*, Sugar Blues, New York: Warner Books, 1976, (Reissued April 1993)

chen Produkten zu. Dadurch steigt der Kaloriengehalt. Der Kalorienverbrauch ist in der Vergangenheit hingegen gesunken. Körperliche Arbeit ist zunehmend durch Maschinenkraft ersetzt, Computerspiele und Fernsehen sind zu Lieblingsfreizeitbeschäftigungen geworden. Die Konsequenzen sind nicht zu übersehen.

2.2 Diabetes

Eine der wichtigsten, weit reichendsten und teuersten sog. Zivilisationskrankheiten ist Diabetes mellitus. Diabetes mellitus ist ein chronischer Krankheitszustand, der eintritt, wenn die Bauchspeicheldrüse (das Pankreas) nicht genug Insulin produziert oder der Körper das produzierte Insulin nicht effektiv nutzen kann, etwa weil die Zellen insulinresistent sind. Man unterscheidet zwei Formen von Diabetes[54]: Typ 1-Diabetes, der meistens im Kindes- oder Jugendalter auftritt, wird zurückgeführt auf eine autoimmun vermittelte Zerstörung der Insulin produzierenden Zellen im Pankreas, so dass sehr wenig oder gar kein Insulin mehr produziert werden kann. Typ 1-Diabetiker müssen Insulin spritzen, um zu überleben. Das Auftreten von Typ 1-Diabetes ist relativ selten im Vergleich zu Typ 2-Diabetes, der weltweit für 90% aller Diabetikerfälle verantwortlich ist. Typ 2-Diabetes wird charakterisiert durch eine genetisch bedingte Insulinresistenz und/oder eine anormale Insulinausschüttung. Typ 2-Diabetiker sind nicht auf Insulin von außen angewiesen. Sie benötigen nur dann Insulin, wenn es nicht gelingt, durch richtige Ernährung oder Tabletten den Blutzuckerspiegel unter Kontrolle zu halten. Typ 2-Diabetes – auch Alterszucker genannt – tritt hauptsächlich bei Erwachsenen, zunehmend aber auch bei jungen Leuten auf. Heute sind bereits 45 Prozent aller neuer Fälle Kinder[55]. Unter japanischen Kindern ist Typ 2- Diabetes bereits heute häufiger als Typ 1-Diabetes.

Das Verständnis der Krankheit Diabetes hat sich in der letzten Zeit stark verändert. Während Diabetes früher als klar abgegrenztes Krankheitsbild galt, wird er heute als Manifestation einer viel breiteren Störung angesehen: Als Vorstadium für Diabetes wird eine herabgesetzte Glukosetoleranz (impaired glucose tolerance: IGT) bzw. ein erhöhter Nüchternzucker (impaired fasting glycaemia: IFG) angesehen. Beide Begriffe beschreiben eine erhöhte – aber noch unter den für Diabetes typischen Werten liegende – Glukosekonzentration im Blut[56]. Menschen mit IGT und/oder IFG haben ein substantiell erhöhtes Risiko für

---

[54] *Zimmet, P./ Alberti K.G.M.M./ Shaw, J.*, Global and Societal Implications of the Diabetes Epidemic, Nature, Vol. 414 (13 Dec 2001), 782-787

[55] American Way vom 15.04.01, S.64

[56] Der Unterschied besteht darin, dass bei IGT die Blutzuckerkonzentration nach einer Glucosegabe, bei IGF hingegen von vornherein erhöht ist.

Diabetes und kardiovaskuläre Krankheiten. Treten zu der Insulinresistenz noch andere kardiovaskuläre Risikofaktoren (Störung des Fettstoffwechsels, Bluthochdruck oder Übergewicht) spricht man von einem metabolischen Syndrom oder „Syndrom X"[57]. Schätzungen gehen davon aus, dass etwa ein Drittel der Erwachsenen in jenen Regionen der Erde, die mit Nahrung überversorgt sind, bereits am Syndrom X leiden[58].

Nach derzeitigem Erkenntnisstand liegt dem metabolischen Syndrom folgender Zusammenhang zugrunde: Das Hormon Insulin hat die wichtige Aufgabe, den Blutzuckerspiegel zu regulieren[59]. Wenn wir Kohlenhydrathaltiges essen oder trinken, wird dieses in Zuckerbausteine zerlegt und ins Blut transportiert. Zugleich schüttet die Bauchspeicheldrüse Insulin aus, das dafür sorgt, dass die Glukose[60] aus dem Blut in Leber-, Muskel- und Fettzellen aufgenommen wird. Personen, bei denen die Insulinproduktion oder -wirkung gestört ist, können die Glukose aus der aufgenommenen Nahrung nicht nutzen, was zu überhöhten Blutzuckerspiegeln führt.

Insulin regelt aber auch den Fettstoffwechsel. Ohne Insulin kann kein Fett eingelagert werden. Man kann sich Insulin als Schalter vorstellen: Wenn es vorhanden ist – in den Stunden nach den Mahlzeiten – werden Kohlenhydrate als Energielieferanten verbrannt und überflüssige Kalorien als Fett eingelagert. Zugleich verhindert das vorhandene Insulin die Lipolyse, Glykogenolyse und die Proteinzersetzung[61]. In der Leber stimuliert Insulin die Aufnahme und Einlagerung von Glukose und Fett und unterdrückt die Synthese und Abgabe von Glukose und Fett[62]. Später, wenn der Insulinspiegel sinkt, wird auf die eingelagerte Energie in den Fettzellen zurückgegriffen.

---

[57] *Moller, D.E.*, New Drug Targets for Type 2 Diabetes and the Metabolic Syndrome, Nature, Vol. 414 (13 Dec 2001), 821-827

[58] *Vines, G.*, Sweet but Deadly, New Scientist Archive 1 Sept 01; im Internet unter http://archive.newscientist.com/archive.jsp?id=23064500 (accessed 10.01.02)

[59] Hierzu und zum Folgenden siehe die gute und für Laien verständliche Erläuterung von *Taubes, G.*, What if It's All Been a Big Fat Lie? NY Times, 7 July 2002

[60] Aufgenommene Nahrung wird in Glukose umgewandelt. Glukose ist eine Zuckerart, die der Körper als Energie nutzen kann.

[61] *Saltiel, A.R./ Kahn, C.R.*, Insulin Signalling and the Regulation of Glucose and Lipid Metabolism, Nature, Vol. 414 (13 Dec 2001), 799-806 (802)

[62] *Saltiel, A.R./ Kahn, C.R.*, Insulin Signalling and the Regulation of Glucose and Lipid Metabolism, Nature, Vol. 414 (13 Dec 2001), 799-806 (802); *Moller, D.E.*, New Drug Targets for Type 2 Diabetes and the Metabolic Syndrome, Nature, Vol. 414 (13 Dec 2001), 821-827

Bei Übergewichtigen wird nach dem Essen mehr Insulin pro Mahlzeit freigesetzt. Bei Übergewicht erleichtert Insulin die Fetteinlagerung und erschwert die Gewichtsreduzierung. Auf die Dauer droht aber die Gefahr der Insulinresistenz: Dauerhaft kann die erhöhte Insulinproduktion zum einen zu einer Erschöpfung der Insulin produzierenden Bauchspeicheldrüse, zum anderen zu einer Down-Regulation der Insulinrezeptoren führen, so dass das Insulin immer weniger seine biochemische Wirkung entfalten kann. Reagieren die Zellen weniger empfindlich auf das Insulin, wird mehr Insulin benötigt, um den Blutzuckerspiegel unter Kontrolle zu halten. Als Reaktion wird die Insulinproduktion zunächst gesteigert. Im Zustand der Insulinresistenz verliert Insulin aber die Wirkung, die Glukose- und Fettproduktion und -freisetzung der Leber zu bremsen: Die Leber bildet vermehrt Glukose und Fette, und zwar diejenigen, die für das Herz besonders schädlich sind (VLDL, LDL und Triglyceride). Diese Fette bewirken wiederum, dass die Muskulatur immer unempfindlicher gegenüber Insulin wird. Es entsteht das Syndrom X, Diabetes und mögliche Folgekrankheiten[63].

Schließlich beeinflusst Insulin auch das Hungergefühl. Zum einen kann Insulin indirekt Hunger auslösen, wenn durch das Insulin der Blutzuckerspiegel sinkt. Zum anderen kann Insulin im Gehirn das Hungergefühl unterdrücken. Wenn aber, wie vermutet wird[64], das Gehirn, genau wie Muskelzellen und Leber, seine Empfindlichkeit gegenüber Insulin bei dauerhaft erhöhten Insulinkonzentrationen verlieren kann, wird der Hunger nicht mehr gebremst. Dies lässt sich empirisch nachweisen. In einer neuen Studie[65] mit 42.000 Männern wurde über 12 Jahre die Bedeutung der „westlichen Ernährung“[66] für Diabetes genauer untersucht. Männer, die sich „westlich“ ernährten, hatten eine 60% höhere Wahrscheinlichkeit, Diabetes zu entwickeln[67] als die, die sich gesund ernährten. Zwei

---

[63] Die ausschlaggebende Rolle von raffinierten Kohlenhydraten für die Zunahme von Herzinfarkten hat Yudkin untersucht, *Yudkin*, The Lancet (1957/II), 155, s. *Yudkin*, Süß – aber gefährlich, der Zucker-Report; Zu dem Nachweis, dass kohlenhydratarm ernährte Hühner im Alter keine Arteriosklerose bekamen, s. *Lutz, W.*, Arteriosklerose und Kohlehydrate, Wiener Zeitschrift für innere Medizin, H. 1, S. 37, 1962; ders. Arteriosklerose und Kohlehydrate, Monatskurse für die ärztliche Fortbildung, 1963, Nr. 8, S. 448-453, (beide zit. nach *Bruker, M.O./Gutjahr, I., Zucker, Zucker..., Lahnstein: emu-Verlag, 1991*, S. 256 f.)

[64] *Taubes, G.*, What if It's All Been a Big Fat Lie? NY Times, 7 July 2002

[65] *van Dam, R.M. et.al.*, Dietary Patterns and Risk for Type 2 Diabetes Mellitus in U.S. Men, Ann Intern Med (2002), 136: 201-209

[66] Die „Western diet“ wird bestimmt durch rotes Fleisch, Milchprodukte mit hohem Fettgehalt, Desserts, Süßigkeiten, zuckerhaltige Getränke und „processed food“. Die „prudent diet“ besteht überwiegend aus Obst und Gemüse, Vollkornprodukten, Fisch und Geflügel.

[67] Und zwar ein „relative risk“ von 1,59 bei einem 95% Confidence level und einem CI von 1,32-193. Die Einbeziehung von Bewegung, Raucherstatus, Alkoholkonsum, Hyperchole-

große neuere Studien aus Finnland[68] und USA[69] bestätigen den Zusammenhang zwischen Lebensführung und Diabetesrisiko. Eine Ernährungsumstellung, gepaart mit mehr Bewegung und einer Gewichtsreduzierung um mindestens 5 kg konnte das Diabetesrisiko um bis zu 58% senken[70]. Dieser präventive Ansatz übertrifft alle Erfolge, die bislang mit einer medikamentösen Behandlung erzielt werden konnten[71].

Hinsichtlich der Ernährung ist vor allem entscheidend, was man isst. So vertritt eine wachsende Zahl von Ernährungswissenschaftlern die Ansicht, dass eine fettarme aber kohlenhydratreiche Ernährung metabolische Veränderungen im Lipoproteinprofil beschleunigen kann[72]. Neuere Erkenntnisse zeigen, dass es auch nicht so sehr auf den Fettanteil, sondern auf die Art der konsumierten Fette ankommt - gesättigte Fettsäuren sind zu meiden. Entsprechendes gilt für die Unterscheidung verschiedener Kohlenhydrate: Während Vollkornprodukte beispielsweise das Diabetesrisiko senken können[73], soll Coca-Cola neben Weiß-

---

sterolämie, Bluthochdruck, Abstammung und Diabetes in der Familie veränderten das Ergebnis nicht substantiell.

[68] *Tuomilehto, J. et al.*, Prevention of Type 2 Diabetes Mellitus by Changes in Lifestyle among Subjects with Impaired Glucose Tolerance, N Engl J Med (2001), 344: 1343-1350

[69] *Knowler, W.C. et al. for The Diabetes Prevention Program Research Group*, Reduction in the Incidence of Type 2 Diabetes with Lifestyle Intervention or Metformin, N Engl J Med (2002), Vol. 346: 393-403

[70] WHO Information über Diabetes Mellitus, Fact Sheet No. 138, Revised April 2002 im World Wide Web unter: http://www.who.int/inf-fs/en/fact138.html (Accessed 17 Sept 2002). Eine dritte, ähnliche Studie wurde in China durchgeführt und erreichte eine Reduzierung um 34%, *Pan, X.R. et al.*, The Da Qing IGT and Diabetes Study: Effects of Diet and Exercise in Preventing NIDDM in People with Impaired Glucose Tolerance, Diabetes Care (1997), 20: 537-544

[71] Es gibt drei breite Studien, die sich mit der Verhinderung von Diabetes durch eine Veränderung der Lebensgewohnheiten auseinandersetzen: *Pan, X. et al.*, The Da Qing IGT and Diabetes Study: Effects of Diet and Exercise in Preventing NIDDM in People with Impaired Glucose Tolerance, Diabetes Care (1997), 20: 537-544; *Tuomilehto, J. et al.*, Prevention of Type 2 Diabetes Mellitus by Changes in Lifestyle among Subjects with Impaired Glucose Tolerance, N Engl J Med (2001), 344: 1343-1350; *The Diabetes Prevention Program*, Design and Methods for a Clinical Trial in the Prevention of Type 2 Diabetes, Diabetes Care (1999), 22: 623–634

[72] *Krauss, R.M.*, Triglycerides and Atherogenic Lipoproteins: Rationale for Lipid Management. Am J Med (1998), Vol. 105: 58S-62S

[73] S. die Studie an fast 36.000 älteren Frauen, die eine starke inverse Relation zwischen Vollkornprodukten und dem Diabetesrisiko festgetsellt hat, *Meyer, K.A. et al.*, Carbohydrates, Dietary Fiber, and Incident Type 2 Diabetes in Older Women, Am J Clin Nutr (2000), Vol. 71: 921-939

brot, weißem Reis oder etwa Pommes Frites das Diabetesrisiko erhöhen[74]. Schon vor über vier Jahrzehnten hat Cleave auf die Bedeutung der Unterscheidung zwischen raffinierten und nicht-raffinierten Kohlenhydraten hingewiesen. Er hat gezeigt, dass eine deutliche Korrelation zwischen dem Konsum raffinierter Kohlenhydrate, insbesondere Zucker, und der Entwicklung von Diabetes mellitus besteht[75]. Die Empfehlung, auf raffinierte Kohlenhydrate, insbesondere Zucker, zu verzichten, gilt dabei sowohl als generelle Prävention als auch zur Verhinderung schwerer Folgekrankheiten bei Menschen, die bereits insulinresistent sind, da eine Ernährung mit raffinierten Kohlenhydraten, vor allem aber Zucker[76], wie oben gezeigt zu erhöhten Triglycerid- und Insulinspiegeln führen kann[77]. Erhöhte Triglyceridwerte stehen in Zusammenhang mit einem erhöhten Risiko für Herzkrankheiten.

Coca-Cola kann bei Störungen des Fett- und Kohlenhydratstoffwechsels in mehrfacher Hinsicht eine Rolle spielen: Nach Ansicht von Zammit[78] kann (neben häufigen Mahlzeiten) der Konsum zuckerhaltiger „Erfrischungsgetränke" zwischendurch auf die Dauer zu einer chronischen Hyperinsulinämie, der Erschöpfung der Bauchspeicheldrüse und zunehmender Insulinresistenz führen[79].

---

[74] *Willett, W. C.*, Eat, Drink and Be Healthy, The Harvard Medical School Guide to Healthy Eating, Simon & Schuster Source, S. 97

[75] *Cleave, T.L.*, The Saccharine Disease, Bristol: John Wright & Sons Ltd., 1974, ch. VII. Als Beispiel werden immer wieder die Pima Indianer angeführt. Die Mitglieder dieses in Arizona beheimateten Stammes haben eine starke genetische Veranlagung für Störungen des Fett- und Zuckerstoffwechsels: Mit acht Jahren sind die meisten bereits insulinresistent, und im Alter werden fast alle übergewichtig und zuckerkrank. Das geschieht aber nur dann, wenn sie von ihren traditionellen Lebens- und Essgewohnheiten ablassen und stattdessen zu Coca-Cola und Fast Food greifen. S. *Vines, G.*, Sweet but Deadly, New Scientist Archive 1 Sept 2001; im Internet unter http://archive.newscientist.com/archive.jsp?id=23064500 (accessed 10.01.02)

[76] Zucker hat einen stärkeren Effekt als andere Kohlenhydrate, S. *Jacobson, M.F.*, Liquid Candy – How Soft Drinks are Harming Americans' Health, im World Wide Web unter http://www.cspinet.org/sodapop/liquid_candy.html FN 37 (accessed Aug., 12, 2002)

[77] Nach der "Lipotoxicity Hypothese" wird das metabolische Syndrom und Typ-2-Diabetes durch die Ansammlung von Triglyceriden und langkettigen Fettsäuren in Leber und Muskeln verursacht, da diese zu einer verminderten insulin-vermittelten metabolischen Aktivität führen und die Insulinsekretion im Pankreas sinkt. Was zuerst da ist (Übergewicht, Hyperinsulinämie oder Insulinresistenz) und dadurch diesen Teufelskreis in Gang setzt, ist eine ungeklärte Frage. S. *Taubes, G.*, What if It's All Been a Big Fat Lie? NY Times, 7 July 2002

[78] *Zammit, V.A. et al.*, Insulin Stimulation of Hepatic Triacylglycerol Secretion and the Etiology of Insulin Resistance, Journal of Nutrition (2001), Vol. 131: 2074-2077

[79] Die Hyperinsulinämie führt - wie oben beschrieben - zur unerwünschten Fettfreisetzung aus der Leber. Das konnte Zammit an Ratten nachweisen. Die Fettfreisetzung blockiert die Aufnahme und Verarbeitung von Glukose in Muskel- und Fettzellen. Dadurch kann der Blutzucker nicht abgebaut werden mit der Folge, dass immer mehr Insulin produziert wird. S. *Vines,*

Denn der Konsum zuckerhaltiger Getränke zwischen den Mahlzeiten erhöht den Blutzuckeranstieg und setzt den oben beschriebenen Abbauprozess in Gang. Dadurch fehlt die "Ruhepause", in der wenig Insulin vorhanden ist und Fett abgebaut werden kann.

Hinzukommt ein weiterer Faktor: Ein bestimmtes Kohlenhydrat, die Fructose, veranlasst die Leber (auch ohne die Hilfe des Insulins), Fett „zur falschen Zeit" abzugeben. Fructose wird direkt zur Leber geleitet, wo sie zu Fettbausteinen umgebaut wird und die Abgabe der gefährlichen Triglyceride ins Blut stimuliert, wie Zammit im Rattenmodell nachweisen konnte[80]. Das kann kurzfristig Insulinresistenz, langfristig Herzkrankheiten fördern[81]. Dieser vermutete Zusammenhang ist nicht unumstritten. Einige Forscher meinen, die üblicherweise konsumierten Mengen an Fructose seien ungefährlich. Eine an der University of Toronto durchgeführte Studie konnte den vermuteten Zusammenhang im Tierversuch dagegen bestätigen. Und auch eine erste kleine Studie mit gesunden Freiwilligen an der Universität von Minnesota ergab, dass eine hohe Fructosezufuhr die ungünstigen Blutfette deutlich erhöht[82].

Die Bezeichnung „Fructose" ist dabei irreführend, weil Obst nicht übermäßig viel Fructose enthält. Hohe Fructosewerte haben dagegen Erfrischungsgetränke wie Coca-Cola, allerdings nur dann, wenn bei der Herstellung „high fructose corn syrup" verwendet wird[83]. Das ist von Land zu Land unterschiedlich[84]. High fructose corn syrup ist ein aus Mais günstig herzustellendes Süßungsmittel. Mais enthält Stärke. Stärke besteht chemisch betrachtet aus aneinander gereihtem Traubenzucker. Zur Herstellung von Glukosesirup wird die Stärke (chemisch oder mit Hilfe gen- oder biotechnologisch gewonnener Enzyme) in Glukose (Traubenzucker) zerlegt. Mit Hilfe eines Enzyms kann die Glukose zu

---

G., Sweet but Deadly. New Scientist Archive 1 Sept 01; im Internet unter http://archive.newscientist.com/archive.jsp?id=23064500 (accessed 10.01.02)

[80] *Thobrietz, P.*, Syndrom X – Häufiges Essen kann den Organismus schädigen: Viele Wohlstandskrankheiten haben ihren Ursprung in einem dauerhaft überhöhten Blutzuckerspiegel, Die Woche, 14. Sept. 2001, S. 26

[81] *Vines, G.*, Sweet but Deadly, New Scientist Archive 1 Sept 01; im Internet unter http://archive.newscientist.com/archive.jsp?id=23064500 (accessed 10.01.02)

[82] *Vines, G.*, Sweet but Deadly, New Scientist Archive 1 Sept 01; im Internet unter http://archive.newscientist.com/archive.jsp?id=23064500 (accessed 10.01.02)

[83] Hierzu wie zum Folgenden s. *Gonder, U.*, Zucker - geliebt und gehasst, getarnt und ersetzt. Im World Wide Web unter: http://www.optipage.de/pfeffer/zucker.html (accessed 11 Dec 2002)

[84] In der deutschen Coca-Cola soll, nach Angaben der Coca-Cola GmbH diese Zuckerart nicht verwendet werden.

Fruktose (Fruchtzucker) umgebaut werden. High fructose corn syrup enthält eine Kombination aus Glukose und Fruktose.

High fructose corn syrup wurde von der Lebensmittelindustrie in den 60er Jahren als Süßungsmittel entdeckt. Die Herstellung von Glukosesirup ist deutlich billiger als die "echten" Zuckers. Daher hat Glukosesirup heute in allen möglichen industriell hergestellten Lebensmitteln den klassischen Zucker ersetzt[85]. Mit der Verwendung von high fructose corn syrup hat die Fructosezufuhr seit den 70er Jahren sprunghaft zugenommen: In den USA hat sie sich allein durch Süßungsmittel aus Mais von 1975 bis 1990 verzehnfacht[86]. Eine positive Korrelation zwischen dem Glukose- und Fruktosegehalt in der Nahrung und dem Diabetesrisiko konnte jetzt auch in einer Studie an 36.000 älteren Frauen festgestellt werden[87].

Auch der oben erwähnte glykämische Index könnte eine Rolle spielen. In einer Studie zu Risikofaktoren für Diabetes mellitus wurden 84.941 Frauen über 16 Jahre lang untersucht. Es zeigte sich eine positive Korrelation zwischen einer Ernährung mit wenig Ballaststoffen und hohem glykämischen Index zu einem erhöhten Diabetesrisiko[88]. Diese Erkenntnis wird durch die Ergebnisse der sog. STOP-NIDDM-Studie[89] unterstützt. Dabei ging es um die Evaluierung der Wirksamkeit eines Medikaments (Acarbose), das den Anstieg der Plasmaglukosekonzentration zwei Stunden nach der Gabe von 75 g Glukose signifikant verringert. Das Medikament konnte das Auftreten von Diabetes um 36% verringern. Es traten auch weniger kardiovaskuläre Erkrankungen auf. Die Studie ist von Bedeutung, weil im Gegensatz zu den sonst bloß statistisch feststellbaren Korrelationen zwischen einem bestimmten Faktor und dem Diabetesrisiko, hier der Wirkmechanismus genau bekannt ist („proof of principle"). Das bedeutet: Auch wenn Gegenstand der Studie nur die Beurteilung der Wirksamkeit des Medikaments Acarbose war, liegt nach Aussage von Prof. Hanefeld[90] – dem in Deutschland für die Durchführung der Acarbose-Studie Verantwortlichen – na-

---

[85] *Gonder, U.*, Schutz vor Herzinfarkt: weniger Zucker oder Fett? Im World Wide Web unter: http://www.optipage.de/pfeffer/zuckeroderfett.html

[86] *Thobrietz, P.*, Syndrom X – Häufiges Essen kann den Organismus schädigen: Viele Wohlstandskrankheiten haben ihren Ursprung in einem dauerhaft überhöhten Blutzuckerspiegel, Die Woche, 14. Sept. 2001, S. 26

[87] *Meyer, K.A. et al.*, Carbohydrates, Dietary Fiber, and Incident Type 2 Diabetes in Older Women, Am J Clin Nutr (2000), Vol. 71: 921-930 (923)

[88] *Hu, F.B. et al.*, Diet, Lifestyle, and the Risk of Type 2 Diabetes Mellitus in Women, N Engl J Med (2001), 345: 790-797

[89] *Chiasson, J.-L. et al.*, Acarbose for Prevention of Type 2 Diabetes Mellitus: the STOP-NIDDM Randomised Trial, The Lancet (2002), Vol. 359: 2072-2077

[90] Telefongespräch mit Prof. Hanefeld, Oktober 2002

he, dass auch alles andere, was Blutzuckerspitzen (also den rapiden Anstieg des Blutzuckers) verhindert, das Diabetesrisiko senken kann.

Neben dem in Coca-Cola enthaltenen Zucker könnte schließlich auch das Koffein eine Rolle spielen. In einer kürzlich veröffentlichten Studie hat man festgestellt, dass Koffein bei einer Dosis, die mäßigem Koffeinkonsum gleicht, die Insulinsensitivität bei gesunden Freiwilligen um 15% sank[91]. Auf die vielfältigen Wirkungen von Koffein soll weiter unten näher eingegangen werden.

2.3 Mangelernährung

Neben den Risiken von Übergewicht und Diabetes kann Coca-Cola möglicherweise auch zu einer „Mangelernährung" beitragen. Das erscheint zunächst widersprüchlich. Beide Erkenntnisse sind indes vereinbar, wenn man klar zwischen Kalorien einerseits und Vitamin- und Nährstoffgehalt andererseits unterscheidet: Coca-Cola ersetzt als "Erfrischungsgetränk" teilweise nahrhafte Alternativen wie Obst oder Milch - ohne dass das Getränk in signifikanter Weise Nährstoffe, Vitamine oder Mineralstoffe liefert[92]. Bei Kindern kann das zu einer regelrechten Mangelernährung führen, weil das zuckerhaltige Getränk die Kinder sättigt, so dass sie keinen Appetit mehr auf andere Lebensmittel haben, die ihnen die entsprechenden Mikronährstoffe liefern könnten. Das gilt vor allem für kleine Kinder (4-5 Jahre), bei denen man festgestellt hat, dass sie die Energie, die sie in flüssiger Form aufnehmen bei späteren Mahlzeiten kompensieren, indem sie weniger essen[93].

---

[91] Ob dies auch bei chronischen Koffeinkonsum der Fall ist oder sich eine Toleranz entwickelt, ist allerdings noch ungeklärt, *Keijzers, G.B. et al.*, Caffeine can Decrease Insulin Sensitivity in Humans, Diabetes Care (2002), Vol. 25: 364-369 (368)

[92] *Jacobson, M.F./ Brownell, K.D.*, Small Taxes on Soft Drinks and Snack Foods to Promote Health, American Journal of Public Health (2000), 90: 854-857, FN 14

[93] *Birch, L.L./ McPhee, L./ Sullivan, S.*, Children's Food Intake Following Drinks Sweetened with Sucrose or Aspartame: Time Course Effects. Physiol Behav (1989); Vol. 45: 387-95; *Birch, L.L./ Deysher, M.*, Conditioned and Unconditioned Caloric Compensation: Evidence for Self-regulation of Food Intake in Young Children, Learn Motiv (1985), Vol. 16: 341-55; *Birch, L.L./ Deysher, M.*, Caloric Compensation and Sensory Specific Satiety: Evidence for Self Regulation of Food Intake by Young Children, Appetite (1986), Vol. 6: 323-331. Kinder von 9-10 Jahren essen dagegen schon unabhängig vom Kaloriengehalt der vorher konsumierten Getränke dieselbe Menge zum Mittagessen, s. *Anderson, G.H. et al.*, Aspartame: Effect on Lunch-time Food Intake, Appetite and Hedonic Response in Children, Appetite (1989), 13: 93-103, für mögliche Erklärungen s. *Bellisle, F./ Rolland-Cachera, M.-F.*, How Sugar Containing Drinks Might Increase Adiposity in Children, Commentary, The Lancet (2001), Vol. 357: 490

Aber auch unabhängig von einer Mangelernährung bei kleinen Kindern wird Zucker heute (mit)verantwortlich gemacht für eine weit verbreitete Vitamin-B-Mangelkrankheit. Um Zucker verarbeiten zu können, benötigt der Körper bestimmte Vitamine und Enzyme, z.B. Vitamin B 1. Gebleichter Industrie-Zucker enthält kein Vitamin B, so dass der Körper das Vitamin aus der restlichen Nahrung zu entnimmt. Vitamin B ist unter anderem wichtig für die Funktion der Nervenzellen. Symptome für einen Vitamin B-Mangel sind z.B. schnelle Ermüdbarkeit, Nervosität, Konzentrationsschwäche, Leistungsabfall, Gedächtnisschwäche oder Kopfschmerzen.

In einer Auswertung der Daten einer national repräsentativen Umfrage zum Nahrungsmittelkonsum in den USA[94] wurden die 14.709 Teilnehmer entsprechend des Anteils der Energie, den sie aus zugesetztem Zucker aufnehmen, in drei Gruppen unterteilt[95]. Die Gruppe mit dem höchsten Zuckeranteil in der Nahrung nahm insgesamt am wenigsten Mikronährstoffe auf, insbesondere Vitamin A, C und B12, Folsäure, Calcium, Phosphor, Magnesium und Eisen. Über 60 % der Leute in dieser Gruppe erreichten nicht die empfohlenen Mengen für Vitamin A, B 6 und E, Calcium, Magnesium und Zink.

Die Auswertung der Daten mit Blick auf die Getränkewahl von Kindern und Jugendlichen hat gezeigt, dass (100%-iger) Fruchtsaft dagegen positiv mit dem Erreichen der empfohlenen Mengen von Vitamin C und Folsäure korrelierte und Milchkonsum zum Erreichen der empfohlenen Mengen der Vitamine A und B 12, Folsäure, Calcium und Magnesium beitrug[96]. Der Konsum von *Soft Drinks* war dagegen negativ assoziiert mit dem Erreichen der empfohlenen Mengen an Vitamin A, Calcium (bei Kindern unter 12) und Magnesium (bei Kindern unter 6)[97] und Phosphorsäure[98].

---

[94] Der sog. 1994-96 CSFII der USDA.

[95] Unter 10%, 10-18% und über 18% der Gesamtenergie aus zugesetztem Zucker. *Vgl. Bowman, S.A.*, Diets of Individuals Based on Energy Intakes from Added Sugars, Fam Econ. Nutr. Rev. (2000), Vol. 12: 31-38, zit. bei *Ludwig, D.S./ Peterson, K.E./ Gortmaker, S.L.*, Relation Between Consumption of Sugar-sweetened Drinks and Childhood Obesity: a Prospective, Observational Analysis; The Lancet (2001), Vol. 357: 505-508

[96] *Ballew, C./ Kuester, S./ Gillespie, C.*, Beverage Choices Affect Adequacy of Children's Nutrient Intakes, Arch Pediatr Adolesc Med (2000), Vol. 154: 1148-1152

[97] *Ballew, C./ Kuester, S./ Gillespie C.*, Beverage Choices Affect Adequacy of Children's Nutrient Intakes, Arch Pediatr Adolesc Med (2000), Vol. 154: 1148-1152

[98] Vgl. *Johnson, R.K./ Frary.C.*, Choose Beverages and Foods to Moderate Your Intake of Sugars: The 2000 Dietary Guidelines for Americans - What's All the Fuss About, Journal of Nutrition (2001), Vol. 131: 2766S-2771S, FN 27

Die zitierte Literatur zeigt, dass bei einer hohen Aufnahme von zugesetztem Zucker, insbesondere gesüßten Getränken eine signifikante Verschlechterung der Ernährungsqualität und der Versorgung mit lebensnotwendigen Mikronährstoffen eintritt. Bei starkem Soft Drink Konsum wird es sehr schwierig, einerseits den Bedarf an Mikronährstoffe zu decken, andererseits nicht zu viele Kalorien aufzunehmen[99].

2.4 Knochenschwund

Die in Coca-Cola enthaltene Phosphorsäure (E 338) kann auch fatale Auswirkungen auf die Knochenbildung, insbesondere bei Kindern haben[100]. So konnte bei Kindern mit hohem Coca-Cola-Konsum ein regelrechter Knochenschwund festgestellt werden[101], wie er sonst typischerweise erst bei Frauen jenseits der Wechseljahre auftritt. In einer case-control-Studie aus Griechenland konnte bei Kindern zwischen 7 und 14 Jahren eine positive Korrelation zwischen starkem Coca-Cola-Konsum und einem erhöhten Risiko für Knochenbrüche festgestellt werden[102].

Nach Untersuchungen von Johnson erreichen in den USA neun von zehn Mädchen und sieben von zehn Jungen im Teenageralter nicht die empfohlenen Kalziummengen[103]. "Teenager haben ihren Konsum von *Soft Drinks* verdoppelt- oder verdreifacht und ihren Milchverbrauch um mehr als 40 Prozent verringert", berichtet Wyshak, die eine Studie über das erhöhte Frakturrisiko bei Teenage-Mädchen veröffentlicht hat[104]. Die nationalen Umfragen des US

---

[99] *Johnson, R.K./ Frary, C.*, Choose Beverages and Foods to Moderate Your Intake of Sugars: The 2000 Dietary Guidelines for Americans - What's All the Fuss About, Journal of Nutrition (2001), Vol. 131: 2766S-2771S (2770S)

[100] Krankhafte Veränderungen des Knochensystems wurden von einzelnen Autoren schon seit langem auf Zucker zurückgeführt, s. *Katase, A.*, Der Einfluss der Ernährung auf die Konstitution des Organismus. Ergebnisse experimenteller Forschung. Urban und Schwarzenberg, Wien 1934, zitiert bei *Bruker, M.O./Gutjahr, I.*, Zucker, Zucker..., Lahnstein: emu-Verlag, 1991, S. 252 ff.

[101] *Mazariegos-Ramos, E. et al.*, Consumption of Soft Drinks with Phosphoric Acid as a Risk Factor for the Development of Hypocalcemia in Children: a case-control study, J Pediatr (1995), 126 (6): 940-2

[102] *Petridou, E. et al.*, The Role of Dairy Products and Non-alcoholic Beverages in Bone Fractures among School Children, Scand J Soc Med (1997), 25: 119-125

[103] Vgl. *Nagourney, E.*, Nutrition: Flavored Milk a Calcium Solution, NY Times, 16 July 2002 m.w.N.

[104] *Wyshak, G./ Frisch, R.E.*, Carbonated Beverages, Dietary Calcium, the Dietary Calcium/Phosphorus Ratio, and Bone Fractures in Girls and Boys, J Adolesc Health (1994), 15:

Department of Agriculture zum Nahrungsmittelkonsum dokumentieren den Anstieg des Getränkekonsums von Jugendlichen zwischen den späten 70er Jahren und den mitt-90ern, begleitet von einem gleichzeitig sinkendem Milchkonsum[105]. Der Soft Drink Verbrauch unter männlichen Teenagern hat sich zwischen den Umfragen von 1977-78 und 1994 nahezu verdreifacht[106]. Diese Veränderungen sind beunruhigend, weil der Konsum von *Soft Drinks* unter anderem zu einer niedrigeren Aufnahme von Calcium unter Teenagern beizutragen scheint[107]. Niedrige Calcium-Aufnahme und der Effekt für die Knochen-Gesundheit sind ein besonders kritisches Thema für heranwachsende Frauen[108]. Zu Zeit konsumieren weibliche Teenager nur 60% der empfohlenen Mengen an Calcium. Dabei nehmen Soft Drink Konsumenten fast ein Fünftel weniger zu sich als Nichtkonsumenten[109]. Die WHO zählt Calciumdefizite zu den Mangelernährungserscheinungen von wachsender globaler Bedeutung[110].

Durch den geringeren Milchkonsum bricht den Heranwachsenden[111] ein wichtiger Kalziumlieferant weg[112], die in Coca-Cola enthaltene Phosphorsäure ent-

---

210-215; *Wyshak, G.*, Teenaged girls, Carbonated Beverage Consumption, and Bone Fractures, Arch Pediatr Adolesc Med (2000), 154 (6): 610-613

[105] Zit. bei *Troiano, R..P. et al.*, Energy and Fat Intakes of Children and Adolescents in the United States: Data from the National Health and Nutrition Examination Surveys, Am J Clin Nutr (2000), 72 (suppl): 1343S-1353S

[106] *US Department of Agriculture, Agricultural Research Service*, What and Where our Children Eat – 1994 Nationwide Survey Results. Research news press release. World Wide Web: http://www.barc.usda.gov/bhnrc/foodsurvey/Kidspr.html (accessed 9 Sept 2002)

[107] *Guenther, P.M.*, Beverages in the Diets of American Teenagers, J Am Diet Assoc (1986), 86: 493-499

[108] *Levine, E./ Guthrie, J.F.*, Nutrient Intakes and Eating Patterns of Teenagers, Fam Econ Nutr Rev (1997), Vol. 10: 20-35

[109] *Jacobson, M.F.*, Liquid Candy: How Soft Drinks are Harming Americans' Health, World Wide Web: http://www.cspinet.org/sodapop/liquid_candy.html (accessed 11 Sept. 2002)

[110] *Grimm, H.-U.*, Aus Teufels Topf: Die neuen Risiken beim Essen, München: Droemersche Verlagsanstalt Th. Knaur Nachf., 2001, S. 148

[111] Im Vergleich zu Kindern, die keine Soft Drinks konsumieren, tranken Kinder in der höchsten Soft Drink Konsum Kategorie einer Studie nachweislich weniger Milch und Obstsäfte. Vgl. *Johnson, R.K./ Frary, C.*, Choose Beverages and Foods to Moderate Your Intake of Sugars: The 2000 Dietary Guidelines for Americans - What's All the Fuss About, Journal of Nutrition (2001), Vol. 131: 2766S-2771S, FN 27. Bei dem Trinkverhalten von Kindern und Heranwachsenden, insbesondere dem Substituieren von Milch durch Soft Drinks, kann das Konsumverhalten der Mütter möglicherweise eine Rolle spielen, vgl. *Fisher, J.O. et al.*, Maternal Milk Consumption Predicts Tradeoff between Milk and Soft Drinks in Young Girls' Diets, Journal of Nutrition (2000), 131: 246-250

[112] *Hintz, H.F.*, Calcium, Cola, Calamity, Cornell Vet (1980), 70 (1), 3-9

zieht den Knochen zusätzlich Kalzium[113] und macht sie so brüchig[114]. Das lässt sich messen: Cola-trinkende Kinder haben eine niedrigere Knochendichte. Besonders bedenklich sind dabei die Spätfolgen, da 97 Prozent des "Knochen-Kontos", von dem man als Erwachsener zu zehren hat, bis zum 20. Lebensjahr aufgebaut werden[115]. Das Defizit kann später nicht mehr aufgeholt werden. Fehlernährung bei Kindern erhöht also das Risiko für schwache Knochen auch im Alter[116].

Auch Koffein beeinflusst den Calciumhaushalt und könnte zu einer verringerten Knochendichte und Osteoporose beitragen[117]. Denn Koffein fördert das Ausscheiden von Calcium über den Urin. Der Effekt ist minimal: Das Trinken von gut einer Dose (340 ml) koffeinhaltiger *Soft Drinks* verursacht den Verlust von etwa 20 mg Calcium. Das sind zwar nur 2% des täglich empfohlenen Bedarfs. Dieser Verlust kann aber bei Kindern, die einerseits starke Soft Drink Konsumenten sind und andererseits wenig Calcium in der übrigen Nahrung zu sich nehmen, das Osteoporose-Risiko noch erhöhen.

---

[113] Eine Demineralisierung konnte in einer Studie mit Ratten nachgewiesen werden, in der die Vergleichsgruppe statt Cola Wasser bekam, *Garcia-Contreras, F. et al.*, Cola Beverage Consumption Induces Bone Mineralization Reduction in Ovariectomized Rats, Arch Med Res (2000), 31 (4), 360-365

[114] *Grimm, H.-U.*, Aus Teufels Topf: Die neuen Risiken beim Essen, München: Droemersche Verlagsanstalt Th. Knaur Nachf., 2001, S. 147

[115] Während des Heranwachsens ist der Calcium Zuwachs am höchsten, *Teegarden, D. et al.*, Previous milk consumption associated with greater bone density in young women; Am J Clin Nutr (1999), 69: 1014-1017, zit. bei *Johnson, R.K./ Frary, C.*, Choose Beverages and Foods to Moderate Your Intake of Sugars: The 2000 Dietary Guidelines for Americans – What's All the Fuss About, Journal of Nutrition (2001), Vol. 131: 2766S-2771S

[116] NIH Consensus Development Panel on Optimal Calcium Intake, J Am Med Assoc (1994), 272: 1942-1948, zit. bei *Johnson, R.K./ Frary, C.*, Choose Beverages and Foods to Moderate Your Intake of Sugars: The 2000 Dietary Guidelines for Americans – What's All the Fuss About, Journal of Nutrition (2001), Vol. 131: 2766S-2771S, FN 34

[117] *Massey, L.K./ Wise, K.J.*, The Effect of Dietary Caffeine on Urinary Excretion of Calcium, Magnesium, Sodium and Potassium in Healthy Young Females, Nutrition Research (1984);4: 43-50; *Faine, M.P.*, Dietary Factors Related to Preservation of Oral and Skeletal Bone Mass in Women, Journal of Prosthetic Dentistry (1995), Vol. 73: 65-72; *Kiel, D.P. et al.*, Caffeine and the Risk of Hip Fracture: the Framingham Study, American Journal of Epidemiology (1990), Vol. 132: 675-684; *Hernandez-Avila, M. et al.*, Caffeine, Moderate Alcohol Intake, and Risk of Fractures of the Hip and Forearm in Middle-aged Women, American Journal of Clinical Nutrition (1991), Vol. 54: 157-163; *Barrett-Connor, E./ Chang, J.C./ Edelstein, S.L.*, Coffee-associated Osteoporosis Offset by Daily Milk Consumption. The Rancho Bernardo Study, JAMA (1994); 271: 280-283

2.5 Nierensteine

Phosphorsäurehaltige *Soft Drinks* wie Coca-Cola haben möglicherweise auch einen Einfluss auf Nierensteine. Nierensteine sind eine äußerst schmerzhafte Krankheit, die nach Angaben des National Institute of Diabetes and Digestive and Kidney Diseases (eine Einheit des National Institute of Health) 10% aller Amerikaner im Laufe ihres Lebens trifft. Dabei sind deutlich mehr Männer – häufig im Alter von 20 bis 40 Jahren – betroffen als Frauen. Junge Männer sind auch die stärksten Soft Drink Konsumenten.

Der Zusammenhang zwischen Soft Drink-Konsum und dem Auftreten von Nierensteinen sollte in einer Studie untersucht werden[118]. An der Untersuchung nahmen 1009 Männer teil, die an Nierensteinen litten und mindestens ein kleines Glas (150 ml) *Soft Drinks* pro Tag tranken. Die Hälfte der Männer wurde aufgefordert, keine phosphorsäurehaltigen[119] *Soft Drinks* wie Coca-Cola mehr zu trinken, die anderen nicht. Bei denjenigen Probanden, die ihren Soft-Drink-Konsum über drei Jahre auf mindestens die Hälfte reduzierten, sank die Wahrscheinlichkeit, dass erneut Nierensteine auftraten, um ein Drittel. Der Zusammenhang muss näher untersucht werden, aber das National Institute of Diabetes and Digestive and Kidney Disease[120] empfiehlt Ärzten, ihren Patienten vom Konsum von Coca-Cola-Getränken abzuraten.

2.6 Zahnschäden

Zucker, das weiß mittlerweile jedes Kind[121], kann zu Karies führen[122]. Allerdings ist Karies eine Krankheit mit multifaktorieller Verursachung[123]. Neben Zucker spielt die Häufigkeit von Mahlzeiten und Snacks, die Mundpflege, Fluoridzusätze und die Verwendung von Fluoridzahnpasta eine Rolle bei der Entstehung. Zucker ist aber ein wichtiger einzelner Faktor. Daher hat die WHO 1989

---

[118] *Shuster, J. et al.*, Soft Drink Consumption and Urinary Stone Recurrence: A Randomized Preventoin Trial, J Clin Epidemiol (Aug 1992), Vol. 45 (8): 911-916

[119] Unter denen die normalerweise Soft Drinks tranken, die mit Zitronensäure gesäuert wurden, hatte der verminderte Konsum dagegen keinen Effekt.

[120] http://www.niddk.nih.gov/

[121] So das Ergebnis des Ernährungsberichts 2000 der DGE, *Deutsche Gesellschaft für Ernährung* (Hrsg.): Ernährungsbericht 2000, Frankfurt 2000, im Internet unter http://www.dge.de

[122] *Walker, A. R./ Cleaton-Jones, P.E.*; Sugar Intake and Dental Caries; British Dental Journal (1992), Vol. 172: 7

[123] *Johnson, R.K./ Frary. C.*, Choose Beverages and Foods to Moderate Your Intake of Sugars: The 2000 Dietary Guidelines for Americans – What's All the Fuss About, Journal of Nutrition (2001), Vol. 131: 2766S-2771S

für optimale Zahngesundheit empfohlen, weniger als 10% der gesamten Kalorienaufnahme durch zugesetzten Zucker zu decken[124].

Zucker ist nach Wasser der wichtigste Inhaltsstoff von Coca-Cola[125]. Außerdem sind *Soft Drinks* in den USA die wichtigste Quelle für zugesetzten Zucker in der Ernährung. Es gibt nur wenige Studien, die die Rolle von *Soft Drinks* für die Entwicklung von Karies untersucht haben[126]. Die vorhandenen Studien[127] haben aber alle ein erhöhtes Kariesrisiko bei erhöhtem Soft Drink Konsum festgestellt. Personen, die täglich drei Mal oder mehr gezuckerte *Soft Drinks* tranken, hatten 17-62% mehr Karies als diejenigen, die keine gezuckerten *Soft Drinks* tranken. Bei englischen Schulkindern wurde pro Dose Soft Drink pro Woche ein 3% höheres Kariesrisiko berichtet. Regelmäßiger Soft Drink Konsum fördert Karies, weil gerade bei häufigem Konsum die Zähne für längere Zeit während des Tages in Zuckerwasser „gebadet" werden. Zwischen der Häufigkeit von *Soft Drinks* zwischen den Mahlzeiten und Karies bestand eine deutliche Korrelation[128].

Für die Zähne ist aber nicht nur der Zucker in *Soft Drinks* schädlich. Auch die in Coca-Cola enthaltenen Säuerungsmittel Phosphor- und Zitronensäure greifen

---

[124] *COMA*, Dietary Sugars and Human Disease. Report of the Panel on Dietary sugars of the Committee on Medical Aspects of Food Policy, Report no.37 (1989). HMSO, London, UK

[125] Dabei ist der Zucker zugesetzt. Unter zugesetztem Zucker („added sugar") versteht man allen Zucker, der separat bei Tisch gegessen wird oder als Inhaltsstoff in verarbeiteter oder vorbereiteter Nahrung auftaucht. Dazu zählt kein Zucker, der natürlicherweise in Produkten auftaucht, wie Laktose in Milch oder Fruktose in Früchten. Physiologisch kann der Körper nicht zwischen zugesetztem und natürlich auftretendem Zucker unterscheiden. Der Begriff hilft aber Nahrung und Getränke zu identifizieren, die Energie liefern, aber arm sind an Mikronährstoffen und Phytochemikalien. Die wichtigste Quelle für zugesetzten Zucker sind nichtdiätische Soft Drinks, die ein Drittel der gesamten Aufnahme ausmachen, vgl. *Guthrie, J.F./ Morton, J.F.* Food Sources of Added Sweeteners in the Diets of Americans, J Am Diet Assoc (2000), Vol. 100: 43-51

[126] Für einen Überblick s. den Bericht der American Dental Association im World Wide Web unter http://www.ada.org/prof/prac/issues/topics/softdrink/SoftDrinks.pdf (accessed 24 Sept 2002)

[127] *Ismail, A.I./ Burt, B.A./ Eklund, S.A.* The Cariogenicity of Soft Drinks in the United States, J Am Dent Assoc (1984), Vol. 109: 241-245; *Heller, K./ Burt, B./ Eklund, S.*, Sugared Soda Consumption and Dental Caries in the United States, J Dent Res (2001), Vol. 80: 1949-1953; *Jones, C. et al.*, Sugar, Drinks, Deprivation and Dental Caries in 14-year-old Children in the North West of England in 1995, Community Dent Health (1999), Vol. 16: 68-71

[128] *Jacobson, M.F.*, Liquid Candy: How Soft Drinks are Harming Americans' Health, World Wide Web: http://www.cspinet.org/sodapop/liquid_candy.html (accessed 11 Sept. 2002), FN 34

die Zähne an und weichen sie förmlich auf. Die Säure wird für die chemische Zerstörung der harten Zahnoberfläche, bei der keine Bakterien beteiligt sind, verantwortlich gemacht. Auch hier konnte eine Verbindung zwischen starkem Soft Drink Konsum und dem Überhandnehmen deutlicher Zahnerosion festgestellt werden[129]. Bei einer Untersuchung an saudi-arabischen Rekruten waren diejenigen, die regelmäßig Cola tranken, am stärksten betroffen. Sie litten unter Karies, offenen Zahnhälsen und Zahnausfall[130].

Um Karies zu verhindern, empfiehlt sogar die Kanadische Soft Drink Vereinigung, zucker- und stärkehaltige Snacks zwischen den Mahlzeiten zu begrenzen, Zucker im Mund über einen längeren Zeitraum und zuckerhaltiges Essen oder zuckerhaltige Getränke zu den Mahlzeiten zu vermeiden[131]. Gerade starke Soft Drink Konsumenten verletzen alle diese Empfehlungen.

2.7 Suchtproblematik

2.7.1 Zucker

Obwohl die meisten Menschen wissen, dass Zucker nicht gesund ist, fällt es vielen schwer, den Zuckerkonsum einzuschränken. Neuere Erkenntnisse gehen davon aus, dass es so etwas wie eine Zuckersucht geben könnte[132]. Abhängigkeit wird gekennzeichnet durch einen Zyklus von unkontrolliertem, übermäßigem Konsum (bingeing), Entzug und einem erneuten starken Verlangen (Craving)[133]. Alles drei tritt bei einigen Menschen im Zusammenhang mit Zuckerkonsum auf.

---

[129] *Moazzez, R./ Smith, B.G./ Bartlett, D.W.*, Oral pH and Drinking Habit During Ingestion of a Carbonated Drink in a Group of Adolescents with Dental Erosion, J Dent (2000), Vol. 28: 395-397; *Johansson, A.K. et al.*, Dental Erosion, Soft-drink Intake, and Oral Health in Young Saudi Men, and the Development of a System for Assessing Erosive Anterior Tooth Wear, Acta Odontol Scand (1996), Vol. 54: 369-378

[130] Eine ausgeprägte, aber deutlich geringere Kariogenität wiesen phosphatfreie Limonaden und Fruchtsäfte auf. S. *Johansson, A.K. et al.*, Dental Erosion Associated with Soft-drink Consumption in Young Saudi Men, Acta Odontologica Scandinavia (1997), Vol. 55: 390-397; zit im World Wide Web unter www.das-eule.de/schwerp698.html (accessed 1 Nov 02)

[131] *Jacobson, M.F.*, Liquid Candy: How Soft Drinks are Harming Americans' Health, World Wide Web: http://www.cspinet.org/sodapop/liquid_candy.html (accessed 11 Sept 2002)

[132] In den USA ist bereits ein Patent zur Behandlung der sog. Carbohydrate Addiction angemeldet, US Patent # 5, 716,976

[133] *Hoebel, B.G. et al.*, Neural Systems of Reinforcement and Inhibition of Behavior: Relevance to Eating, Addiction, and Depression. In: *Kahnemann, D./ Diener, E./ Schwarz, N.*

Die Zusammenhänge sind erst in Ansätzen geklärt. Ein starkes Verlangen nach Zucker einige Zeit nach dem Zuckerkonsum lässt sich physiologisch mit der Wirkung des Insulins auf den Blutzucker erklären. Zuckerhaltige Lebensmittel werden schnell absorbiert. Der Blutzuckerspiegel steigt innerhalb kurzer Zeit erheblich an. Dadurch kommt es zu einer beschleunigten Insulinausschüttung, was den Blutzuckerspiegel stark – und zwar unter das Ausgangsniveau – sinken lässt. Das Insulin ist andererseits noch so hoch, dass es die Freisetzung von Energie aus den Fettzellen verhindert. Der Körper vermutet einen Energieengpass und signalisiert Hunger, und zwar in Form eines starken Verlangens nach Kohlenhydraten, die schnell verfügbare Energie liefern[134].

Einige Forscher vermuten, dass eine genetische Veranlagung bei „Zuckersüchtigen" dazu führt, dass der Blutzucker besonders schnell in Fett umgewandelt wird und dadurch weiter Hunger auf Kohlenhydrate besteht. Sie führen dies darauf zurück, dass möglicherweise bestimmte Neurotransmitter im Appetitzentrum des Gehirns fehlen. In der medizinischen Fachwelt gewinnt daneben die sog. „homeostatic theory of biochemical addiction" als Erklärung an Bedeutung. Danach soll das Gehirn dauerhaft erhöhte Neurotransmitterkonzentrationen durch eine verminderte Wirkung zu kompensieren suchen[135]. Es ist bekannt, dass Kohlenhydrate in Lebensmitteln die Produktion des stimmungsaufhellenden Neurotransmitters Serotonin fördern. Wenn jemand nun über eine längere Zeit viel Kohlenhydrate zu sich nimmt, sind seine Neuronen dauerhaft erhöhten Mengen an Serotonin ausgesetzt. Nach der „homeostatic theory of biochemical addiction" passt sich der Körper dieser Überflutung durch eine Down-Regulierung an. Das führt dazu, dass nach der Anpassung mehr und mehr Kohlenhydrate benötigt werden, um denselben Stimmungseffekt zu erreichen – genau wie bei jeder anderen Sucht. Der Zusammenhang zwischen Serotonin und Kohlenhydrathunger wird durch Studien untermauert, die gezeigt haben, dass ein Serotonin-Rezeptor-Blocker den Hunger auf kohlenhydrathaltige Nahrungsmittel anregt, während dieses Verlangen bei der Gabe eines sog. Serotonin-Helfers sank. Diese Ergebnisse stehen in Einklang mit den Erkenntnissen von den Wurtmans, die zeigen konnten, dass die Kohlenhydrataufnahme unabhängig von der Kalorienaufnahme reguliert wird und dass Kohlenhydrate die Stimmung signifikant verbessern können[136].

(Eds.) Well-being: Foundations of Hedonic Psychology. New York: Russell Sage Foundation, 1999, 560-574 (569)

[134] *Taubes, G.*, What if It's All Been a big Fat Lie? NY Times, 7 July 2002

[135] *Taubes, G.*, What if It's All Been a big Fat Lie? NY Times, 7 July 2002

[136] S. *Wurtman, R.J./ Wurtman, J.J.*, Brain Serotonin, Carbohydrate-craving, Obesity and Depression, Obesity Research (1995), Vol. 3: 477S-480S, s. auch die Erläuterungen in der Paten-

Im Tierversuch ließ sich nachweisen, dass Ratten bei freiem Zugang zu Coca-Cola (eine 10,5%-ige Zuckerlösung) ihren Konsum deutlich steigern[137]: Ratten, die vier Wochen lang Coca-Cola trinken durften, konsumierten zwei- bis dreimal so viel davon wie Vergleichstiere, die nur Wasser erhielten. Zugleich sank aber ihr täglicher Verbrauch von fester Nahrung um die Hälfte. Zwei weitere Tierversuche mit Ratten[138] lieferten ebenfalls Hinweise für eine Zuckerabhängigkeit: So verdoppelten Ratten, die täglich 12 Stunden Zugang zu einer Glukoselösung und Futter hatten, ihre Glukoseaufnahme schrittweise, wobei sie innerhalb der ersten Stunde der 12-stündigen Zugangsperiode gierig 30% ihrer täglichen Zuckermenge konsumierten (bingeing)[139]. Um das Auftreten von Entzugssymptomen zu testen, erhielten die Ratten nach einer Gewöhnungsphase einen Tag lang weder Futter noch Zuckerlösung. Die Ratten reagierten mit typischen Entzugssymptomen – klapperten mit den Zähnen, schabten mit den Pfoten und wackelten mit dem Kopf. Die Zugabe von Morphin oder Zucker linderte die Entzugssymptome[140].

Schließlich führen Verhaltensforscher die Auswahl und den Verzehr von sehr zuckerhaltigen Lebensmitteln auch auf den süßen Geschmack von Zucker zurück, der durch Verhaltenskonditionierung mit Genuss und Belohnung verknüpft werden kann. Dieses angelernte Verhalten, physiologische Gründe und

---

tanmeldung von *Bernstein, R.K.*, Method of Treatment of Carbohydrate Addiction, US Patent #5,716,976, Date of Patent: February 10, 1998

[137] *Garcia-Contreras F. et al.*, Cola Beverage Consumption Induces Bone Mineralization Reduction in Ovariectomized Rats, Arch Med Res (2000), Vol. 31 (4), 360-365

[138] *Colantuoni, C. et al.*, Excessive Sugar Intake Alters Binding to Dopamine and mu-opioid Receptors in the Brain, NeuroReport (2001), Vol. 12: 3549-3552; *Colantuoni, C. et al.*, Repeatedly Restricted Food Access Combined with Highly Palatable Diet Leads to Opiate-like Withdrawal Symptoms During Food Deprivation in Rats, Society for Neuroscience Abstracts (1997), Vol. 23: 517

[139] S. Rat Studies Show Evidence of 'Sugar Dependence', 18 June 2001, im Internet unter: http://www.brainland.com/indiv_news.cfm?ID=345 (accessed 07 May 2002)

[140] Das Verhaltensmuster zeigt Ähnlichkeit mit dem Verhalten von Menschen mit Bulimie. Bei Bulimiekern wird das Essverhalten begleitet von Rezeptorveränderungen, die denen ähnlich sind, die man bei Drogenmissbrauch feststellen kann. Diese Ähnlichkeit weist darauf hin, dass verdauliche Nahrung via endogener Opiate Sucht hervorrufen kann, wie sie nach Verhaltens- und neurochemischen Anzeichen von Sensibilisierung und Entzug definiert wird. Besonders süße oder koffeinhaltige Getränke liefern eine Quelle legaler, Dopamine freisetzender Produkte. Diese allerorts verfügbaren Produkte verführen Menschen dazu, sie unkontrolliert zu sich zu nehmen, was zu Übergewicht und Essstörungen führen kann, S. *Hoebel, B.G. et al.*, Neural Systems of Reinforcement and Inhibition of Behavior: Relevance to Eating, Addiction, and Depression. In: *Kahnemann, D./ Diener, E./ Schwarz, N.* (Eds.) Well-being: Foundations of Hedonic Psychology. New York: Russell Sage Foundation, 1999, 560-574 (568)

die molekulare Konditionierung können nach derzeitigen Erkenntnissen gemeinsam zu einem starken, zwanghaften Verlangen nach Zucker führen, das nur schwer zu kontrollieren ist[141]. Lebensmittelhersteller haben erkannt, dass Zukker gut für Wiederholungskäufe ist und setzen dementsprechend vielen Lebensmitteln regelmäßig Zucker zu. Für Coca-Cola ist Zucker nach Wasser der zweitwichtigste Inhaltsstoff.

2.7.2 Koffein

Koffein ist eine stimulierende Droge, die (leicht) positive Stimmungsveränderungen (z.B. Steigerung des Energiegefühls und der Aufmerksamkeit) hervorrufen kann. Koffein kann eine anregende Wirkung auf Stimmung und Leistung haben[142]. Auch Coca-Cola enthält Koffein, teilweise wird es gerade wegen des darin enthaltenen Koffeins getrunken. Der Koffeingehalt von Coca-Cola liegt zwar deutlich unter dem von Kaffee[143], allerdings wird Coca-Cola häufig in größeren Mengen konsumiert. Koffein kann das Verhalten auch negativ beeinflussen, z.B. Angstzustände oder Schlaflosigkeit hervorrufen[144].

Außerdem kann Koffein zu (leichter) physischer und psychischer Abhängigkeit führen. Das konnte bei Erwachsenen[145], Jugendlichen[146] und Kindern glei-

---

141 S. "Basics of Carbohydrate Addiction", im Internet unter www.cell-free.com/TRIGBasics1.html (accessed Nov. 2002)

142 Z.B. *Smit, H.J./ Rogers, P.J.*, Effects of Low Doses of Caffeine on Cognitive Performance, Mood and Thirst in Low and Higher Caffeine Consumers, Psychopharmacology (2000), Vol. 152: 167-173. Unklar ist aber, inwieweit die Wirkung auch auftritt, wenn Entzugssymptome keine Rolle spielen, vgl. *Yeomans, M.R./ Spetch, H./ Rogers, P.J.*, Conditioned Flavour Preference Negatively Reinforced by Caffeine in Human Volunteers, Psychopharmacology (1998), Vol. 137: 401-409 (402) m.w.N.

143 Etwa 100mg/l im Vergleich zu mind. 400 mg/l.

144 *Hughes, J.R. et al.*, Caffeine Self-administration, Withdrawal, and Adverse Effects among Coffee Drinkers, Archives of General Psychiatry (1991), Vol. 48: 611-617; *Silverman, K. et al.*, Withdrawal Syndrome after the Double-blind Cessation of Caffeine Consumption, New England Journal of Medicine (1992), Vol. 327: 1109-1114; *van Dusseldorp, M./ Katan, M.B.*, Headache Caused by Caffeine Withdrawal among Moderate Coffee Drinkers Switched from Ordinary to Decaffeinated Coffee: a 12 week double blind trial, British Medical Journal (1990); Vol. 300: 1558-1559; *Griffiths, R.R. et al.*, Low-dose Caffeine Physical Dependence in Humans, Journal of Pharmacology and Experimental Therapeutics (1990), Vol. 255: 1123-1132

145 Als bevorzugtes Getränk zur Befriedigung der Koffeinsucht wurden dabei beinahe gleich verteilt koffeinhaltige Soft Drinks und Kaffee genannt. *Juliano, L.M./ Griffiths, R.R.*, Is Caffeine a Drug of Dependence, Psychiatric Times (Feb 2001), Vol. XVIII, Issue 2

chermaßen nachgewiesen werden[147]. Die physische Abhängigkeit wird charakterisiert durch Entzugssymptome wie Lethargie und Kopfschmerzen, Schwindelgefühl und Konzentrationsschwierigkeiten. Die Symptome treten regelmäßig zwölf bis 24 Stunden nach der letzten Aufnahme auf und erreichen ihren Höhepunkt nach ca. 48 Stunden. Die Entzugssymptome können zwei Tage bis eine Woche, manchmal auch länger anhalten[148]. In einer neueren Studie[149] konnte nachgewiesen werden, dass physische Abhängigkeit von Koffein sich über negatives Reinforcement entwickelt: Regelmäßige Koffeinkonsumenten reagierten auf Placebogaben mit typischen Entzugssymptomen. Daher maßen sie einer Koffeindosis signifikant mehr Wert zu, als Probanden, die an Koffein gewöhnt waren und kein Placebo bekommen hatten oder als diejenigen, die gar nicht erst an Koffein gewöhnt worden waren. Die regelmäßigen Koffeinkonsumenten bevorzugten auch signifikant häufiger Koffein gegenüber Placebo – im Vergleich zu denjenigen, die an Placebo gewöhnt waren. Die Studie liefert damit Beweise dafür, dass körperliche Abhängigkeit den Koffeinkonsum verstärkt, weil regelmäßige Koffeinkonsumenten Entzugssymptome vermeiden wollen.

In einigen Fällen werden Menschen auch psychisch abhängig von koffeinhaltigen *Soft Drinks*, so dass sie sich gezwungen fühlen, den Konsum fortzusetzen – trotz des Wunsches oder der Empfehlung, damit aufzuhören[150]. Bei einer Telefonumfrage erfüllten 30% der Befragten Kriterien für eine Abhängigkeit. Das am häufigsten genannte Symptom (56%) war das ständige Bedürfnis nach Koffein oder erfolglose Bemühungen, den Konsum einzuschränken oder zu kon-

---

[146] Deren durchschnittlicher Konsum lag bei 232,2 mg. *Bernstein, G.A. et al.*, Caffeine Dependence in Adolescents, Scientific Proceedings 106. Presented at the 45th Annual Meeting of the American Acadamy of Child and Adolescents Psychiatry, 1998. Anaheim, Calif. , zit. bei *Juliano, L.M./ Griffiths, R.R.*, Is Caffeine a Drug of Dependence, Psychiatric Times (Feb 2001), Vol. XVIII, Issue 2

[147] *Bernstein, G.A., et al.*, Caffeine Effects on Learning, Performance, and Anxiety in Normal School-age Children, Journal of the American Academy of Child and Adolescent Psychiatry (1994), Vol. 33: 407-415; *Bernstein, G.A. et al.*, Caffeine Withdrawal and the Effect in Normal Children, Scientific Proceedings 43rd Annual meeting of the American Academy of Child and Adolescent Psychiatry, Philadelphia, PA 1997; *Hale, K.L. et al.*, Caffeine Self-administration and Subjective Effects in Adolescents, Experimental Clinical Psychopharmacology (1995), Vol. 3: 364-370

[148] *Griffiths, R.R./ Mumford, G.K.*, Caffeine – a Drug of Abuse? Psychopharmacology: The Fourth Generation of Progress, in: *Bloom F.E./ Kupfer, D.J.* (eds.) New York: Raven Press Ltd. 1995

[149] *Garrett B.E./ Griffiths R.R.*, Physical Dependence Increases the Relative Reinforcing Effects of Caffeine versus Placebo, Psychopharmacology (1998), Vol. 139: 195-202 m.w.N.

[150] *Griffiths, R.R./ Vernotica, E.M.*, Is Caffeine a Flavoring Agent in Cola Soft Drinks? Arch Fam Med (2000), Vol. 9: 727, 732 m.w.N.

trollieren[151]. Koffein wird in der International Classification of Diseases der WHO daher unter den abhängig machenden Substanzen aufgeführt[152].

Man braucht nicht viel, um abhängig zu werden: Schon eine Dosis von regelmäßig 100 mg pro Tag (das entspricht drei Coca-Cola-Dosen oder einer Tasse Kaffee[153]) rief signifikante Koffein-Entzugssymptome hervor.[154] Auch bei diesen niedrigen Mengen läuft der Konsument also Gefahr, Kopfschmerzen und andere Entzugssymptome zu verspüren, wenn er die tägliche Tasse Kaffe weglässt. Koffeinabhängigkeit tritt nachweisbar auch schon nach drei Tagen ein. Der Entzug verstärkt sich aber bei regelmäßigem Konsum über eine etwas längere Zeit (sieben bzw. 14 Tage).

Das Unterdrücken geringfügiger Entzugssymptome nach der nächtlichen Abstinenz von mehreren Stunden wird als Hauptmechanismus dafür angeführt, dass Menschen koffeinhaltige Getränke konsumieren. Viele Menschen sind sich ihrer Abhängigkeit aber nicht bewusst, da Entzugssymptome schon durch geringe Mengen an Koffein gelindert werden. Erst eine deutliche Reduzierung (etwa von 300 mg auf unter 100 mg) lässt einen die Entzugssymptome spüren. Die Bandbreite und Schwere der Entzugssymptome steigt dabei in Abhängigkeit von der vorher regelmäßig konsumierten Koffeindosis.

Koffein wirft aber auch andere Gesundheitsprobleme auf, wie die Verdrängung von nährwertmäßig wertvoller Nahrung durch koffein- und zuckerhaltige *Soft Drinks* oder mögliche negative Wirkungen von Koffein bei Angstzuständen, Schlafstörungen und in der Schwangerschaft[155]. Seit 1981 gibt es immer mehr Hinweise dafür, dass Koffein für Frauen, die schwanger sind oder werden wollen, das Risiko verspäteter Empfängnis[156], von Wachstumsverzögerung beim Fötus[157] und von Fehlgeburten[158] steigert.

---

[151] *Hughes, J.R. et al.*, Endorsement of DSM-IV Dependence Criteria among Caffeine Users, Drug Alcohol Depend (1998), Vol. 52 (2): 99-107, zit. bei: *Juliano, L.M./ Griffiths, R.R.*, Is Caffeine a Drug of Dependence, Psychiatric Times (Feb 2001), Vol. XVIII, Issue 2

[152] *Juliano, L.M./ Griffiths, R.R*, Is Caffeine a Drug of Dependence, Psychiatric Times (Feb 2001), Vol. XVIII, Issue 2

[153] 6 oz = 0,177 ml

[154] So eine Studie, die die relevanten Mengen für eine Koffeinabhängigkeit untersucht: *Evans S.M./ Griffiths R.R.*, Caffeine Withdrawal: A Parametric Analysis of Caffeine Dosing Conditions, Journal of Pharmacology and Experimental Therapeutics (1999), Vol. 289: 285-294

[155] *Griffiths, R.R./ Vernotica, E.M.*, Is Caffeine a Flavoring Agent in Cola Soft Drinks? Arch Fam Med (2000), Vol. 9: 727, 732 m.w.N

[156] *Wilcox, A./ Weinberg, C.R./ Baird, D.*, Caffeinated Beverages and Decreased Fertility. (Letter). The Lancet (1988), 1453-1455; *Grodstein, R., et al.*, Relation of Female Infertility to Consumption of Caffeinated Beverages. American Journal of Epidemiology, (1993), Vol. 137:

Koffein ist in 70% aller in den USA konsumierten *Soft Drinks* enthalten. Die Hersteller von *Soft Drinks* rechtfertigen den Zusatz von Koffein gegenüber Behörden und Öffentlichkeit damit, dass Koffein ein Geschmacksstoff sei. In einer Studie wurde das Geschmacksargument überprüft, indem 25 Probanden – allesamt regelmäßige Coca-Cola-Konsumenten, die den Unterschied zwischen koffeinhaltiger und koffeinfreier Coca-Cola schmecken konnten – Cola-Getränke mit verschiedenen Koffein-Konzentrationen gegeben wurden. Die Untersuchung ergab, dass bei einer Konzentration von 0,1 mg/l, wie sie in den meisten Colagetränken vorzufinden ist, nur zwei Menschen (8%) einen Geschmacksunterschied feststellen konnten. Die Wahrscheinlichkeit, den Unterschied zu schmecken, lag damit bei 53% und ist vom Zufall (bei einer statistischen Signifikanz von 95%) nicht zu unterscheiden. Das Ergebnis stützt die Vermutung, dass eher die Koffein-Wirkung als der Geschmack den hohen Konsum koffeinierter *Soft Drinks* erklären kann[159].

1353-1360.; *Stanton, C.K./ Gray, R.H.*, Effects of Caffeine Consumption on Delayed Conception, American Journal of Epidemiology (1995), Vol. 142: 1322-1329; *Williams, M.A. et al.*, Coffee and Delayed Conception, The Lancet (1990), Vol. 335: 1603; *Bolumar, F. et al.*, Caffeine Intake and Delayed Conception: a European Multicenter Study on Infertility and Subfecundity, American Journal of Epidemiology (1997), Vol. 145: 324-334; alle zitiert in der "CSPI Petition"

[157] *Martin, T.R./ Bracken, M.B.*, The Association Between Low Birth Weight and Caffeine Consumption During Pregnancy, American Journal of Epidemiology (1987), Vol. 126: 813-821; *Watkinson, B./ Fried, P.A.*, Maternal Caffeine Use before, during and after Pregnancy and Effects upon Offspring, Neurobehav Toxicol Teratol (1985), Vol. 7: 9-17; *Furuhashl, N. et al.*, Effects of Caffeine Ingestion During Pregnancy, Gynecol Obstet Invest (1985), Vol. 19: 187-91; *Fenster, L. et al.*, Caffeine Consumption During Pregnancy and Fetal Growth, American Journal of Public Health (1991), Vol. 81: 458-461; *Fortier, I./ Marcoux, S./ Beaulac-Baillargeon, L.*, Relation of Caffeine Intake During Pregnancy to Intrauterine Growth Retardation and Preterm Birth, American Journal of Epidemiology (1993), Vol. 9: 931-40; *Cook, D.G. et al.*, Relation of Caffeine Intake and Blood Caffeine Concentrations during Pregnancy to Fetal Growth: Prospective Population Based Study, British Medical Journal (1996), Vol. 313: 1358-1362; *Vlajinac, H. et al.*, Effect of Caffeine Intake During Pregnancy on Birth Weight, American Journal of Epidemiology (1997), Vol. 145: 335-338; alle zitiert in der "CSPI Petition"

[158] *Srisuphan, W./ Bracken, M.B.*, Caffeine Consumption during Pregnancy and Association with Late Spontaneous Abortion, American Journal of Obstetrics and Gynecology (1986), Vol. 154: 14-20; *Armstrong, B.G./ McDonald, A.D./ Sloan, M.*, Cigarette, Alcohol, and Coffee Consumption and Spontaneous Abortion, American Journal of Public Health (1992), Vol. 82: 85-87; *Infante-Rivard, C. et al.*, Fetal Loss Associated with Caffeine Intake before and during pregnancy. JAMA (1993), Vol. 270: 2940-2943; alle zitiert in der „CSPI Petition"

[159] *Rogers, P.J./ Richardson, N.J./ Elliman, N.A.*, Overnight Caffeine Abstinence and Negative Reinforcement of Preference for Caffeine Containing Drinks, Psychopharmacology (1995),

Diese Vermutung wird durch weitere Studien gestützt, nach denen koffein-abstinente Konsumenten ein koffeinhaltiges neues Getränk abhängig von ihrem Entzugsstadium als besonders gut schmeckend bewerteten:[160] Freiwillige Testpersonen wurden in zwei Gruppen eingeteilt. Die eine Gruppe bekam nach nächtlicher Koffein-Abstinenz morgens ein koffeinhaltiges, die andere ein koffeinfreies Getränk. Das koffeinhaltige Getränk schmeckte den Teilnehmern über die vier Testtage immer besser, während für die Gruppe mit dem nicht-koffeinierten Getränk das Gegenteil zutraf. Das unterstützt die These, dass koffeinhaltige Getränke deswegen „gut schmecken", weil der Geschmack mit der Wirkung des Koffein in Verbindung gebracht wird. Interessanterweise steht dabei nicht die stimulierende (positive) Wirkung des Koffein im Vordergrund, sondern die Linderung der Entzugssymptome: In einer zweiten Phase wurde den Testpersonen zwei Stunden nach dem Morgengetränk ein weiteres (anderes) Getränk gegeben, wobei wieder die Hälfte der Gruppe eine koffeinierte Version erhielt. Diejenigen, die ein koffeinfreies erstes Getränk, aber ein koffeinhaltiges zweites Getränk erhielten, mochten das zweite Getränk über die vier Testrunden immer mehr, während Testpersonen die in keiner Phase Koffein erhalten hatten, das Getränk immer weniger mochten. Bei denjenigen, die bereits am Morgen ein koffeiniertes Getränk erhalten hatten, blieb die geschmackliche Bewertung des zweiten Getränks über die Testrunden gleich, unabhängig davon, ob es Koffein enthielt oder nicht.

2.8 Zusammenfassung

Soft Drinks spielen bei der Entwicklung von Übergewicht eine wesentliche Rolle. Die Wahrscheinlichkeit für ein Kind, übergewichtig zu werden, steigt um 60% für jede zusätzliche, täglich konsumierte Dose *Soft Drinks*. Coca-Cola kann auch die Entstehung von Diabetes mellitus Typ 2 begünstigen. Die Wirkungszusammenhänge sind komplex. Folgendes ist bekannt: Coca-Cola führt zu starken Blutzuckerspitzen; häufige, hohe Blutzuckerspitzen werden heute mitverantwortlich gemacht für die Entwicklung von Diabetes. Daneben dürften die in Coca-Cola teilweise enthaltene Fruktose und die Tatsache, dass Coca-Cola gern "zwischendurch" konsumiert wird, bei der Entwicklung von Diabetes eine

---

Vol. 120: 457-462; *Yeomans, M.R./ Spetch, H./ Rogers, P.J.*, Conditioned Flavour Preference Negatively Reinforced by Caffeine in Human Volunteers, Psychopharmacology. (1998), Vol. 137: 401-409.

[160] *Yeomans, M.R./ Spetch, H./ Rogers, P.J.*, Conditioned Flavour Preference Negatively Reinforced by Caffeine in Human Volunteers, Psychopharmacology (1998), Vol. 137: 401-409 m.w.N. und *Yeomans M.R. et al.*, Expression of Flavour Preferences Conditioned by Caffeine is Dependent on Caffeine Deprivation State, Psychopharmacology (2000), Vol. 150: 208-215

Rolle spielen. Außerdem kann Coca-Cola – vor allem bei kleinen Kindern – zu einer Mangelernährung führen, wenn das Getränk nahrhafte Alternativen substituiert. Bei allen Konsumenten kann Coca-Cola einen Mangel an Vitaminen und Mikronährstoffen verursachen. Calciummangel und die in Coca-Cola enthaltene Phosphorsäure werden daneben (besonders bei Kindern) für Knochenschwund verantwortlich gemacht. Auch bei der Entstehung von Nierensteinen kann Coca-Cola eine Rolle spielen. Allseits bekannt ist die Wirkung von Zucker auf die Zahngesundheit. Neben dem Zucker greifen auch die in Coca-Cola enthaltenen Säuerungsmittel die Zähne an.

Außer möglichen Gesundheitsschäden durch Coca-Cola wird dem Getränk auch ein gewisses Suchtpotential bescheinigt. Dafür wird zum einen der enthaltene Zucker, zum anderen das Koffein verantwortlich gemacht. Dem Wirkstoff Koffein werden – neben der (leichten) Suchtwirkung – auch andere negative Nebenwirkungen zugeschrieben (z.B. Angstzustände, Schlafstörungen und Probleme bei der Schwangerschaft). Koffein ist nach den vorliegenden Untersuchungen jedenfalls kein wichtiger Geschmacksstoff, wie gern behauptet wird.

3. Werbung, Vermarktung und Lobbyarbeit

3.1 Einleitung

Die Nahrungsmittelindustrie hat sich über die letzten Jahrzehnte deutlich verändert. Vor allem höhere Effizienz, Spezialisierung und die Größe der Nahrungsmittelhersteller haben zu einem Überangebot an Nahrungsmitteln geführt. So stellt die Nahrungsversorgung in den USA im Durchschnitt 3.800 kcal pro Kopf und Tag zur Verfügung – nahezu das Doppelte der täglich benötigten Kalorien für die meisten Frauen, durchschnittlich ein Drittel mehr als der allgemeine Bedarf für Männer und wesentlich mehr als Säuglinge, Kleinkinder und alte Menschen brauchen[161]. Dieses Überangebot und der letztlich begrenzte Bedarf jedes Menschen führen zu hartem Wettbewerb um Käufer. Für Nahrungsmittelhersteller ist es daher von existentieller Bedeutung in einem verkaufsfreundlichen regulatorischen und politischen Klima Raum für die Entfaltung der eigenen Absatzaktivitäten zu haben. Die Entwicklungen für die Nahrungsmittelindustrie gelten in besonderem Maße auch für die Getränkeindustrie.

Die Getränkeindustrie ist – was die Zahl der globalen Produkte aber auch die verkauften Mengen angeht – in besonderem Maße von Globalisierung gekennzeichnet. Sie ist die Branche mit den meisten *global brands*. Eine *global brand* ist eine Marke, die in allen Regionen der Erde präsent ist und über US$ 1 Milliarde an Verkäufen hat. Die Gesamtmarke[162] Coca-Cola ist mit über US$ 15 Milliarden an Verkäufen unter den *global brands* die Nummer eins[163]. Coca-Cola bedient regionale Geschmackspräferenzen teilweise zwar durch unterschiedliche Produktformeln, die Produkte treten aber stets unter demselben Markennamen auf, so dass Konsumenten weltweit Variationen derselben Marke trinken. Coca-Cola ist dabei keinesfalls der einzige Hersteller von Colagetränken, die Marke Coca-Cola hat sich aber besonders etabliert. Ihr Wert wird auf US$ 68 Milliarden geschätzt. Die Bedeutung der Marke zeigt sich beispielsweise an der Markentreue von Coca-Cola-Konsumenten: Nach einer Verbrauchera-

---

[161] *Nestle, M.*, Food politics: How the Food Industry Influences Nutrition and Health, Berkeley and Los Angeles: University of California Press, 2002 (California studies in food and culture; 3), S.13

[162] Die beiden sub-brands Coca-Cola und Diet Coke sind daneben jede für sich genommen eine *global brand* mit Verkäufen im Wert von mehr als US$ 1 Milliarde pro Jahr.

[163] *AC Nielsen*, Reaching the Billion Dollar Mark – A Review of Today's Global Brands, im World Wide Web unter: http://www.acnielsen.ch/Inhalt/Reaching%20the%20Billion%20Dollar%20Mark.pdf (accessed 2 Oct 2002)

nalyse trinken 52% der deutschen Cola-Trinker ausschließlich Coca-Cola, bei Pepsi sind es nicht mal 10%[164].

Coca-Cola wird weltweit konsumiert. „Im Jahr 2001 stellte Coca-Cola bei über 250 Milliarden Gelegenheiten eine Verbindung zu Menschen rund um den Globus her. In anderen Worten: Jemand wählte eine Coca-Cola – light oder classic, mit Kirsch- oder Zitronengeschmack, mit oder ohne Koffein – nahezu eine halbe Million Mal jede Minute jeden Tag.“[165] Damit wurden weltweit in einem Jahr insgesamt 90 Milliarden Liter Produkte aus dem Hause Coca-Cola getrunken. Das soll sich in den nächsten Jahren noch steigern, wenn es nach dem Präsident der Coca-Cola Company geht. Er bedauert, dass erst 1 Milliarde der täglich konsumierten 47 Milliarden Getränke aus dem Hause Coca-Cola kommen[166] und definiert als Unternehmensziel: „Coca-Cola zum bevorzugten Getränk zu jeder Gelegenheit zu machen – sei es für ein einfaches Familienessen oder ein offizielles Staatsbankett“[167] Der Weg dahin führt übers Marketing: „Durch Innovation im Marketing und bei der Verpackung wächst unsere globale Marke in Kernmärkten und stärkt ihre Verbindung zu immer mehr Menschen.“[168]

Die Vermarktung ihrer Produkte lässt sich die Coca-Cola Company einiges kosten[169]. Allein in Deutschland gab die Coca-Cola GmbH im Jahr 2001 EUR

---

[164] So das Ergebnis der Verbraucheranalyse des Axel-Springer-Verlag und der Verlagsgruppe Bauer von 2001. Im Internet zusammengefasst unter http://www.wuv.de (accessed 26 Sept 2002)

[165] Eigene Übersetzung. Wortlaut des Originals: „In 2001, Coca-Cola connected with people around the world on over 250 billion occasions. In other words, someone chose a Coca-Cola – diet or light or classic, with cherry or with lemon, with or without caffeine – nearly half a million times every minute of every day.” The Coca-Cola Company. Annual Report 2001, im World Wide Web unter: http://www2.coca-cola.com/investors/annualreport/2001/obb_b_coca-cola_01.html (accessed 27 Sept 2002)

[166] The Coca-Cola Company, Annual Report 1997; M. Douglas' Investor's Introductory Statement

[167] Eigene Übersetzung. Originalwortlaut: „to make Coca-Cola the preferred drink for any occasion, whether it's a simple family supper or a formal state dinner.“The Coca-Cola Company, Annual Report 1997

[168] Eigene Übersetzung. Originaltext: "Through innovations in our marketing and packaging, our global brand is growing in key markets and strengthening its relationship with more and more people."

[169] Beispielsweise produzierte Coca-Cola in den letzten 50 Jahren weltweit allein 20.000 Werbefilme – im Durchschnitt mehr als einen pro Tag. S. *Schiller, D.*, Die süßeste Verführung – Die Werbebranche – eine globale Schlüsselindustrie, Le Monde diplomatique Nr. 6443 vom 11.05.2001

118,5 Mio. für Werbung aus[170] und lag damit auf Platz 13 der "Top Spender" unter den deutschen Werbetreibenden[171]. Die gesamte Branche alkoholfreier Getränke investierte 2001 EUR 291,4 Mio. Damit gingen über 40% der Werbekosten auf Coca-Cola zurück. In den USA[172] gab die Coca-Cola-Company 1997 US$ 277 Mio. für Werbung aus[173]. Zum Vergleich: Das National Cancer Institute hatte für seine Kampagne „5-a-day", die den Verbrauch von Obst und Gemüse steigern soll, gerade mal ein jährliches Budget von US$ 1 Mio.[174]

Das erklärt sich (zumindest teilweise) durch die Gewinnspanne bei Coca-Cola im Vergleich etwa zu Obst und Gemüse. *Nestle* schätzt, dass durchschnittlich nur 20% des Verkaufspreises – der "farm value" eines Produkts – an die Hersteller des Ausgangsprodukt gehen, bei Maissirup sind es sogar nur 4%. Der Rest wir für Arbeit, Verpackung, Werbung etc. ausgegeben. Durch diese Verteilung entsteht für Nahrungsmittelhersteller der Anreiz, added-value Produkte herzustellen und zu verkaufen statt Obst und Gemüse, bei denen der Spielraum zur Wertsteigerung sehr begrenzt ist[175]. Das verdeutlicht die Kalkulation von McDonalds. (McDonalds verkauft mehr Coca-Cola als irgendjemand anderes in der Welt.) McDonalds kauft den Coca-Cola-Konzentrat – die teuerste Zutat bei der Herstellung von Coca-Cola – für US$ 4,25 pro Gallon (das sind 3,7853 l). Eine 'medium Coke' enthält Sirup für 9 cents und kostet US$ 1,29. Die 'large Coke' enthält Sirup für 3 cents mehr und verkauft sich für US$ 1,49[176]. Da Arbeit, Kapitalkosten, Vermarktung etc. bei einem größeren Becher nicht (oder kaum) steigen, bringt die größere Version (weitere) 17 cents reinen Profit für

---

[170] Der deutsche Markt ist für Coca-Cola der fünftgrößte der Welt, und Spitzenreiter innerhalb Europas. In Deutschland hat Coca-Cola derzeit einen Anteil von rund 14 Prozent am Segment der alkoholfreien Getränken. Im Jahr 2001 konnte die deutsche Coca-Cola Organisation rund 37,5 Mio. Hektoliter Erfrischungsgetränke und Wasser absetzen. Dabei sind die Marken Coca-Cola, Coca-Cola light, Fanta, Sprite, BONAQA, Mezzo Mix und Lift Apfelsaftschorle in Deutschland die beliebtesten. Die Coca-Cola GmbH hat ihren Werbeetat in Deutschland von 2000 auf 2001 um 43% kräftig aufgestockt.

[171] Werben & Verkaufen: „Top Spender 2001", im World Wide Web unter http://www.wuv.de (accessed 27 Sept 2002).

[172] Die Produkte der Coca-Cola Company machen 44% des US-amerikanischen Soft Drink Marktes aus, Beverage World Website, www.beverageworld.com

[173] Beverage Digest website (data expressed in 1998 dollars).

[174] Gov't & industry launch fruit and vegetable push; but NCI takes backseat. Nutr Week (1992), Vol. 22 (26):1-2, zit. bei *Nestle, M./Jacobson, M.F.*, Halting the Obesity Epidemic: A Public Health Policy Approach, Public Health Reports (Jan/Feb 2000), Vol. 115: 12-24

[175] *Nestle, M.*, Food Politics: How the Food Industry Influences Nutrition and Health, Berkeley and Los Angeles, California: University of California Press, 2002 (California studies in food and culture; 3), S. 17-18

[176] S. *Schlosser, E.*, Fast Food Nation, London: Penguin Books, 2002, S. 54.

McDonalds. Die Herstellungskosten des Coca-Cola Sirup werden deutlich unter US$ 4,25 pro Gallon liegen, da Coca-Cola an McDonalds mit Profit verkauft. Das lässt die Differenz zwischen Herstellungskosten und Verkaufspreis erahnen. Diese Marge lässt Raum für kostenintensive Vermarktung[177].

Dementsprechend gehören Soft Drink Hersteller zu den aggressivsten Vermarktern weltweit. Sie nutzen neben Werbung auch viele andere Techniken, um den Absatz zu steigern. *Soft Drinks* werden übers Fernsehen, Radio und Printmedien, bei Verkaufsaktionen, mit Gutscheinen und durch Product Placement in Filmen und Büchern vermarktet[178]. Werbespots sind die durchsichtigste Form der Vermarktung, für die großen Werbeagenturen macht klassische Reklame aber nur noch ungefähr die Hälfte ihrer Einkünfte aus. Die andere Hälfte besteht aus Öffentlichkeitsarbeit, Verkaufspromotion, multikulturellem Marketing, Imageberatung, Marktforschung etc. Dazu gehört bei Coca-Cola beispielsweise die Ermittlung der "Markenessenz"[179] und die Entwicklung von Kernbotschaften zur Marke Coca-Cola, die in das lokale Marketing eingebunden werden[180], um so die Markenbindung der Kunden zu stärken. Das Ziel ist klar: Werbung soll den Absatz steigern, indem sie Nachfrage stimuliert und neue Märkte zu erschließen hilft. Sie soll bewirken, dass Konsumenten ihren Verbrauch nicht einstellen, sondern steigern, und dass bisherige Kunden nicht abspringen, sondern neue hinzugewonnen werden. Könnte Werbung all das nicht erreichen, wäre sie sinnlos – eine Ressourcenverschwendung.

Für Coca-Cola ist Werbung von besonderer Bedeutung, weil das Produkt kein lebensnotwendiges Nahrungsmittel ist, sondern Coca-Cola als Ausdruck eines Lebensgefühls verkauft wird. Der Werbung kommt die entscheidende Rolle zu, ein bestimmtes Gefühl zu erzeugen und zu befördern. Wegen der besonderen Bedeutung von Werbung für die Vermarktung von Coca-Cola wird das Thema in dieser Arbeit näher untersucht. Dabei soll zunächst auf folgende Aspekte näher eingegangen werden, die bei der Vermarktung von Coca-Cola besonders auffallen:

---

[177] Vgl. *Coca-Cola GmbH (Hrsg.)*, Faszination Coca-Cola - Einsichten in einen Mythos (Katalog zur Coca-Cola Ausstellung im Haus der Geschichte 13.06.-16.07.2002), S. 30

[178] Editorial: Selling to – and Selling out – Children, The Lancet (2002), Vol. 360: 959.

[179] Als Beispiel kann die "integrierte Kampagne von Sprite in den USA dienen, ebenfalls ein Produkt aus dem Hause Coca-Cola. S. *Fass, A.*, Sprite Tries to Increase Sales With a Campaign About Thirsts, NY Times, 30 July 2002

[180] *Schiller, D.*, Die süßeste Verführung – Die Werbebranche – eine globale Schlüsselindustrie, Le Monde diplomatique Nr. 6443 vom 11.05.2001

1. *Die starke Ausrichtung auf Kinder*: Rund ein Drittel aller Ausgaben für Lebensmittelvermarktung werden für Schulkinder ausgegeben. Kinder sind allerdings "besondere Konsumenten", die als Zielgruppe von Werbung näher untersucht werden sollen. Die daraus gewonnenen Erkenntnisse sind bei der Bewertung der Coca-Cola-Aktivitäten zu berücksichtigen. Sie haben daneben für eine mögliche Regulierung besondere Bedeutung.

2. *Die Ausweitung der Vermarktungsaktivitäten*: Traditionelle Reklame nimmt ab, subtilere Formen der Vermarktung (Marketingkampagnen, Sponsoring) gewinnen hingegen an Bedeutung. Dabei lässt sich heute das Vordringen von Marken in früher "werbefreie Zonen" (beispielsweise Schulen) beobachten. Diese Tendenzen werden exemplarisch dargestellt.

3. *Packungsgrößen, Preispolitik und Allgegenwärtigkeit:* Zur Vermarktung im weitesten Sinne zählen auch "innovative Packungsgrößen", denen die Coca-Cola Company große Bedeutung zumisst, sowie die Preispolitik und das Prinzip der Allgegenwärtigkeit.

Die Aktivitäten der Coca-Cola Company zur Absatzsicherung und -steigerung beschränken sich aber nicht auf Vermarktungsstrategien im weitesten Sinne. Coca-Cola ist als Produkt nicht unumstritten. Es mehren sich die Stimmen, die gesundheitliche Bedenken erheben und den Gesetzgeber auffordern, beispielsweise Werbebeschränkungen einzuführen. Derartige Kritik und mögliche Einschränkungen bei der Vermarktung könnten Absatz und Expansion von Coca-Cola gefährden. Mit dieser Bedrohung muss sich ein Unternehmen, das am Markt bleiben und seinen Absatz steigern will, frühzeitig auseinandersetzen – etwa durch Einflussnahme auf Wissenschaft, Medien oder Politik. Ein wichtiger Unterschied zu sonstigen Marketingaktivitäten liegt darin, dass sich diese Maßnahmen nicht direkt an den Konsumenten richten und vor allem weniger sichtbar sind. Entsprechende Aktivitäten werden hier unter dem Begriff *Lobbyarbeit* zusammengefasst.

Für die Tabakindustrie wurde die Strategie von Unternehmen, die sich durch Kritiker und mögliche Regulierungsvorschläge bedroht sahen, genau analysiert[181]. Vergleichbare Erkenntnisse liegen für Coca-Cola bislang nicht vor. Es

---

[181] Basis hierfür waren die im Rahmen des juristischen Vergleichs der Zigarettenhersteller in den USA veröffentlichten Dokumente. Eine Beschreibung enthält *Glantz, S.A. et al.*, The Cigarette Papers. Berkeley: University of California Press; 1996. Im Internet unter: http://www.library.ucsf.edu/tobacco/cigpapers/book/contents.html (accessed 7 Oct 2002). Weitere Literaturhinweise s. unten im Abschnitt Lobbyarbeit.

gibt aber Anhaltspunkte, die auf eine ähnliche Strategie hinweisen. Diese sollen untersucht werden. Der zweite Teil dieses Kapitels widmet sich dem Thema Lobbyarbeit. Darin wird zunächst die Strategie der Tabakindustrie dargestellt. Anschließend wird das Verhalten der Coca-Cola-Company (und anderer, mit Coca-Cola in Zusammenhang stehender Industrien) auf ähnliche Vorgehensweisen hin untersucht.

3.1 Kinder als Zielgruppe von Werbeaktivitäten

Coca-Cola hat sich zum Ziel gesetzt, den Konsum seiner Produkte in den USA um mindestens 25% jährlich zu steigern. Amerikaner trinken im Durchschnitt aber bereits fast 600 Dosen *Soft Drinks* pro Jahr[182], ein weiteres Wachstum ist schwer zu erzielen. Soft Drink Hersteller sehen vor allem bei Kindern und Jugendlichen, den Hauptkonsumenten von *Soft Drinks*, noch Wachstumspotential[183]. Die angestrebten Verkaufszahlen lassen sich möglicherweise erreichen, wenn Kinder als Konsumenten gewonnen und ihre Nachfrage gesteigert werden kann. Deswegen richten sich zahlreiche Werbe- und Marketingaktivitäten gezielt und ausschließlich an sie[184]. Dies gilt nicht nur für Coca-Cola, sondern für Lebensmittel insgesamt: Fast ein Drittel der rund 30 Milliarden Dollar, die jährlich für Lebensmittelvermarktung ausgegeben werden, entfällt allein auf die Gruppe der Schulkinder[185]. Die Unternehmen versuchen dabei regelrecht, Kinderköpfe zu besetzen. Die darauf spezialisierte Firma Kidscreen versprach auf der 5. Konferenz für "Advertising and Promoting to Kids", den Anwesenden beizubringen, “wie man Spaß besetzt, lebenslange Konsumenten schafft, ethnische Gruppen und Minderheiten erreicht, sich einen Platz in der Gedankenwelt sichert und ‚Kinder besitzt‘“[186].

---

[182] Produkte von Coca-Cola, Pepsi und Cadbury-Schweppes machen dabei 90,3% des US-Marktes aus. Prince, G.W., "The Year of Living Dangerously", Beverage World, March 15, 2000, zit. bei *Schlosser, E.* Fast Food Nation, London: Penguin Books, 2002, S. 53.

[183] Dies gilt auch für neue Produkte aus dem Hause Coca-Cola, s. *Kruse, H.*, Coca-Cola entdeckt neue Zielgruppe, Die Welt (3. Dez. 2002), S. 14

[184] *Jacobson, M.F.*, Liquid Candy: How Soft Drinks are Harming Americans‘ Health, World Wide Web: http://www.cspinet.org/sodapop/liquid_candy.html (accessed 11 Sept. 2002)

[185] Editorial: Getting a Handle on Obesity, The Lancet (2002), Vol. 359: 1955

[186] Eigene Übersetzung. Originaltext: "how to own fun, create lifelong consumers, reach ethnic and minority communities, obtain share of mind and “own kids”" S. Selling to – and Selling out – Children, The Lancet (2002), Vol. 360: 959

Kinder werden im Werbewettlauf so hoch geschätzt, weil "bei ihnen die Profite liegen"[187], wie McNeal es ausdrückt[188]. Dafür gibt es drei Gründe: Erstens haben Kinder immer mehr eigenes (Taschen-) Geld zur Verfügung. Außerdem haben sie Einfluss darauf, was ihre Eltern kaufen[189]. Und schließlich sind Kinder offen für Werbekampagnen, die sie als zukünftige Konsumenten ansprechen:

In Deutschland hatten die 6-bis-9-jährigen Kinder 1997 gut 600 Mio. Euro zu Verfügung, die etwa acht Millionen Jugendlichen zwischen zehn und 19 Jahren verfügten aus Taschengeld, Geldgeschenken und Nebeneinkünften über eine Kaufkraft von 14 Milliarden Euro[190]. In den USA gaben Kinder unter zwölf 1997 mehr als US$ 24 Milliarden eigenes Geld aus und übten einen direkten Einfluss auf weitere Ausgaben in Höhe von US$ 188 Milliarden aus[191]. Schätzungen zeigen, dass die gesamten Ausgaben von Kindern sich während der 60er, 70er und 80er Jahre ungefähr verdoppelten und in den 90ern mindestens verdreifachten. Die Werbung hat darauf reagiert. Die Werbeausgaben für Marketing an Kinder haben sich über die letzten zehn Jahre mehr als verzehnfacht[192]. Kinder entdecken aber auch Marken bzw. Markenprodukte für sich und führen diese in die Familien ein. Das gilt besonders für die Produktbereiche Cornflakes, Nuss-Nougat-Cremes, Cola-Getränke und Schokolade. Für solche Produkte wird besonders intensiv im Werbeprogramm von Kindersendungen geworben[193]. Pro Stunde Fernsehen laufen ca. 20 Spots.

Außerdem messen Marketingstrategien Menschen nach ihrem "lifelong consuming value" – die immer jüngeren Werbeadressaten haben die meisten Jahre der

---

[187] Es gibt einen eigenen Newsletter "Selling to Kids", der 25 mal im Jahr erscheint und Neuigkeiten und praktische Tips für erfolgreiches Marketing bei Kinder geben will, sowie über erfolgreiche Kampagnen und Marktumfragen in den USA berichtet.

[188] Zitiert bei: *Zoll, M.H.*, Psychologists Challenge Ethics of Marketing To Children, http://www.mediachannel.org/original/kidsell.html (accessed 1 Oct 2002)

[189] *McNeal, J.U.*, The Kids Market: Myths and Realities. Ithaca (NY): Paramount Market Publishing, 1999. zit. bei *Nestle, M./ Jacobson, M.F.*, Halting the Obesity Epidemic: A Public Health Policy Approach, Public Health Reports (Jan/Feb 2000), Vol. 115: 12-24

[190] *vzbv* –aktuelle Mitteilung vom 22.07.2002: Kinder und Jugendliche vor Werbung schützen. Im Internet zu finden unter http://www.vzbv.de (accessed 27 Sept 2002)

[191] *McNeal, J.U.*, American Demographics, April 1998

[192] So Gary Ruskin, Direktor von "Commercial Alert", eine non profit-Organisation aus Washington DC für den Schutz von Kindern von unternehmerischer Ausbeutung, zit. bei *Zoll, M.H.*, Psychologists Challenge Ethics of Marketing To Children, http://www.mediachannel.org/original/kidsell.html (accessed 1 Oct 2002)

[193] *Diehl, J.M.*, Fernsehwerbung für Süßes, Botschaften und Auswirkungen, Verbraucherdienst (1998), Vol. 43: 425-429

Kaufkraft noch vor sich. Außerdem ist bekannt, dass frühe Käufe zur Entwicklung lebenslanger Loyalität führen[194]. Insofern ist es einleuchtend, dass das *Alter* der anvisierten Kinder über die letzten Jahre deutlich gesunken ist und in den USA mittlerweile bei 2 Jahren liegt[195]. Schon die Kleinkindersendung "Teletubbies" wurde (in den USA) erst von Burger King, dann von McDonalds gesponsert, die die Figuren der Teletubbies als Spielzeug verteilten[196]. Einige Soft Drink Hersteller haben jetzt noch jüngere Konsumenten ins Visier genommen, indem sie dem amerikanischen Babyflaschenhersteller Munchkin Bottling, Inc. ihre Logos lizenziert haben. Eine Befragung, die die Folgen dieser Kooperation untersuchte, ergab, dass 63% der Befragten eine Nuckelflasche mit einem Soda Pop- oder Limonadenlogo besaßen und 31% der Kinder in ihren Fläschchen tatsächlich *Soft Drinks* bekamen. Dabei bekamen Kinder in Familien, die Nuckelflaschen mit beliebten Getränkelogos besaßen, mit einer vier Mal höheren Wahrscheinlichkeit entsprechende *Soft Drinks* als Kinder mit logofreien Babyflaschen. Die Untersuchung bestätigte auch die soziale Seite des Problems: Die Wahrscheinlichkeit für ein Baby, die beworbenen *Soft Drinks* zu bekommen, war am höchsten bei der schwarzen und hispanischen Bevölkerung, in der Gruppe der jüngsten Mütter (15-20 Jahre) und bei Versorgern ohne High School Abschluss[197].

Die Industrie behauptet, dass Werbung, die sich gezielt an Kinder richtet, nicht besonders wirkungsvoll sei: „Tatsächlich gibt es keine Beweise dafür, dass Werbung einen wesentlichen Einfluss auf die Nahrungsmittelauswahl von Kindern haben; zur gleichen Zeit gibt es erhebliche Beweise dafür, dass sie keinen wesentlichen Einfluss hat und dass andere Faktoren – namentlich angeborene Geschmackspräferenzen und Eltern – einen sehr viel stärkeren Einfluss haben."[198] Dann stellt sich aber die Frage, warum Nahrungsmittelhersteller derar-

---

[194] *Troiano, R.P. et al.*, Overweight Prevalence and Trends for Children and Adolescents, Archives of Pediatric and Adolescent Medicine (1995), Vol. 149: 1085-1091, zit. bei *Nestle, M.*, Food Politics: How the Food Industry Influences Nutrition and Health, Berkeley and Los Angeles, California: University of California Press, 2002 (California Studies in Food and Culture; 3), S. 177

[195] So Dr. Allan Kanner, Kinderpsychologe am Wright Institute, einer Graduate Psychology School in Berkeley. Zit. bei: *Zoll, M.H.*, Psychologists Challenge Ethics of Marketing To Children, http://www.mediachannel.org/original/kidsell.html (accessed 1 Oct 2002)

[196] *Brody, J.E.*, Schools Teach 3 C's: Candy, Cookies and Chips, NY Times 24 Sept 2002

[197] *American Society of Dentistry for Children*, J Dent Child (Jan-Feb 1997), Vol. 64 (1): 55-60

[198] Eigene Übersetzung. Wortlaut des Originals: "In reality, there is no evidence that advertising is a major influence on children's food choices; at the same time, there is substantial evidence that it is not a major influence, and that other factors – notably inherent taste preferences and parents – are a much stronger influence." *Barwise, T.P.*, How Much Does Food and Drink Advertising Influence Children's Diet? In: *Smith, G.* (Ed.), Children's Food: Marketing

tig viel Geld in die Umwerbung von Kindern und Jugendlichen stecken. Widersprüchlich wirkt auch das Argument der Hersteller, dass Werbung einen Beitrag zur Ernährungserziehung leisten kann.

In einem Wissenschaftsprojekt in den USA haben Kinder gezeigt, dass Werbung Markenpräferenzen schaffen kann: Zwei 13-jährige fragten Schulkinder aus der 6. bis 8. Klasse, ob sie Coca-Cola, Pepsi-Cola oder ein nicht beworbenes Colagetränk bevorzugen würden. Anschließend wurden die Schulkameraden aufgefordert, die Colagetränke „blind" zu testen und nach Geschmack zu bewerten. 73% der Testpersonen konnten ihre favorisierte Colamarke nicht herausschmekken und 27% bewerteten die Nicht-Marke als das Getränk mit dem besten Geschmack[199].

Dass Werbung Markenloyalität schaffen kann, gilt übrigens auch schon für Kleinstkinder[200]. Ab sechs Monaten bilden Babies im Geist Bilder von Markenlogos und Maskottchen[201]. "Neuere Studien haben gezeigt, dass amerikanische Kinder im Alter von 36 Monaten durchschnittlich 100 Markenzeichen erkennen", sagt Kanner. Das kommt nicht von ungefähr, das durchschnittliche amerikanische Kind sieht schätzungsweise 20-40.000 Werbespots jährlich.

Dabei haben Forscher gezeigt, dass jüngere Kinder das *Konzept* von Werbung nicht verstehen. Sie erkennen nicht den unterschiedlichen Programminhalt von Werbung, der auf Verkauf und nicht auf Information ausgerichtet ist. So gaben Kinder an, dass sie glauben, dass Unternehmen wie Pepsi-Cola, die Werbung im amerikanischen Schulnachrichtenprogramm schalten „sich besonders dafür engagieren, ihnen zu helfen, mit ihren emotionalen und psychologischen Proble-

---

and Innovation, London: Blackie Academic & Professional, 1997, S. 126-151, zit. bei *Nestle, M.*, Food Politics: How the Food Industry Influences Nutrition and Health, Berkeley and Los Angeles, California: University of California Press, 2002 (California Studies in Food and Culture; 3), S. 179

199 *Jackson, C./ Peifer, M.,* The Cola Wars: Does the Media Influence your Choice of Cola and Can you Taste the Difference Between Different Brands? Science fair project, St. Ignatius elementary school, Portland, Oregon, May 25, 1999. Das Projekt gewann den ersten Preis. Zit. bei *Nestle, M.*, Food Politics: How the Food Industry Influences Nutrition and Health, Berkeley and Los Angeles, California: University of California Press, 2002 (California Studies in Food and Culture; 3), S. 180

200 *Sylvester, G.P./ Achterberg, C./ Williams, J.*, Children's Television and Nutrition: Friends or Foes, Nutr Today (1995), Vol. 30 (1): 6-15, zit.bei *Nestle, M./ Jacobson, M.F.*, Halting the Obesity Epidemic: A Public Health Policy Approach, Public Health Reports (Jan/Feb 2000), Vol. 115: 12-24

201 http://www.mediachannel.org/atissue/consumingkids/front.shtml "Fast Facts"

men zurecht zu kommen“[202]. Verstärkend kommt hinzu, dass die Grenze zwischen redaktionellem Inhalt und Werbebotschaften immer mehr verwischt. Werbespots werden Programminhalten immer ähnlicher und durch Produktwerbung in Sendungen gelingt es Werbern, nicht nur die Werbepausen, sondern auch den inhaltlichen Kern von Sendezeiten zu besetzen[203].

Viele Jugendliche in Deutschland interessieren sich nicht oder wenig für Ernährungsfragen, wissen aber dennoch ganz gut Bescheid. Allerdings stufen 20-40% der Kinder Milchschnitten, Limonaden und Hamburger deutlich gesünder ein als sie es sind[204]. Das mag daran liegen, dass diese Produkte im Fernsehen massiv beworben werden und Fernsehwerbung für Kinder die entscheidende Quelle für Ernährungsinformationen ist: Niemand anderes erzählt Kindern täglich soviel über Nahrungsmittel wie das Fernsehen, meint Diehl. Schulkinder sehen durchschnittlich etwa zwei Stunden täglich fern. Schon die Zeit vor dem Fernseher dürfte damit in den meisten Fällen länger als die tägliche Essenszeit sein. Besonders beliebt sind bei Kindern außerdem private TV-Sender (PRO 7, RTL, Sat 1). Dort beträgt der Werbeanteil durchschnittlich 12% der Sendezeit[205], so dass Kinder in Deutschland allein übers Fernsehen im Durchschnitt schätzungsweise 1000 TV-Spots im Monat sehen. Samstagmorgen erreicht man die Kinder besonders gut. Da laufen dann Werbespots für zuckrige *cereals*, Süßigkeiten, Fast Food, *Soft Drinks*, Kekse und Chips – und nicht ein Spot für Obst, Gemüse oder Brot, wie eine Studie ergab, die im Journal of the American Dietetic Association veröffentlicht wurde[206].

Da Fernsehwerbung Kinder aller Altersgruppen beeinflusst, das zu kaufen und sich zu wünschen, was sie in der Werbung sehen[207], steigt die Nachfrage nach Fernseh-Kinderlebensmitteln (Convenience-Produkte, Fast Food), während sie für Lebensmittel des Frischebereichs wie Obst stagniert. Die Beeinflussung

---

[202] Eigene Übersetzung. Originaltext: "are deeply committed to helping them cope with their emotional and psychological problems." Zit. bei *Nestle, M.*, Food Politics: How the Food Industry Influences Nutrition and Health, Berkeley and Los Angeles, California: University of California Press, 2002 (California Studies in Food and Culture; 3), S.190

[203] The Wall Street Journal, 14 November 2000

[204] *Deutsche Gesellschaft für Ernährung* (Hrsg.): Ernährungsbericht 2000, Frankfurt 2000. Im unter http://www.dge.de (8 Oct 2002)

[205] *Deutsche Gesellschaft für Ernährung* (Hrsg.): Ernährungsbericht 2000, Frankfurt 2000, Kap. 4; im Internet unter www.dge.de

[206] Zitiert bei: *Brody, J.E.*, Schools Teach 3 C's: Candy, Cookies and Chips, NY Times 24 Sept 2002

[207] *Fox, R.F.*, Harvesting Minds: How TV Commercials Control Kids. Westport (CN): Praeger; 1996. zit.bei *Nestle, M./ Jacobson, M.F.*, Halting the Obesity Epidemic: A Public Health Policy Approach, Public Health Reports (Jan/Feb 2000), Vol. 115: 12-24

durch Fernsehwerbung herauszufiltern oder zu quantifizieren, ist aber schwierig, weil auch Kinder, die weniger fernsehen und weniger Werbespots sehen, über Mitschüler oder Werbeaktionen im Supermarkt erreicht werden.

Aber nicht nur der unmittelbare Konsum der beworbenen zuckerhaltigen Lebensmitteln, sondern auch die Langzeitauswirkung auf den Geschmack ist bedenklich: Ernährungsspezialisten haben darauf hingewiesen, dass das Essen und Trinken besonders süßer Nahrungsmittel junge Kinder langfristig an den süßen Geschmack gewöhnt und dazu führt, dass diese Kinder zusätzliche Süße in allen Nahrungsmitteln wünschen[208]. Damit würden Kinder geradezu auf Zucker konditioniert. Auch die weitergehenden gesellschaftlichen Folgen gezielter Vermarktung an Kinder sind beunruhigend. Menschen, die sich stark an materiellen Werten ausrichten, würden über eine geringere Zufriedenheit in ihrem Leben berichten, häufiger unbefriedigende Beziehungen zu anderen Menschen haben, eine stärke Anfälligkeit für Drogen und Alkoholkonsum zeigen und weniger zu ihrem sozialen Umfeld beitragen[209], beobachtet Kassell, der sich auf die Erforschung des Materialismus spezialisiert hat[210]. Weiter sei bekannt, dass Kinder, die von Erwachsenen dauerhaft getäuscht und manipuliert werden, die Fähigkeit, anderen zu trauen und sich sicher zu fühlen, verlören. Eine ähnliche Wirkung könnten die Täuschungen in der Werbung zeigen[211].

---

[208] *Rothstein, R.*, Schools' Chosen Cure for Money Ills: A Sugar Pill, NY Times, 21 Aug 2002

[209] Eigene Übersetzung. Originaltext: "People who are highly focused on materialistic values report less satisfaction with life, seem less happy, have a higher incidence of unsatisfactory interpersonal relationships, are more prone to drug and alcohol consume and contribute less to their community."

[210] Zitiert bei: *Zoll, M.H.*, Psychologists Challenge Ethics of Marketing To Children, http://www.mediachannel.org/original/kidsell.html (accessed 1 Oct 2002)

[211] Deswegen formieren sich auch Gegenbewegungen. Gegen gezieltes Marketing und Werbung für Kinder setzt sich die Organisation Stop Commerical Exploitation of Children (SCEC) ein. In den USA haben außerdem über 60 Psychologen in einem offenen Brief die American Psychological Association aufgefordert, die Kollaboration von Kinderpsychologen mit Werbe- und Marketingforschungsfirmen mit dem Ziel, die jüngsten Konsumenten erfolgreich anzusprechen, für unethisch zu deklarieren und eine Kampagne zu starten, um das öffentliche Bewusstsein für die Gefahren der Werbung zu stärken. Vgl. *Solomon N.*, The Progress Report – Children Face Dangers of Advertising, im Internet unter: http://www.progress.org/sol21.html (accessed 01 Oct 2002). In Schweden und Norwegen ist Fernsehwerbung, die sich an Kinder unter 12 Jahren richtet, allgemein verboten.

3.3 Noch mehr Vermarktung

3.3.1 Coca-Cola in der Schule

Die Snack Food und Soft Drink Industrie hat neuerdings auch die Vermarktung über das Thema Bildung für sich entdeckt – zum Beispiel durch Werbung, gesponserte Unterrichtsmaterialien, Wettbewerbe und Werbespots im Schulfernsehen. In den USA bietet sich für Hersteller von Fast Food, Snacks und *Soft Drinks* dafür Channel One an. Channel One ist ein privat finanziertes zwölfminütiges „Nachrichten"-Programm mit Werbeanteil, das in den USA ausschließlich in Schulen ausgestrahlt wird. Schulen bekommen von den werbenden Unternehmen beispielsweise eine Videoausstattung finanziert, die Schüler müssen als Gegenleistung einmal täglich zwei Minuten Werbung ansehen[212]. Das Programm läuft in 12.000 Schulen in USA und wird von rund acht Millionen "kleinen" Konsumenten gesehen[213]. Damit erreicht Channel One 50 mal so viele Teenies wie MTV[214].

Eine andere Strategie, um junge Konsumenten zu erreichen, sind exklusive Marketingabkommen mit der Schulverwaltung[215]. Die Schule bekommt Geld oder Sachleistungen, mit denen sie z.B. ihre Sport- und Freizeitaktivitäten finanziert[216]. Dafür dürfen die Unternehmen exklusiv Getränkeautomaten aufstellen[217]. Der Colorado Springs District, zu dem 52 Schulen gehören, hatte

---

212 *Hays, C.L.*, Channel One's Mixed Grades in Schools. NY Times 5 Dec 1999, Sect. C:1,14-15, zit. bei *Nestle M./ Jacobson M.F.*, Halting the Obesity Epidemic: A Public Health Policy Approach, Public Health Reports (Jan/Feb 2000), Vol. 115: 12-24; im World Wide Web unter http://www.cspinet.org/reports/obesity.pdf (accessed 2 Oct 2002).

213 Wall Street Journal, 15 Sept 1997, B1

214 S. im Internet http://www.mediachannel.org/atissue/consumingkids/front.shtml "Fast Facts" (accessed 01 Oct 2002)

215 s. *Streitz, M.*, Pepsi-Cola, Schul-Millionen, dicke Texaner und wie das alles zusammenhängt, Spiegel online 12. Juli 2002. Im Internet unter http://www.spiegel.de/wirtschaft/0,1518,204818,00.html (accessed 22 July 2002)

216 Die Schulen sagen sie brauchen das Geld und sind wenig begeistert von der Initiative der Senatorin Deborah Ortiz, D-Sacramento und Chairwoman des Senate Committee on Health and Human Services, Soft Drinks aus Schulen zu verbannen, s. den Bericht unter www.dailynews.com/news/articles/0502/04/new02.asp (accessed 08 July 2002). Für weitere Beispiele s. *Rothstein R.*, Schools' Chosen Cure for Money Ills: A Sugar Pill, NY Times, 21 Aug 2002

217 *Hays, C.L.*, Be True to your Cola, Rah! Rah!: Battle for Soft-drink Loyalties Moves to Public Schools, NY Times 8 March 1998;Sect. D: 1,4. zit. bei *Nestle M./ Jacobson M.F.*, Halting the Obesity Epidemic: A Public Health Policy Approach, Public Health Reports (Jan/Feb 2000), Vol. 115: 12-24, FN 39

1997 als erstes public school district mit Coca-Cola einen Zehn-Jahresvertrag unterzeichnet. Für bis zu US$ 11 Mio. erhielt Coca-Cola das exklusive Recht, seine Getränke an den Schulen des District anzubieten, den Schulen wurden Cash Boni für Extraverkäufe in Aussicht gestellt und unter den Schülern der oberen Klasse, die gute Noten und wenig Fehlzeiten vorweisen konnten, wurde ein neues Auto verlost.[218] Als es allerdings nach dem ersten Jahr so aussah, als ob die Schulen die Verkaufsquote nicht erreichen würden, schickte ein Mitarbeiter aus der District-Verwaltung Briefe an die Schulleiter, in denen er sie aufforderte, Kindern zu erlauben, Coca-Cola Produkte mit in die Schulstunden zu bringen, und die Automaten da aufzustellen, wo sie besonders gut zugänglich seien[219]. Die Kopplung der Einnahmen für die Schulen an die verkaufte Menge führt dazu, dass, wie man festgestellt hat, der Soft Drink Konsum unter den Schülern an Schulen mit Exklusivverträgen zunimmt[220].

Um die Kinder und Jugendlichen auch nach der Schule zu erreichen, hat Coca-Cola außerdem mit den Boys & Girls Clubs of America einen Vertrag geschlossen, der Coca-Cola für US$ 60 Mio. über zehn Jahre exklusive Marketingrechte in ihren mehr als 2.000 Clubs sichert[221]. Neben dem Absatz geht es dabei auch immer darum, Markenloyalität zu schaffen und zu fördern. Für die Industrie ist diese Partnerschaft das Ergebnis eines „starken und andauernden Engagements für den Erziehungsfortschritt in Amerika“[222]. Für die Entstehung von Übergewicht fühlen sich die Soft Drink Hersteller dabei nicht verantwortlich. Die National Soft Drink Association vertritt jedenfalls die Auffassung, dass Übergewicht hauptsächlich durch immer weniger Bewegung verursacht wird. Brownell sieht in der ständigen Schul-Präsenz von Softdrinks und Snacks dagegen einen wichtigen Grund für das ständig wachsende Gewicht der Kleinen: "In mancherlei Hinsicht sind die Schulen zu Agenten für die Verfettung des amerikanischen Kindes geworden."

Auch in Deutschland bedient sich die Werbung zunehmend neuer Medien und Formen und dringt dabei z.B. durch Schulsponsoring in früher "werbefreie Zonen" ein[223]. Schon heute wird jede zweite Schule von einem oder mehreren

---

218 *Schlosser, E.*, Fast Food Nation, London: Penguin Books, 2002, S. 51

219 *Schlosser, E.*, Fast Food Nation, London: Penguin Books, 2002, S. 57

220 So das Ergebnis einer Studie im American Journal of Public Health, zit. bei: *Brody, J.E.*, Schools Teach 3 C's: Candy, Cookies and Chips, NY Times 24 Sept 2002

221 Chronicle of Philanthropy, 30 July 1998, 25

222 Eigene Übersetzuung. Originaltext: "strong and long-lasting commitment to the education process in America". S. Editorial: Getting a Handle on Obesity, The Lancet (2002), Vol. 359: 1955

223 In Deutschland ist dieser Trend noch lange nicht so weit vorgedrungen wie in den USA. Bei dem Geschäftsideenwettbewerb "business @ school" der Boston Consulting Group konnte

Sponsoren unterstützt[224]. Auf der deutschen Website von Coca-Cola liest sich das so: „Speziell für die Kooperation im Schulbereich ist es ein zentrales Anliegen der Coca-Cola Organisation, Schulen in ihrer gesellschaftlichen Aufgabe und pädagogischen Verantwortung ernst zu nehmen. Partnerschaft und eine enge Abstimmung der Projekte mit allen Beteiligten werden dabei groß geschrieben."

3.3.2 Besondere Marketingaktivitäten

Auch über andere Marketingaktionen will die Coca-Cola Company weltweit neue Verbindungen mit ihren Konsumenten knüpfen. Nahrung wird den Kindern nicht mehr nur in Werbespots schmackhaft gemacht, sondern zunehmend mit Unterhaltung, insbesondere mit Filmen, Comicfiguren oder Spielzeug, verknüpft[225]. Coca-Cola ist beispielsweise eine Partnerschaft mit dem Disney-Konzern eingegangen, um Säfte und Milchgetränke für Kinder mit Bildern von Disney-Figuren auf den Verpackungen zu vermarkten[226].

Coca-Cola präsentierte auch den ersten Harry Potter Film[227]. Dafür aktivierte die Coca-Cola Company ihre Partnerschaft mit Warner Bros. Pictures, die über mehrere Jahre läuft. Gesundheitsexperten haben die Kooperation kritisiert, weil er Kinder zum Coca-Cola-Konsum verleite. Ein Sprecher für Coca-Cola erläuterte dem britischen Media Guardian demgegenüber die Intentionen so: „Unser Ziel ist es, Lesefreude zu verbreiten und das genau machen wir. Wir erkennen die große Macht und Kraft, die Harry Potter Leseinitiativen gebracht hat. Deswegen wollten wir uns beteiligen."[228] Gleichzeitig mit dem Kinofilm initiierte die Coca-Cola Company aber auch Marketingprogramme mit über einer Million Werbepackungen in mehreren Schlüsselmärkten. Der phänomenale Erfolg des

---

2002 eine Schülergruppe mit der Idee, Werbeflächen in Schulen zu vermieten, den 1. Preis in der Regionalen Endausscheidung gewinnen. S. http://www.business-at-school.de/dyn/15630.asp (accessed 10 Oct 2002)

[224] *O.N.*, Schul-Sponsoring: Diese Unterrichtsstunde wurde präsentiert von..., Spiegel Online vom 6. Aug. 2002, im Internet unter: www.spiegel.de/unispiegel/geld/0,1518,208276,00.html

[225] *McLellan, F.*, Marketing and Advertising: Harmful to Children's Health, The Lancet (2002); Vol. 360: 1001

[226] *Schiller, D.*, Die süßeste Verführung – Die Werbebranche – eine globale Schlüsselindustrie, Le Monde diplomatique Nr. 6443 vom 11.05.2001

[227] S. dazu The Coca-Cola Company, Annual Report 2001

[228] Eigene Übersetzung. Originaltext: "Our intention is to spread the joy of reading and that is exactly what we are doing. We realise the great power and strength Harry Potter has brought to reading and literacy initiatives. That is why we wanted to be involved." Zitiert auf der Website http:// www.ananova.com/news/story/sm:427103.html (accessed 9 Oct 2002)

Kinofilms und der Kampagne beschleunigte das Wachstum für Coca-Cola in den USA und anderen Regionen im 4. Quartal.

Mit Marketingaktionen versucht Coca-Cola neben Kindern vor allem auch junge Leute zu erreichen, weil Teenager die größten Soft Drink Konsumenten sind[229]. Ein Beispiel war die sog. „Hot and Cool"-Kampagne in Frankreich[230], die das Wachstum im Kerngeschäft der kohlensäurehaltigen *Soft Drinks* bei jungen Leuten beschleunigen sollte. Junge Leute machen 68% des Volumens in diesem Segment aus. Die Initiative begann mit einer nationalen Werbekampagne. Dazu kam ein Programm, das Cafés, Bars und Clubs einbezog, da man hier am besten die Zielgruppe der jungen Leute zu erreichen meinte. Die teilnehmenden Cafés, Bars und Nachtclubs wurden mit einer Reihe neuer „point-of-sale" Materialien ausgestattet, die das Coca-Cola Flaschen-Design betonten. Die Kampagne startete mit Partywerbung und wurde durch lokale Medienaktivitäten unterstützt. Außerdem wurden besondere "launch events" veranstaltet. Die Clubs bekamen DJs, spezielle Musikvideos und Tänzer, in den Cafés und Bars fanden „Bar Tour Nights" mit Produktbeispielen und interaktiven Aktivitäten statt. Die Aktion zahlte sich aus: Die Clubs, die an der „Hot and Cool"-Promotion teilnahmen, sahen während der fünfmonatigen Aktivierungsphase einen 18% Anstieg an Konsumenten und ein 22%-iges Wachstum bei den Stückverkäufen von Coca-Cola. In dem Markt gab es 2001 insgesamt eine Steigerung des Volumenwachstums um 7%.

Ein weiteres Mittel der Vermarktung ist Sponsoring. Die Coca-Cola Company ist ein wichtiger Sponsor großer Ereignisse z.B. beim Sport. 2001 wurde Coca-Cola das offizielle Getränk des chinesischen Fußballteams bei den Qualifikationsspielen für das FIFA Weltmeisterschaftsfinale. Mit einem Fernsehpublikum von 150 Mio. Menschen für das erste Spiel organisierte Coca-Cola die Liveperformance eines Songs, der über Nacht populär und von vielen als Hymne der chinesischen Mannschaft angesehen wurde. Das ist ein Erfolg von Bedeutung, denn China ist ein wichtiger Markt für die Zukunft. Chinesische Konsumenten fühlen sich dabei besonders zu starken Marken hingezogen.[231] Coca-Cola, Sprite und Pepsi-Cola sind die drei führenden Marken bei *Soft Drinks*. Das verheißt ein phänomenales Wachstum und hervorragende Expansionsmöglichkeiten auf dem Markt für Konsumgüter.

---

[229] *Day, S.*, An Old Brand Is Back, With Adds for a Young Crowd, NY Times 5 July 2002

[230] The Coca-Cola Company, Annual Report 2001

[231] So Steven Yung, president von ACNielsen Media International, s. *ACNielsen*. It's official: China Now a Consumer Society – The Millenium Report Reveals Consumer Trends, 7 June 1999. Im World Wide Web unter: http://acnielsen.com/news/asiapacific/cn/1999/19990607.html (accessed 27 Sept 2002)

3.3.3 Packungsgrößen, Preispolitik und Allgegenwärtigkeit

Neben dem Marketing wird veränderten Packungsgrößen bei der Coca-Cola Company eine besondere Bedeutung zugemessen. Mit diesen Innovationen soll auf einen veränderten *Lifestyle* und Geschmack reagiert werden, veränderte Konsumentenbedürfnisse sollen besser befriedigt werden[232]. Die Coca-Cola Company bringt in ihrem Geschäftsbericht 2001 dafür folgendes Beispiel: Mexikanische Familien essen immer häufiger zusammen zu Mittag. Der durchschnittliche Haushalt konsumiert bei der Gelegenheit 2,5 Liter oder mehr an *Soft Drinks*[233]. Die größte Packung auf dem Markt war aber eine 2-l-Flasche. Daher hat die Coca-Cola Company in bestimmten Regionen die 2,5-l-Flasche eingeführt, die zum Verkauf von nahezu 1,5 Milliarden Stückverkäufen von Coca-Cola beigetragen hat. Ähnliches soll für China gelten. Dort gehört – nach Aussagen der Coca-Cola Company – Coca-Cola zu Ferienfesten und Familienzusammenkünften. Die Coca-Cola Company reagierte darauf, indem sie die beiden größten Flaschengrößen während der Ferien 2001 vergrößerte. Diese Partyverpackung verhalf Coca-Cola zu einer 6% Volumensteigerung.

Auch weltweit lässt sich der Trend zu immer größeren Standardgrößen nicht übersehen[234]. In den 50er Jahren wurde Coca-Cola in 6,5-oz-Flaschen (=184 ml) angeboten. Später etablierte sich in Deutschland die 330ml–Dose als Standard. Neuerdings werden aber in Automaten und an Tankstellen zunehmend 500ml-Flaschen angeboten. Der Trend zu größeren Portionsgrößen ist nicht allein bei Coca-Cola festzustellen. Seit den 70er Jahren, verstärkt aber in den 80ern und 90ern wurden immer mehr neue, größere Portionen eingeführt, wie die nachfolgende Graphik verdeutlicht[235]:

---

[232] „Just as our marketing created deeper relationships with consumers, our innovations in packaging responded to changing lifestyles and tastes. In key markets we created new packaging sizes to satisfy consumer demands." The Coca-Cola Company, Annual Report 2001

[233] Mexiko hat gehört zu den Ländern mit dem höchsten pro-Kopf-Konsum von Soft Drinks weltweit, s. *AC Nielsen,* Reaching the Billion Dollar Mark – A Review of Today's Global Brands, im World Wide Web unter: http://www.acnielsen.ch/Inhalt/Reaching%20the%20Billion%20Dollar%20Mark.pdf (accessed 2 Oct 2002)

[234] *Young L.R./ Nestle, M.*, Portion Sizes in Dietary Assessment: Issues and Policy Implications. Nutr Rev (1995), Vol. 53: 149-158, zit. bei *Nestle M./ Jacobson, M.F.*, Halting the Obesity Epidemic: A Public Health Policy Approach, Public Health Reports (Jan/Feb 2000), Vol. 115: 12-24; im World Wide Web unter http://www.cspinet.org/reports/obesity.pdf (accessed 2 Oct 2002), FN 48

[235] Vgl.: *The National Alliance for Nutrition and Activity,* From Wallet to Waistline – The Hidden Costs of Super Sizing, im Internet unter http://www.cspinet.org/new/pdf/final_price_study.pdf (accessed 4 May 2003)

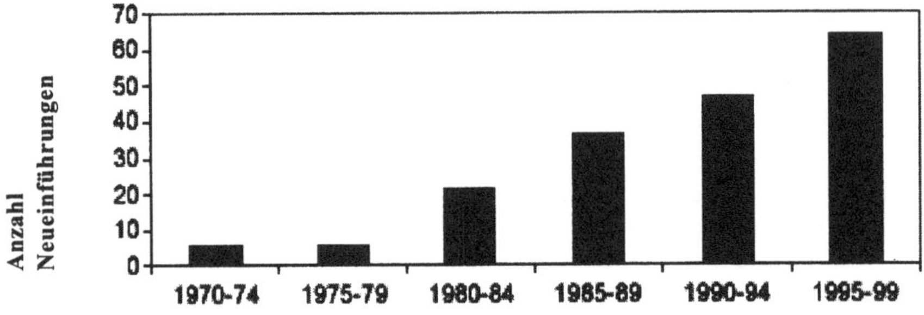

Abb. 1: Entwicklung der Neueinführungen von größeren Portionen[236]

Mit den größeren Portionsgrößen stieg auch der durchschnittliche Soft Drink-Konsum in der Zeit von 1977 bis 1996 in den USA (um 6,8 fl. oz.) von 13,1 auf 19,9 fl. oz. Das entspricht einer Zunahme des Kaloriengehalts um 49 kcal (von 144 auf 193 kcal)[237]. Eine Zunahme um 49 kcal mag zunächst nicht viel erscheinen, aber zusätzliche 49 kcal täglich können in einem Jahr zu einer Gewichtszunahme von gut 2 kg führen.

Neben dem Trend zu immer größeren Portionen kann man beobachten, dass diese größeren Portionen zu einem relativ günstigeren Preis angeboten werden. Dieses sog. „Value" Marketing spricht im Kunden das Gefühl an, viel fürs Geld zu bekommen und verleitet ihn so zur Wahl der größeren Portion. Sind die zusätzlichen Kosten für den Lebensmittelhersteller gering, wie im Fall von Coca-Cola, so ist Value-Marketing eine lohnende Verkaufsstrategie. Als Beispiel kann McDonalds dienen[238]. Wie die nachfolgende Graphik verdeutlicht, steigt der Preis für Coca-Cola unterproportional mit der Größe an. Eine größere Coca-Cola ist also vergleichsweise günstiger. Die Kalorien steigen hingegen linear.

---

[236] Quelle: Young, L.R./Nestle, M., Am J Pub Health (2002), Vol. 92: 246-249, zit. und graphisch aufbereitet bei: *The National Alliance for Nutrition and Activity,* From Wallet to Waistline – The Hidden Costs of Super Sizing, im Internet unter http://www.cspinet.org/new/pdf/final_price_study.pdf (accessed 4 May 2003)

[237] *Nielsen, S.J./ Popkin, B.M.*, Patterns and Trends in Food Portion Sizes, 1977-1998, JAMA (2003), Vol. 289: 450-453

[238] Dort kosten 0,3 l Coca-Cola € 1,30, 0,4 l € 1,50 und 0,5 l € 1,80. Preise vom 2. Mai 2003 bei McDonalds in der Clayallee 121, 14195 Berlin

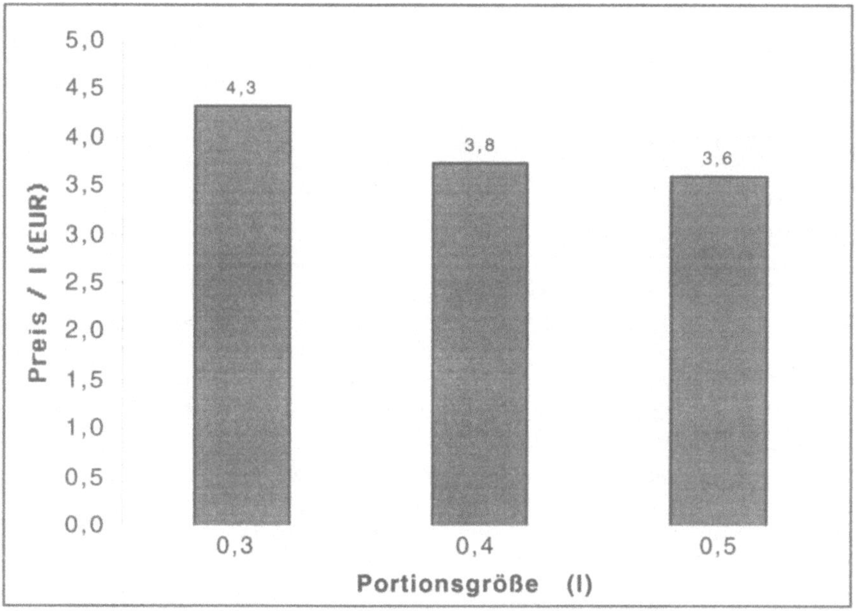

Abb. 2: Value Marketing von Coca-Cola

Neben größeren Portionen und relativ sinkenden Preisen ist die Allgegenwärtigkeit und die permanente Verfügbarkeit von Coca-Cola wichtiger Teil des Verkaufskonzepts. Auf den roten Coca-Cola Pappbechern bei McDonalds steht die Losung: "Always Coca-Cola". In USA verkauften drei Millionen Soft Drink Verkaufsautomaten 1997 27 Milliarden Getränke mit einem Wert von US$ 17,5 Milliarden[239]. Coca-Cola *Soft Drinks* werden in zwei Millionen Läden, mehr als 450.000 Restaurants und 1,4 Mio. Automaten verkauft[240]. Die Coca-Cola Company beschreibt ihr Ziel so: "[T]o build pervasiveness of our products, we're putting ice-cold Coca-Cola classic and our other brands within reach, wherever you look: at the supermarket, the video store, the soccer field, the gas station – everywhere."[241] Coca-Cola soll aus dem Leben nicht mehr wegzudenken sein.

239 Vending Times (1998), Vol. 38 (9): 15, 21, 22

240 Wall Street Journal, 8 May 1997, p.1

241 The Coca-Cola Company, Annual Report 1997

3.4 Lobbyarbeit

3.4.1 Einleitung

Werbung und Marketing richtet sich an Konsumenten. Coca-Cola muss aber nicht nur um die Gunst der Konsumenten kämpfen. Neuerdings droht Gefahr für Absatz und Gewinn aus einer ganz anderen Richtung: Nicht-Regierungs-Organisationen wie das Center for Science in the Public Interest (CSPI) in Washington, D.C. fordern Werbeverbote, einige Politiker denken laut über eine Steuer für *Soft Drinks* nach, wie sie bisher nur auf Suchtmittel wie Tabak oder Alkohol erhoben wurde, und an mehreren Schulen in Kalifornien wurde der Verkauf von dick machenden Snacks und kalorienhaltigen Getränken schon verboten[242]. Hiergegen hilft keine Werbekampagne, die die Beliebtheit von Coca-Cola bei Kindern und Jugendlichen steigert. Vielmehr muss die Coca-Cola Company gezielt Wissenschaft, Medien und Regierungsvertreter auf ihre Seite bringen, um Vermarktungsbeschränkungen zu verhindern.

In einer ähnlichen Situation befand sich vor Jahren die Tabakindustrie: Die gesundheitlichen Folgen des Rauchens ließen sich nicht mehr leugnen und immer mehr Menschen forderten konkrete Maßnahmen, um zu verhindern, dass immer noch täglich Menschen anfangen zu rauchen. Die Tabakindustrie reagierte mit einer ausgefeilten Strategie, um sich vor Gewinnverlusten zu schützen und zu verhindern, dass Regierungen effektive Kontrollmechanismen etablierten. Diese Strategie hatte drei Ansatzpunkte:

Mit der *wissenschaftlichen Strategie* versuchte die Tabakindustrie, die Erkenntnisse über die Schädlichkeit des Rauchens unklar und widersprüchlich erscheinen zu lassen, damit sie nicht als Basis für konkrete Maßnahmen in Betracht kamen[243]. Die klaren Ergebnisse kritischer Forschung mussten dafür ins Wan-

---

[242] So hat das Los Angeles Board of Education beschlossen, den Verkauf von Soft Drinks ab 2004 zu verbieten, s. NY Times Meldung, 29Aug 2002. In Texas hat die "Verbannung aus den Schulen" allerdings nur dazu geführt, dass die Automaten jetzt auf dem Schulhof in einem Korridor stehen, s. *Streitz, M.*, Pepsi-Cola, Schul-Millionen, dicke Texaner und wie das alles zusammenhängt, Spiegel Online – 12. Juli 2002. im Internet unter http://www.spiegel.de/wirtschaft/0,1518,204818,00.html (accessed 22 July 2002).

[243] Teil der wissenschaftlichen Strategie der Tabakindustrie war es beispielsweise, einem unabhängigen Institut Hilfe bei zukünftigen Studien anzubieten, die Einbeziehung eines Industrieberaters bei der Konzeption der Analyse anzuregen und andererseits die unabhängigen Wissenschaftler abzuwerben oder ihnen finanzielle Unterstützung für weitere Studien anzubieten. S. *Ong, E.K./ Glantz, S.A.*, Tobacco Industry Efforts Subverting International Agency for Research on Cancer's Second-hand Smoke Study, The Lancet (2000), Vol. 355: 1253-1259 (1255).

ken gebracht werden, indem man beispielsweise die wissenschaftlichen Standards für den Nachweis der Kausalität im Allgemeinen und die Risikobewertung des Rauchens im Besonderen in Frage stellte[244]. Die Beweislast für eine eventuelle Schädlichkeit wurde dabei der "public health community" aufgebürdet. Zugleich wurde industrienahe Forschung unterstützt, um den erwarteten Ergebnissen eigene Zahlen entgegensetzen zu können[245].

Die *Kommunikationsstrategie* versuchte, über eine Einflussnahme auf Medien und Öffentlichkeit eine wohlwollende öffentliche Meinung zu fördern. Dafür wurden beispielsweise Tagungen organisiert und bei der anschließenden Pressekonferenz die eigenen Erklärungen präsentiert. Damit konnte man über kritische Erkenntnisse Verwirrung stiften, zumindest aber dafür sorgen, dass die eigene Meinung ein Forum erhielt, Kritiker von diesem Forum hingegen ausgeschlossen wurden. Die Tabakindustrie konnte dabei auf Werbeagenturen und Print Medien bauen, denen bei einem Werbeverbot erhebliche Umsatzeinbußen drohten[246].

Ziel der *Regierungsstrategie* schließlich war, ein positives Verkaufsumfeld zu erhalten, das hieß vor allem auch, Regierungen davon abzuhalten, den Absatz der Tabakindustrie zu behindern. Als die Kritik an der Tabakindustrie lauter wurde, sollte jedenfalls eine effektive Regulierung verhindert oder abgeschwächt werden[247]. Akzeptabel waren solche Maßnahmen, die keine wesentli-

---

[244] So hat die Zigarettenindustrie die üblichen epidemiologischen Standards für Ursächlichkeit hinterfragt, vgl. *Ong, E.K./ Glantz, S.A.*, Constructing "sound science" and "good epidemiology": Tobacco, Lawyers and Public Relations Firms, Am J Public Health (2001), Vol. 91: 1749-1757

[245] Die Unterstützung von Forschungsvorhaben durch die Zigarettenindustrie hatte den weiteren Vorteil, dass sie in einem Prozess auf ihre Forschungsförderung und damit die Erfüllung ihrer Forschungspflicht verweisen konnte. Nebenbei ergaben sich dadurch wichtige Kontakte zu Wissenschaftlern. Außerdem ließ sich gegenüber den verantwortlichen Politikern anführen, dass die Tabakindustrie mehr als alle anderen über Rauchen und Gesundheit wusste und entsprechend verantwortungsvoll agierte. Zur Beeinflussung in Deutschland s. *Hirschhorn, N.*, Shameful Science: Four Decades of the German Tobacco Industry's Hidden Research on Smoking and Health, Tob Control (Summer 2000), Vol. 9: 242-248

[246] Die Tabakindustrie unterhielt dauerhafte Kontakte zu der European Association of Advertising Agencies, zur International Advertising Association, European Advertising Tripartite, und der European Group of Television Advertising, *Neuman, M./ Bitton, A./ Glantz, S.*, Tobacco Industry Strategies for Influencing European Community Tobacco Advertising Legislation, The Lancet (2002), Vol. 359: 1323-1330

[247] Vgl. für die Tabakindustrie: *Ong, E.K./ Glantz, S.A.*, Tobacco Industry Efforts Subverting International Agency for Research on Cancer's Second-hand Smoke Study, The Lancet (2000), Vol. 355: 1253-1259

che Wirkung auf den Absatz der Produkte hatten. Dafür musste man (national) Regierungsvertreter und -beamte oder (international) beispielsweise Vertreter der Weltgesundheitsorganisation (WHO) für die eigene Sache gewinnen. In einigen Fällen existierten überlappende Interessen, gegebenenfalls wurden auch materielle Anreize für eine industriefreundliche Position in Aussicht gestellt. In jedem Fall konnte die Tabakindustrie "geistige Unterstützung" bieten, indem sie Argumente für eine industriefreundliche Haltung lieferte[248].

Entscheidend bei all diesen Aktivitäten war, die Verbindungen zur Industrie nicht offen zu legen. Dies galt für "renommierte" Wissenschaftler ebenso wie für Politiker oder Medien. Andernfalls verlören die Fürsprecher der Industrie an Glaubwürdigkeit, was ihren Wert sinken ließe. Konzertierte Aktivitäten dieser Art durch die Tabakindustrie gelten heute als nachgewiesen. Über die Zigarettenindustrie wissen wir so viel, weil die großen Zigarettenhersteller im Rahmen des juristischen Vergleichs in den USA ungefähr 33 Mio. Seiten Material (interne Schreiben, Pläne, Korrespondenz, Strategiepapiere etc.) öffentlich zugänglich machen mussten[249]. Die Evidenz über andere Industrien ist dagegen spärlich. Man muss sich hier meistenteils mit Indizien begnügen, die gelegentlich an die Öffentlichkeit gelangen und eine ähnliche Strategie vermuten lassen. Sie deuten aber auf ganz ähnliche Mechanismen hin, so dass das Handeln der Zigarettenindustrie (Lobbyarbeit durch Einflussnahme auf Wissenschaft, Medien und Politik) als Beispiel für eine Gesamtstrategie auch solcher Industrien vermutet werden kann, von denen bislang nur einzelne Beweissplitter bekannt sind. Die von der Tabakindustrie verfolgte Strategie war rational, um Absatz und Profit zu steigern oder jedenfalls zu sichern. Das aber ist das Grundziel jeder Unternehmung. Durch entsprechende Aktienoptionsprogramme und Boni liegt die Erreichung dieses Ziels auch im direkten Interesse der Unternehmensleitung[250], die die Strategie bestimmt.

---

[248] Vgl. für die Tabakindustrie die Erkenntnisse über die Einflussnahme auf ein Werbeverbot in Europa: *Neuman, M./ Bitton, A./ Glantz, S.*, Tobacco Industry Strategies for Influencing European Community Tobacco Advertising Legislation, The Lancet (2002), Vol. 359: 1323-1330.

[249] Fast alle Dokumente sind im Internet verfügbar. Ein Teil der Materialien von British American Tobacco sind in einem Archiv in Guildford, UK erhältlich. Eine Beschreibung der Dokumente enthält *Glantz, S.A. et al.*, The Cigarette Papers. Berkeley: University of California Press; 1996. Im Internet unter: http://www.library.ucsf.edu/tobacco/cigpapers/book/contents.html (accessed 7 Oct 2002)

[250] S. *Adams, M.*, Vorstandsvergütungen – Die Fälle Mannesmann und DaimlerChrysler, in: *Nutzinger, H. G.* (Hrsg.), Regulierung, Wettbewerb und Marktwirtschaft – Regulation, Competition and the Market Economy, Festschrift für C.C. von Weizsäcker zum 65. Geburtstag, Göttingen: Vandenhoeck & Ruprecht, 2003

Nestle hat mit ihrem im letzten Jahr erschienen Buch „Food Politics“ bestätigt, dass die Lebensmittelindustrie in den USA auf vergleichbare Weise systematisch Ernährungs- und Gesundheitsempfehlungen beeinflusst[251]. Die dabei zu Tage tretende Strategie der betroffenen Unternehmen ähnelt deutlich der der Zigarettenindustrie. Das ist allerdings weniger erstaunlich, wenn man sich vergegenwärtigt, dass zwei der vier führenden US-amerikanischen Zigarettenunternehmen, R.J. Reynolds und Philip Morris, Lebensmittel- und Getränkeunternehmen gekauft haben[252]. *Nestle* weist aber auch auf einen wesentlichen Unterschied zur Tabakindustrie hin: Während die Empfehlung in Bezug auf Tabakprodukte klar und einfach ist („don't smoke“), ist sie für das Thema Ernährung wesentlich komplexer („eat different“). Allerdings wird angesichts der Übergewichtsepidemie in den Industrienationen eine wesentliche Empfehlung schlicht „eat less“ lauten müsste. Diese Empfehlung läuft dem Absatzinteresse der Nahrungsmittelindustrie zuwider, so dass sie sie um jeden Preis zu verhindern suchen müssen. Das geschieht, wie nachfolgend gezeigt werden soll, durch Einflussnahme auf Wissenschaft, Medien und Regulierungsbehörden.

3.4.2 Wissenschaftliche Strategie

Teil der wissenschaftlichen Strategie ist es, einzelnen Forschern Forschungsaufträge zu erteilen und sie auf Pressekonferenzen oder als unabhängige Experten sprechen zu lassen. Experten, insbesondere akademische Experten, für die eigene Sache zu gewinnen gehört zum Grundrepertoire der Unternehmensstrategie. Diese Taktik „wird am effizientesten umgesetzt, indem man die führenden Experten identifiziert ... und sie als Berater einstellt oder ihnen Forschungsstipendien und ähnliches gibt. Diese Tätigkeit erfordert Fingerspitzengefühl; man darf nicht zu auffällig sein, damit die Experten selbst nicht erkennen, dass sie ihre Objektivität und Handlungsfreiheit verloren haben. Solch ein Programm verhindert zumindest die Gefahr, dass führende Experten bereit sind, als Sachverständige gegen die Interessen des regulierten Unternehmens auszusagen oder zu schreiben.“[253]

---

[251] *Nestle, M.*, Food Politics: How the Food Industry Influences Nutrition and Health, Berkeley and Los Angeles, California: University of California Press, 2002 (California studies in food and culture; 3)

[252] *Nestle, M.*, Food Politics: How the Food Industry Influences Nutrition and Health, Berkeley and Los Angeles, California: University of California Press, 2002 (California studies in food and culture; 3), S. 13 f.

[253] Eigene Übersetzung. Wortlaut des Originals: „is most effectively done by identifying the leading experts ... and hiring them as consultants or advisors, or giving them research grants and the like. This activity requires a modicum of finesse; it must not be too blatant, for the experts themselves must not recognize that they have lost their objectivity and freedom of action. At a minimum, a program of this kind reduces the threat that the leading experts will be

Die Forschung befindet sich ohne Frage in einer schwierigen Situation: Angesichts immer teurerer Technologien und bestenfalls stagnierender staatlicher Förderung ist sie auf Unterstützung von der Industrie angewiesen. Industrielle Forschungsförderung ist mittlerweile allgegenwärtig. Für den einzelnen kann sich daraus ein Dilemma ergeben: Lehnt ein Wissenschaftler finanzielle Unterstützung aus Prinzip ab, bringt er sich selbst möglicherweise um die Mittel, überhaupt Forschung zu betreiben. Dasselbe gilt für die Teilnahme für Konferenzen, die (direkt oder indirekt) von Unternehmen finanziert werden: Lehnt er Einladungen hierzu ab, so entgeht ihm eine Gelegenheit, seine Erkenntnisse darzulegen.

Wenn aber durch finanzielle Unterstützung tatsächlich Forschungsergebnisse beeinflusst werden, ist die wissenschaftliche Glaubwürdigkeit in Gefahr. Das Center for Science in the Public Interest (CSPI) hat die Finanzierung von Wissenschaftlern und Forschungsgesellschaften untersucht und ist dabei u.a. zu folgenden Schlussfolgerungen gekommen[254]:

- Es gibt klare Beweise dafür, dass finanzielle Verbindungen der Forscher zu Herstellern die veröffentlichten Positionen direkt beeinflussen, so dass der Nutzen eines Produkts des betreffenden Herstellers hervorgehoben und Schädigungen heruntergespielt werden.
- Es gibt wohlbekannte Fälle, in denen die Industrie versucht Forschungsergebnisse, die Produkte kritisch beurteilen, zu diskreditieren oder deren Veröffentlichung zu verhindern.
- Studien des Biowissenschaftlichen Fachbereichs zeigen, dass Forscher mit Industriefinanzierung eher Ergebnisse zurückhalten, um kommerzielle Vorteile zu sichern.
- Dieselben akademischen Institutionen, die für die Beaufsichtigung der wissenschaftlichen Integrität und den Schutz der Menschen verantwortlich sind, gehen zunehmend finanzielle Bindungen mit den Industrien ein, deren Produktevaluation sie beaufsichtigen.[255]

---

available to testify or write against the interests of the regulated firms." *Owen, B.M./ Braeutigam, R.*, The Regulation Game: Strategic Use of the Administrative Process. Cambridge, MA: Ballinger, 1978, S. 7, zit. bei *Nestle, M.*, Food Politics: How the Food Industry Influences Nutrition and Health, Berkeley and Los Angeles, California: University of California Press, 2002 (California studies in food and culture; 3), S.111

[254] Im Internet unter http://www.integrityinscience.org (accessed 08 Oct 2002)

[255] Eigene Übersetzung. Wortlaut des Originals: „There is strong evidence that researchers' financial ties to (…) manufacturers directly influence their published positions in supporting the benefit or downplaying the harm of the manufacturer's product. There are well-known cases of industry seeking to discredit or prevent the publication of research results that are critical of its products. Studies of life-science faculty indicate that researchers with industry

Ein Beispiel dafür, wie eine inhaltliche Beeinflussung aussehen kann, gibt Hauner, Professor am Düsseldorfer Diabetes-Forschungsinstitut: Er sollte vor einigen Jahren Vorträge für Ärzte und Diätassistenten halten. Doch zuvor wollte der Sponsor der Veranstaltungen, die Centrale Marketing-Gesellschaft der deutschen Agrarwirtschaft (CMA) einzelne Aussagen des Referats verändern. Zum Vortrag kam es nicht, weil Hauner den Inhalt nicht ändern wollte[256].

Die CMA vermarktet nicht nur, wie der etwas altmodische Name suggeriert, Agrarprodukte, sondern auch Handel und Ernährungsindustrie. „Die CMA hat das Ziel die Position der deutschen Agrar- und Ernährungswirtschaft in zusammenwachsenden Märkten zu stärken und auszubauen.“[257] Dazu gehört unter anderem die Absatzförderung, die Wahrnehmung und Abstimmung übergeordneter Interessen der Agrarwirtschaft und "das Verbraucherverhalten zu sichern und zu stärken". Die CMA ist ein Interessen- und Lobbyverband – auch für die Zuckerindustrie. Denn die Zuckerfabriken tragen über den Absatzfonds[258] zur Finanzierung der Aktivitäten der CMA bei. Zu den Gesellschaftern der CMA gehört auch die Wirtschaftliche Vereinigung Zucker e.V.[259]. Für die wiederum haben Erfrischungsgetränke eine besondere wirtschaftliche Bedeutung: Zucker in Erfrischungsgetränken macht 19% des gesamten Absatzes aus – nach Süßwaren der größte Einzelposten. Für einzelne Unternehmen kann das Auftreten eines Lobbyvereins wie der CMA von Vorteil sein, da das Unternehmen auf diese Weise im Hintergrund bleiben kann.

3.4.3 Kommunikationsstrategie

Im Rahmen der Kommunikationsstrategie werden die industriefreundlichen Konferenzbeiträge und Fachpublikationen einer breiteren Öffentlichkeit bekannt gemacht. Jedes Unternehmen muss darum besorgt sein, dass die eigenen Produkte oder Produktgruppen nicht als schädlich benannt werden und den Konsumenten als „schlechte“ Nahrungsmittel in Erinnerung bleiben. Um derartigen Warnungen entgegenzusteuern bietet sich an, Verwirrung über klare Empfehlungen zu stiften und das eigene Produkt in der Masse vieler Faktoren untertauchen zu lassen So lässt sich das Risiko des eigenen Produkts leicht herabspie-

---

funding are more likely to withhold research results in order to secure commercial advantage. Increasingly, the same academic institutions that are responsible for oversight of scientific integrity and human subjects protection are entering financial relationships with the industries whose product-evaluations they oversee."

256 S. *Fasel, A.*, Wie süß darf die Verführung sein? Welt am Sonntag Nr. 47, 25. November 2001, S. 102 NRW Justiz

257 S. "Aufgaben und Ziele" im Internet unter http://www.cma.de/ (accessed 06 Oct 2002)

258 http://www.absatzfonds.de/

259 http://www.zuckerwirtschaft.de (accessed 06 Oct 2002)

len[260]: Der Coca-Cola Company kommt bei einer solchen Argumentation zugute, dass sich mögliche, durch Coca-Cola verursachte Krankheiten über eine lange Zeit entwickeln. Der Zusammenhang ist also nicht offensichtlich, da er nicht (zeitlich) nahe liegend ist.

Entsprechende Presseerklärungen werden von Redaktionen aber ungern ungefiltert übernommen. Überzeugender ist es, wenn man sich hierfür auf (renommierte) Wissenschaftler berufen kann. Ein Beispiel: Kleinman ist ein Forscher, der an angesehenen Institutionen arbeitet (als Chef der Pediatric Gastroenterology and Nutrition Unit am Massachusetts General Hospital und als Associate Professor of Pediatrics an der Harvard Medical School) und Meinungen vertritt, die Unternehmen der Nahrungsmittelindustrie sehr gefallen dürften. Als einer der Autoren des Buches *'Let Them Eat Cake!: The Case Against Overcontrolling What Children Want to Eat'* warnt er Eltern davor, sich zu viel Sorgen über die Ernährung ihrer Kinder zu machen: Ernährungsgewohnheiten würden nicht in der Kindheit festgelegt, abweichende Ernährungsmuster seien ganz normal, und kein Nahrungsmittel sei für sich genommen schlecht[261]. Das Buch ist so gelungen, dass es auf der Website FamilyFun von Coca-Cola-Partner Disney empfohlen wird[262]. Außerdem wurde Kleinman Gelegenheit gegeben, bei der ILSI Konferenz 1995 zu 'Nutrition, obesity, and physical activity' seinen Standpunkt darzulegen und sein Wissen in der von der Sugar Association produzierten Broschüre "Variety's Mountain" für Kinder einzubringen. Und dem Babynahrungsmittelhersteller Gerber (einem ILSI Mitglied) diente er in einem Verfahren wegen irreführender Werbung als Sachverständiger.

---

[260] Grundlegend zu der entsprechenden Strategie der Zigarettenindustrie s. *von Laffert, G.*, Rauchen, Gesellschaft, Staat, Wiesbaden: Dt. Univ. Verlag, Wiesbaden: Gabler, 1998 (Gabler Edition Wissenschaft: Ökonomische Analyse des Rechts)

[261] *Kleinman, R. E. et al.*, Let Them Eat Cake!: The Case Against Overcontrolling What Children Want to Eat: The Pediatrician's Guide to Safe and Healthy Food and Growth, Villard Books, 1994. Vgl. die Buchbesprechung von Amazon: Pediatric nutritionist Kleinman and his collaborators counsel parents to avoid becoming overly concerned about children's eating behaviors and diet. Throughout the text, they present their beliefs as a series of highlighted guiding principles reminding parents that growth indicates a child is getting the food he or she needs, food habits are not fixed in childhood, erratic eating patterns are normal in childhood, foods do not have scientifically verified impacts on children's behavior, and no foods are inherently bad. They consider such controversial matters as the safety of pesticides, children's needs for vitamin supplements and fiber, and the impact of television on obesity; concisely provide information about growth, nutrition, and fitness; and address such food-related issues as mealtime battles, junk-food consumption, food tensions during developmental stages, obesity, eating disorders, and food allergies.

[262] http://family.go.com/raisingkids/child/skills/feature/FGP_eating/FGP_eating2.html

Aber nicht nur einzelne Forscher, auch Forschungsinstitute verleihen einer industriefreundlichen Meinung Glaubwürdigkeit, vor allem wenn die Verbindung zur Industrie nicht auf Anhieb erkennbar ist. Zu diesem Zwecke wurden schon verschiedene Forschungsinstitute von der Industrie gegründet. Ein Beispiel hierfür ist das International Food Information Council (IFIC). Es wurde 1985 gegründet, um als "clearinghouse" für Informationen über Aspartame zu dienen und das Süßmittel vor Angriffen zu verteidigen. IFIC wurde damals unter anderem von Coca-Cola, PepsiCo, Procter & Gamble, General Foods und der NutraSweetGroup gegründet, die es auch heute noch finanzieren. Ein Repräsentant der Coca-Cola Company saß 2001 im Board of Trustees der IFIC Foundation. Auf der Website findet sich allerdings kein Hinweis auf die Gründungsgeschichte. Zum Hintergrund heißt es da: „Das *International Food Information Council* (IFIC) ist eine gemeinnützige Organisation, deren Auftrag es ist, auf wissenschaftliche Erkenntnisse gestützte Informationen über Lebensmittelsicherheit und Ernährung an Gesundheits- und Ernährungsspezialisten, Erzieher, Regierungsbeamte, Journalisten und andere, die Konsumenten Informationen geben, zu übermitteln.“

Auch die Gründer werden nicht namentlich benannt (eine Liste derselben wird einem auf Nachfrage per Post zugeschickt), vielmehr heißt es allgemein: „In erster Linie von der breit gefächerten Nahrungsmittel-, Getränke- und landwirtschaftlichen Industrie unterstützt, liegt die Einzigartigkeit darin, dass <IFIC, Ergänzung der Autorin> weder ein Produkt noch ein Unternehmen repräsentiert, und auch keine Lobbyarbeit für gesetzgeberische oder regulierende Maßnahmen unternimmt.“[263]. Namentlich erwähnt werden auf der Website hingegen die akademischen Partner und Verbände des Instituts[264].

Die auf der Website bereitgestellte Information erweckt entsprechend dem definierten Ziel, keine Lobbyarbeit zu betreiben, den Eindruck, objektiv und wis-

---

263 "The International Food Information Council (IFIC) is a non-profit organization whose mission is to communicate science-based information on food safety and nutrition to health and nutrition professionals, educators, government officials, journalists and others providing information to consumers. Supported primarily by the broad-based food, beverage and agricultural industries, it is unique in that it does not represent any product or company, nor does it lobby for legislative or regulatory action."

264 "Over the years, IFIC and its Foundation have established partnerships with medical, nutrition and health organizations, government agencies, academia and consumer and food industry groups that share IFIC's and its Foundations commitment to scientific information dissemination. Partners include The American Dietetic Association, American Academy of Family Physicians Foundation, Consumer Federation of America, The Institute of Food Technologists, The Food Allergy Network, The U.S. Department of Agriculture, and the U.S. Food and Drug Administration."

senschaftlich zu sein. Alle Bedenken gegen Zucker werden allerdings mit wenigen Argumenten ausgeräumt. Die Inhalte gleichen dabei auffallend den von den entsprechenden Unternehmen vorgetragenen Aussagen.

In **Tabelle 1** sind die Kernaussagen zum Thema Zucker vom IFIC, der American Dietetic Association (ADA) und Coca-Cola gegenüber gestellt. Dabei fällt auf, dass die Aussagen vom IFIC und von Coca-Cola teilweise wortgleich sind. Inhaltlich wird darin aufgeräumt mit den "Mythen", Zucker könne schädlich sein, Übergewicht oder Diabetes verursachen – mit dem Verweis auf die multifaktorielle Verursachung dieser Krankheiten. Es gibt auch keine guten oder schlechten Nahrungsmittel, alle Zucker sind für den Körper gleich und die Ernährung spielt für die Entwicklung von Diabetes keine (wesentliche) Rolle. Schuld an Übergewicht sind vielmehr eine fetthaltige Ernährung und Bewegungsarmut, der Faktor Zucker fällt daneben nicht ins Gewicht[265]. Diese Aussagen sind nicht völlig falsch – Zucker allein verursacht keine Krankheiten und in Maßen genossen und bei gehörigem Ausgleich durch Bewegung braucht vor einem einzelnen zuckerhaltigen Getränk auch nicht gewarnt werden. Aber alle Werbung, alle Marketingaktionen und Beschwichtigungstexte zielen nicht auf Mäßigung, sondern erschweren jedes Bemühen darum. Vor allem geben die Aussagen aber auch nicht den Stand der Wissenschaft wieder, wie er im medizinischen Teil dargestellt wurde. Danach gibt es sehr wohl Nahrungsmittel, die gesünder und solche, die ungesünder sind[266]. Und unterschiedliche Kohlenhydrate werden im Körper zwar alle gleichermaßen zerlegt, das geschieht aber unterschiedlich schnell; darüber gibt der glykämische Index Auskunft. Außerdem spielen *Soft Drinks* durchaus eine Rolle bei der Entwicklung von Übergewicht – mit jeder täglich konsumierten Dose *Soft Drinks* steigt die Wahrscheinlichkeit für Kinder übergewichtig zu werden um 60%. Die angegebenen Quellen überzeugen auch nicht: Eine der Studien, die zum Thema Diabetes-Verursachung zitiert wird, hat beispielsweise gar nicht die Ursächlichkeit von Kohlenhydraten für Diabetes zum Thema, sondern vergleicht die Ernährung von Diabetikerinnen und Nicht-Diabetikerinnen.

---

[265] So heißt es in einem von der Coca-Cola GmbH herausgegebenen Informationsblatt: "Oftmals gelten zuckerhaltige Erfrischungsgetränke zu Unrecht auch als "Dickmacher". Wissenschaftliche Studien belegen aber, dass Gewichtszunahme in erster Linie auf eine fetthaltige Ernährung zurückzuführen sind, da Fett viel eher zu Körperfett umgewandelt wird als andere Nahrungsbestandteile. Für Übergewicht sind also in erster Linie ein Übermaß an Fett, ein Zuviel an Kalorien und fehlende körperliche Bewegung verantwortlich und nicht das Trinken zuckerhaltiger Erfrischungsgetränke." *Coca-Cola GmbH* (Hrsg.), Reihe: Trinken mit Spaß und Verstand, "Zucker in Erfrischungsgetränken", Stand: 04/02.

[266] S. *Nestle, M.*, Food Politics: How the Food Industry Influences Nutrition and Health, Berkeley and Los Angeles, California: University of California Press, 2002 (California studies in food and culture; 3)

	ADA	IFIC	Coca-Cola
Zucker als Teil der Ernährung	Sugars, in moderation, are part of a healthful diet.	There is no evidence that a certain amount of sugars in the diet is appropriate or inappropriate.	The ADA counsels that all foods can fit in a healthy diet. Soft drinks can be a part of a healthy active lifestyle.
Zucker-arten	Some sugars occur in food naturally, while others are added. Regardless of the source, your body can't tell the difference.	There are no nutritional differences among sugars. The body uses all types in the same way.	There are no nutritional differences between sugars and the body uses them all the same way.
Diabetes	About 20 years ago, scientists debunked this myth (i.e. that sugar causes diabetes). (...) Diet does not cause diabetes.	Researchers do not know why diabetes occurs, but they know sugars do not cause it.	Soft Drinks do not contribute to diabetes. (...) Two studies (...) revealed that sucrose and carbohydrate intake were not associated with an increased risk of diabetes.
Ursachen für Über-gewicht	Eating too many calories causes your body to produce extra pounds of body fat - not sugars! (...) Eating sweets doesn't stimulate your appetite for more.	Sugars themselves do not cause weight gain. Excess body fat results when a person eats more calories than needed. Extra calories may come from any caloric nutrient (proteins, fats, alcohol and carbohydrates).	Research points to a sedentary lifestyle and a lack of physical activity as the leading factors in obesity. (...) Several recent studies have shown that the consumption of sugar in soft drinks does not contribute to weight gain.
Karies		Tooth decay is the result of many factors, including heredity and the make-up of saliva. Sugars and other carbohydrates such as starchy foods also play a role.	Tooth decay is the result of many factors, including heredity and the make-up of saliva. Sugars and other carbohydrates such as starchy foods also play a role.

Tabelle 1: Kernaussagen zu Zucker von ADA, IFIC und Coca-Cola[267]

Aufschlussreich ist, sich die zitierten Quellen genauer anzusehen. Als Beispiel soll hier die Stellungnahme der ADA an die US-amerikanische Food and Drug Administration (FDA) zu einer Petition des CSPI zum Thema „added sugar" dienen. Die ADA ist eine Gesellschaft, die die Interessen von Ernährungswissenschaftlern vertritt und „offizielle Positionen zu Themen, die die Ernährung und Gesundheit der Öffentlichkeit beeinflussen, bezieht. Diese „position statements" werden aus neuester Forschung und Tatsachen abgeleitet"[268].

---

[267] Die Zitate entstammen folgenden Quellen: American Dietetic Association: Sugar Myths - A Trick or Treat? Im Internet unter http://www.eatright.com/feature/100198.html; IFIC, Questions and Answers about Sugars, Apr 1999, im Internet unter http://ific.policy.net/proactive/newsroom/; von der Coca-Cola-Website im Internet unter http://www2.coca-cola.com/ourcompany/hal (accessed 12 Apr 2003)

[268] Eigene Übersetzung. Wortlaut des position statements im Original: "ADA regularly produces and updates statements of the Association's official stance on issues that affect the nutritional and health status of the public. ADA position statements are derived from the latest available research and facts." Im Internet unter: http://www.eatright.org/factsheet.html (accessed 13 April 2003)

Von den acht Quellen sind zwei Selbstreferenzen, ein Verweis auf ein Positionspapier des IFIC und eine Bezugnahme auf die Ernährungsrichtlinien des US Department of Agriculture and Health and Human Services. Damit verbleiben drei Artikel, die es zu betrachten lohnt. In **Tabelle 2** werden die Quellen zu den Kernaussagen der ADA genannt. Zugleich wird angegeben, wer die Studien (mit-) finanziert hat oder welche sonstigen Funktionen die Autoren haben. Danach ergibt sich folgendes Bild:

Der Autor einer der zitierten Studien ist Chairman des Canadian Sugar Institute's Scientific Advisory Board und Board Member von ILSI. Die zweite Studie erhielt finanzielle Unterstützung der Sugar Association und erschien im American Journal of Clinical Nutrition, das Unterstützung von Nahrungsmittel- und Medikamentenherstellern erhält[269]. Die dritte Studie wurde wiederum von ILSI unterstützt. Einer der beteiligten Autoren veröffentlichte außerdem im nachfolgenden Jahr eine Studie der National Soft Drink Association zum Thema Kinder und *Soft Drinks*.

Das Beispiel zeigt auch, wie die wissenschaftliche Strategie mit der Kommunikationsstrategie verzahnt ist: Wissenschaftler erhalten finanzielle Unterstützung von der Industrie. Die Forschungsergebnisse werden veröffentlicht und anschließend von derselben Industrie genutzt, um gegen eine Verschärfung der Regulierung Position zu beziehen[270].

---

[269] Zu diesem Hintergrund s. *Nestle, M.*, Food Politics: How the Food Industry Influences Nutrition and Health, Berkeley and Los Angeles, California: University of California Press, 2002 (California studies in food and culture; 3), S. 113

[270] S. dazu auch den Bericht des CSPI zum Journal *Regulatory Toxicology and Pharmacology* im Internet unter http://www.scpinet.org/new/200211191.html (accessed Apr 13, 2003)

Zitat der ADA	Quelle	Hintergrund / Finanzierung
...there is no evidence that reducing intake of added sugars will be of benefit to the population.	Anderson, G.H., Sugars and health: a review. Nutrition Research 1998; 17 (9): 1485-1498	The author is Chairman of the Canadian Sugar Institute's Scientific Advisory Board and Board member of the International Life Sciences Institute, Washington, D.C.
There is no scientific basis (...) to implement mandatory declaration of added sugars or for defining nutrient content claims.	Surwit, R.S. et al., Metabolic and behavioral effects of a high-sucrose diet during weight loss, American Journal of Clinical Nutrition, 1997; 65: 908-915	The study received funding from the Sugar Association.
Other than the contribution to dental caries, there was no conclusive evidence of hazards to the general public when sugars are consumed at the levels currently documented.	Anderson, G.H., Sugars and health: a review. Nutrition Research 1998; 17 (9): 1485-1498	The author is Chairman of the Canadian Sugar Institute's Scientific Advisory Board and Board member of the International Life Sciences Institute, Washington, D.C.
However, tooth decay is influenced by many factors in addition to diet. The most effective approach to prevent tooth decay is to improve daily dental hygiene and consume an adequate intake of fluorid. Dietary restrictions have not proven as effective.	Anderson, G.H., Sugars and health: a review. Nutrition Research 1998; 17 (9): 1485-1498	The author is Chairman of the Canadian Sugar Institute's Scientific Advisory Board and Board member of the International Life Sciences Institute, Washington, D.C.
The real issue in problems such as obesity is calories, not sugar. Total energy intake, not sugar is the needed focus. The focus on sugar (...) even detracts our attention from the larger picture. Contrary to some popular conceptions about the causal role	Keast, D.R., Padgitt, A.J. Song W.O., energy intake from sugars and fat in relation to abesity in U.S. adults, NHANES III, 1988.94, Michigan State University, East Lansing, MI. Abstract presented at the 1999 Experimental Biology Conference	Supported by ILSI. Won Song also co-authored a study of the National Soft Drink Association, presented at the Experimental Biology annual meeting in 2000.

Tabelle 2: Aussagen der ADA, zitierte Quellen und ihre Finanzierung[271]

Ein anderes Beispiel, wie inhaltlich Verwirrung gestiftet wird ist die Coca-Cola Version der Food Pyramid. Die Food Pyramid ist eine graphische Darstellung von Ernährungsempfehlungen. Sie wurde vom US Department of Agriculture und vom US Department of Health and Human Services entwickelt und ist binnen weniger Jahre in den USA zum am weitesten verbreiteten und am besten erkannten Mittel für Ernährungserziehung geworden[272]. Darin werden Kohlenhydrate wie Brot, Müsli, Reis usw. als Basis einer gesunden Ernährung dargestellt.

[271] Die Aussagen der ADA entstammen den „Comments of the American Dietetic Association to FDA on CSPI Added Sugar Petition“, im Internet unter: http://www.eatright.com/gov/sugars.html (accessed 12 April 2003); die Informationen zu Hintergrund / Finanzierung entstammen der Datenbank des CSPI, im Internet unter: http://www.cspinet.org/cgi-bin/integrity.cgi; die Hintergründe zu *Anderson, G.H.* finden sich unter http://www.sugar.ca/sacBios.htm

[272] *Nestle, M.*, Food Politics: How the Food Industry Influences Nutrition and Health, Berkeley and Los Angeles, California: University of California Press, 2002 (California studies in food and culture; 3), S. 65

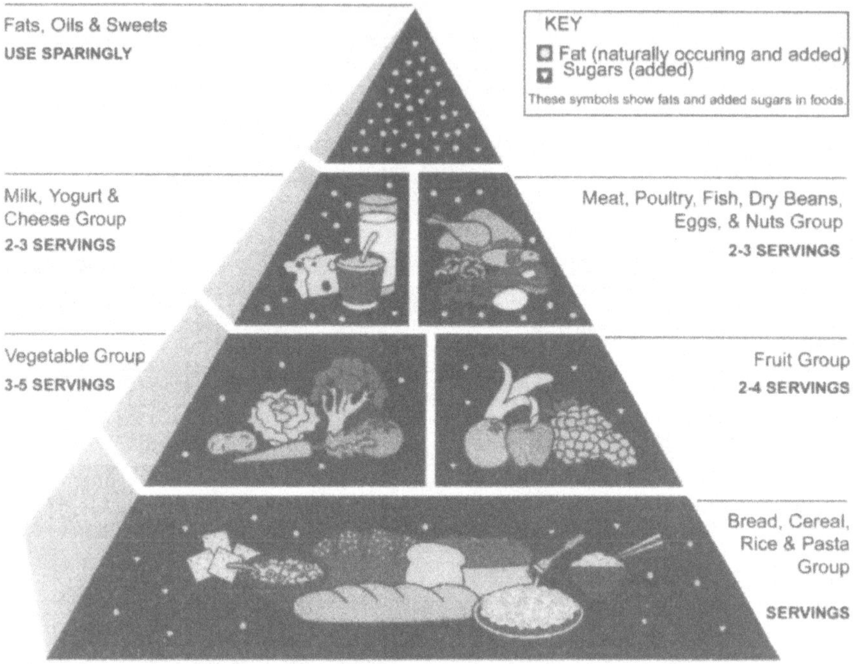

Abb. 3: Food Guide Pyramid (USDA & DHHS)

Die Coca-Cola Company hat eine eigene Version der Nahrungsmittelpyramide geschaffen, bei der als Fundament die hauseigenen Getränke angefügt wurden. Zwar ist es zutreffend, dass Trinken wichtig ist, um den Körper mit ausreichend Flüssigkeit zu versorgen. Genau genommen sind Getränke aber nicht Teil der Ernährung. Hier findet also eine Umdeutung statt. Vor allem wird die Pyramide durch diesen Kunstgriff aber in gewisser Weise auf den Kopf gestellt, denn *Soft Drinks* sind als stark zuckerhaltige Getränke der Kategorie der Süßigkeiten zuzuordnen und gehören danach in die kleine Spitze der Nahrungspyramide.

Diese Einordnung ihrer Produkte kann den Herstellern von *Soft Drinks* gar nicht gefallen. Daher haben sie in den USA alles daran gesetzt, die Ernährungsempfehlungen des USDA zum Thema Zucker dahingehend zu beeinflussen, eine klare Empfehlung zur Einschränkung des Konsums zu verhindern[273]. Die Formulierung im Bericht des zuständigen Komitees lautete im September 1999: „go easy on beverages and foods high in added sugars". Im Februar 2000 formulierte das Komitee dann: „choose beverages and foods that limit your intake of sugars", bis man im Mai 2000 zu der folgenden Empfehlung kam: „choose beverages and foods to moderate your intake of sugars". Die einschränkende Empfehlung („go easy") wich also einer positiv besetzten Aufforderung („choose"), während die Hervorhebung von zugesetztem Zucker ganz wegfiel. Dahinter stand erhebliche Lobbyarbeit. Die Lobbyisten der Zuckerindustrie brachten 30 Senatoren – die Hälfte von ihnen aus Zucker anbauenden Staaten – dazu, die Berechtigung des USDA, auf der Grundlage der existierenden wissenschaftlichen Erkenntnisse die Zuckerempfehlungen zu verändern, in Frage zu stellen. Außerdem wehrten sie sich dagegen, dass einzelne Nahrungsmittel oder Getränke herausgehoben wurden. Stattdessen forderten die Grocery Manufacturers „Empfehlungen für Mahlzeiten und Snacks (....), die den Aufbau von guten gegenüber schlechten Nahrungsmittel-Szenarien vermeiden und die eher den praktischen Ratschlägen von Gesundheitsexperten entsprechen, die Konsumenten dringend raten, ihre Nahrungsaufnahme insgesamt zu betrachten, statt auf der Grundlage einzelner Nahrungsmittel und Getränke."[274]

Die Diskussion um Gefahren von Coca-Cola dreht sich aber nicht nur um die ernährungswissenschaftliche Seite. Im Rahmen der Diskussion in den USA um die Bewertung exklusiver Marketingabkommen zwischen Schulen und Soft Drink-Herstellern brachte das *Council for Corporate-School Partnership* einen Bericht zum Thema Public Private Partnership heraus. Der Bericht kam zu dem Ergebnis, dass diese Partnerschaften Schulen Nutzen brächten und zu befürworten seien. „Partnerschaften zwischen Business und Schulen sollten die sozialen Werte und Ziele der Schule, des Geschäftspartners und der Gemeinschaft ergänzen"[275]. Andere Beobachter kamen zum entgegengesetzten Ergebnis:

---

[273] S. hierzu *Nestle, M.*, Food Politics: How the Food Industry Influences Nutrition and Health, Berkeley and Los Angeles, California: University of California Press, 2002 (California studies in food and culture; 3), S. 81

[274] Eigene Übersetzung. Wortlaut des Originals: „recommendations related to meals and snacks ... [which] would avoid creation of good food vs. bad food scenarios and would be more in line with the practical advice of health professionals, who urge consumers to look at their food intakes over time instead of on a 'single food or beverage basis,'" Zit. bei *Nestle, M.*, Food Politics: How the Food Industry Influences Nutrition and Health, Berkeley and Los Angeles, California: University of California Press, 2002 (California studies in food and culture; 3), S. 82

[275] Eigene Übersetzung. Wortlaut des Originaltexts: "business-school partnerships should "complement social values and goals of the school, business partner, and the community" Zit.

"Corporate-school partnerships bolster corporate profits at the expense of kids' health and education. (...) Coke 'partners' with schools in the same way that foxes 'partner' with hen houses."[276] Auch hier hilft ein Blick auf den finanziellen Hintergrund: Das *Council for Corporate-School Partnership* wurde von Coca-Cola gegründet.

Die Botschaften der Unternehmen müssen in der Presse platziert werden, um eine breite Öffentlichkeit zu erreichen. Neben der oben beschriebenen Möglichkeit, PR-Nachrichten über Pressekonferenzen im Rahmen von Konferenzen oder über Forschungsinstitute in die Medien zu bringen besteht die Möglichkeit, Medien mit der Drohung, den Werbeetat abzuziehen, unter Druck zu setzen[277]. Alle Medienunternehmen sind auf Werbung angewiesen. Die gewaltigen Werbebudgets einzelner Unternehmen stellen dabei durchaus eine Bedrohung für die Qualität der Information dar, wenn eine Institution nicht mehr der Öffentlichkeit, sondern den Privatinteressen der Sponsoren zu dienen beginnt. Ein Drittel der befragten Programmchefs US-amerikanischer Lokalsender erklärte in einer Umfrage, dass sie gedrängt würden, schlechte Nachrichten über Werbekunden zu verhindern und positiv gefärbte Berichte zu veranlassen[278]. Das amerikanische Pharmaunternehmen Johnson & Johnson konnte beispielsweise durch die Drohung, den Werbeetat umzuschichten, verhindern, dass der amerikanische Kabelsender USA Network einen für Johnson & Johnson unbequemen Film produzierte.

Aber nicht nur Medien werden unter Druck gesetzt. Auch Einzelpersonen, die sich kritisch über bekannte Produkte oder Nahrungsmittelgruppen äußern, bekommen ihren Gegner zu spüren. So konnte Brinkmann, Vizepräsident des Landgericht Neubrandenburg, der 2001 eine Klage gegen Coca-Cola einreichte, weil er Coca-Cola für die Entstehung des bei ihm aufgetretenen Diabetes (mit)verantwortlich macht, in seinem unmittelbaren Umfeld mit einem Mal eine deutliche Präsenz von Coca-Cola beobachten. Der privat finanzierte Radiosender Antenne Mecklenburg-Vorpommern kommentierte den Prozess nach dem Motto "erst voll fressen, dann den Hersteller verklagen" und veralberte das Problem, indem es Passanten befragte, ob sie auch schon daran gedacht hätten, ih-

---

vom CSPI, im Internet unter http://www.cspinet.org/new/200209252.html (accessed 11 Nov 2002)

[276] Stellungnahme des CSPI, im Internet unter http://www.cspinet.org/new/200209252.html (accessed 11 Nov 2002)

[277] *Schiller, D.*, Die süßeste Verführung – Die Werbebranche – eine globale Schlüsselindustrie, Le Monde diplomatique Nr. 6443 vom 11.05.2001

[278] *Schiller, D.*, Die süßeste Verführung – Die Werbebranche – eine globale Schlüsselindustrie, Le Monde diplomatique Nr. 6443 vom 11.05.2001

ren Metzger zu verklagen. Zur gleichen Zeit lief in Neubrandenburg eine große Gewinnaktion von Coca-Cola und im Radio regelmäßig Werbung. Auch der Nordkurier, eine in Neubrandenburg erscheinende Zeitung, veröffentlichte Leserbriefe, die die Dreistigkeit der Klage beschimpften, während der Chefredakteur über die Bedeutung von Coca-Cola als Arbeitgeber in Stralsund berichtete.

Neben der Möglichkeit, Kritiker über die Medien der Lächerlichkeit auszusetzen, bleiben auch juristische Mittel nicht ungenutzt. Bereits in den 80er Jahren hat der Interessenverband von Zuckerindustrie und -handel einen Verbraucherverband auf Unterlassung in Anspruch genommen, weil dieser in einem Verbrauchermagazin Zucker als "Schadstoff" bezeichnet hatte[279]. Der Interessenverband meinte, man dürfe nur auf den normalen, nicht übertriebenen Verzehr von Zucker abstellen. Dann sei Zucker aber in keiner Weise geeignet, gesundheitliche Schädigungen herbeizuführen. Es handele sich, im Gegenteil, um einen wichtigen Nährstoff. Das Unterlassungsbegehren blieb in der Sache ohne Erfolg, da der Verband keine Rechtsverletzung geltend machen konnte. Zu einer inhaltlichen Diskussion über die Wahrheit der Bezeichnung als Schadstoff kam es nicht. Die gerichtliche Klärung stand aber möglicherweise auch nicht im Vordergrund. Nicht Gerichtsverhandlungen, sondern wissenschaftliche Tagungen sind ein geeignetes Forum, um diese Frage zu klären. Mit einer Klage kann man aber Kritikern vergegenwärtigen, dass Kritik ein zeit- und kostenintensives Nachspiel haben kann.[280]

3.4.3 Regulierungsstrategie

Neben dem Bemühen, die öffentliche Meinung zu beeinflussen, muss der Versuch stehen, Konsequenzen aus den Erkenntnissen über *Soft Drinks* zu verhindern. Wie die Lebensmittelindustrie insgesamt Einfluss auf die WHO nimmt, berichtete jüngst der SPIEGEL: „Als die Weltgesundheitsorganisation WHO gemeinsam mit der Welternährungsorganisation FAO einen Entwurf zum weltweiten Problem der Übergewichtigkeit vorlegen wollte, bekam der verantwortliche US-Repräsentant Tommy Thompson einen freundlichen Brief von der Lebensmittelindustrie. Darin wurde er höflich darauf aufmerksam gemacht, dass es genug Studien gebe, die eine Verbindung zwischen dem Konsum von Softdrinks und Fettleibigkeit widerlegten. Außerdem wurde ihm in aller Freundlichkeit geraten, keine politischen Empfehlungen wie Werbeverbote oder Besteuerung zuzulassen. Im Schlusssatz wird dann darauf hingewiesen, dass eine

---

[279] S. Urteil des OLG Hamburg vom 29. Oktober 1987, 3 U 11/87.

[280] S. hierzu die Beispiele bei *Nestle, M.*, Food Politics: How the Food Industry Influences Nutrition and Health, Berkeley and Los Angeles, California: University of California Press, 2002 (California studies in food and culture; 3), S. 159-166

Kopie dieses Schreibens an Außenminister Colin Powell und Handelsbeauftragten Robert Zoellick gegangen sei. Der Brief verfehlte seine Wirkung nicht. In der WHO-Studie wurde zwar die Dramatik der Situation beschrieben, auf radikale politische Empfehlungen wurde jedoch verzichtet."

Aber auch durch finanzielle Unterstützung kann die Unabhängigkeit gefährdet und ein Interessenkonflikt kreiert werden. Insofern ist es bedenklich, dass die WHO kürzlich einen Fond eingerichtet hat, der in großen Teilen von der Nahrungsmittelindustrie finanziert wird, um Regierungsbeamten aus Entwicklungsländern bei der Formulierung internationaler Regulierungsstandards für Lebensmittelsicherheit, -kennzeichnung und -qualität zu helfen.[281] Dadurch verliert die WHO und die United Nations Codex Alimentarius Commission (Codex), die für die Entwicklung von Regulierungsstandards verantwortlich ist, wesentlich an Glaubwürdigkeit in der Öffentlichkeit.

Immer wieder wird der Vorwurf erhoben, Coca-Cola nehme "massiv Einfluss" auf die Weltgesundheitsorganisation (WHO)[282] und deren Bewertung der medizinischen Bedeutung des Zuckers. Zu dieser Aussage will aber niemand namentlich genannt werden, was die Wahrheitsfindung erschwert. Die Coca-Cola Company hat jedenfalls eine Verbindung zur WHO über das *International Life Science Institute* (ILSI), bei dem die Coca-Cola Company Mitglied ist.[283] "Dieses Institut stellt der WHO Forschungsergebnisse zur Verfügung, so wie das andere Organisationen auch tun", bestätigt die Sprecherin der Coca-Cola GmbH Deutschland, weist den Vorwurf der Einflussnahme aber weit von sich.[284] Das ILSI ist kein unbeschriebenes Blatt[285], was die Kooperation mit der Industrie in der Vergangenheit angeht: So hat ILSI (u.a.) der Tabakindustrie die Möglich-

---

281 S. hierzu die Presseerklärung des *CSPI,* Consumer Groups Denounce World Health Organization „Sellout" to Food Industry (12 Feb. 2003), im Internet unter: http://www.cspinet.org/new/200302121.html (accessed 13 April 2003)

282 S. *Matthäus, C.*, Schlachtfeld Ernährung – Das amerikanische Fett- und Zucker-Desaster, in Spiegel Online vom 02. Okt. 2002, im Internet unter http://www.spiegel.de/wirtschaft/0,1518,druck-216470,00.html (accessed 04 Oct. 2002)

283 S. im Internet unter http://www.ilsi.org (accessed 26 April 2002), 1998 saß auch ein Vertreter der Coca-Cola Company im ILSI Board of Trustees, s. http://www.cspinet.org/integrity/corp funding.html (accessed 11 Nov 2002)

284 S. *Fasel, A.*, Wie süß darf die Verführung sein? Welt am Sonntag Nr. 47, 25. November 2001, S. 102 NRW Justiz

285 ILSI hat sich einen Code of Ethics and Standards of Conduct gegeben. Danach ermuntert ("encourages") ILSI die Veröffentlichung aller Forschungsergebnisse, unabhängig vom Ausgang. Keine besonders starke Sprache. Zum Thema Lobbyarbeit heißt es: "Advocacy is strictly limited to promotion of the use of evidence-based science as an aid in decision-making." S. im Internet unter http://www.ilsi.org (accessed 26 April 2002)

keit gegeben, das Risiko des Passivrauchens mit anderen niedrigdosigen Risiken zu vermischen, so Zweifel zu schaffen und eine Kontroverse über die Risiken des Passivrauchens zu schüren[286]. British American Tobacco, Reynold's oder Philipp Morris tauchen auf der Mitgliederliste von ILSI allerdings nicht auf – wohl aber die Philipp Morris Tochter Kraft Foods in verschiedenen Regionen der Welt.

Ein wichtiges Instrument, um bei den entsprechenden Institutionen Einfluss nehmen zu können, sind persönliche Kontakte. Diese werden gefördert, wenn ehemalige Regierungsbeamte zu Lobbyisten werden.[287] Insofern kann sich ILSI darüber freuen, 1999 den ehemaligen Direktor der Food Safety Initiative der FDA abgeworben zu haben. Wenn kein persönlicher Kontakt den Zugang erleichtert, können Industrieunternehmen Regierungsbeamten vor allem Expertise anbieten. Dies hat auch das Bundesministerium für Bildung und Forschung (BMBF) erkannt. Es hat 2001 ein Förderprogramm mit dem Titel „Netzwerke der Molekularen Ernährungsforschung: Lebensmittel zur Gesunderhaltung des Menschen – Krankheitsprävention durch Ernährung“ ins Leben gerufen, das untersuchen soll, ob und wieweit sich die großen Volkskrankheiten wie Stoffwechsel-, Herz-Kreislauf-Erkrankungen oder Krebs durch eine verbesserte Ernährung verhindern, aufhalten oder rückgängig machen lassen. Das BMBF setzt dabei auf eine fachübergreifende Zusammenarbeit und schreibt in einer Pressemitteilung: „Der Technologie- und Wissenstransfer wird hierbei durch die Beteiligung aus der Lebensmittelindustrie und der Ernährungsberatung deutlich erleichtert.“[288] Zum Thema „Gesundheit und Ernährung“ wurden in der Folge drei Netzwerke gegründet, die sich mit den Themen Nahrungsfetten, Aminosäuren und Kohlenhydraten beschäftigen sollten. Die Arbeit des Netzwerks zu den Kohlenhydraten verzögerte sich allerdings, als, wie auf Nachfrage mündlich mitgeteilt wurde, die Südzucker AG mit der Veröffentlichung der Daten nicht einverstanden war und sich aus dem Projekt zurückzog.

Ziel einer Beteiligung und Einflussnahme muss es sein, klare Empfehlungen, welche Produkte gemieden werden sollten, zu verhindern. Die vage Formulierung der St. Vincent Declaration 1989 vom WHO Regional Office for Europe und der International Diabetes Federation dürfte die Hersteller zuckerhaltiger

---

[286] *Yach, D./ Bialous, S.A.*, Tobacco, Lawyers, and Public Health – Junking Science to Promote Tobacco. American Journal of Public Health (2001), Vol. 91, No 11: 1745-1748

[287] Das bezeichnet Nestle als „Revolving Doors“, s. *Nestle, M.*, Food Politics: How the Food Industry Influences Nutrition and Health, Berkeley and Los Angeles, California: University of California Press, 2002 (California studies in food and culture; 3), S. 99 ff. mit weiteren Beispielen

[288] Pressemitteilung 4/2001 des BMBF vom 12.01.2001

Nahrungsmittel und Getränke daher erfreut haben. Während die Prävention von Diabetes im Rahmen der generellen Ziele noch Erwähnung fand, gab es dazu im Rahmen der 5-Jahres-Ziele nicht eine konkrete Maßnahme. Im Vordergrund stand stattdessen das Erkennen der Krankheit, die Verbesserung des Lebens für Diabetiker und die Prävention von Komplikationen.

Politischer Druck für eine wirksame Regulierung lässt sich möglicherweise auch abschwächen, indem man selbst in die Offensive geht. Die Zigarettenindustrie hat mit ihrer "Nichtraucher"-Kampagne für Kinder ("Smart kids can wait") vorgemacht, wie das geht. PepsiCo, Coca Cola, McDonald's, Hershey, Kellogg, Kraft Foods und andere große US-Lebensmittelhersteller finanzieren nun die Website kidnetic.com, mit der Kinder dazu gebracht werden sollen, sich gut zu ernähren und körperlich aktiv zu werden[289]. Coca Cola verteilt dementsprechend neuerdings Schrittzähler an Schulen, um gehfaule Schüler mit Gewinnspielen zu mehr körperlicher Bewegung zu animieren. Man engagiert sich also sichtbar. Das Ziel derartiger Initiativen kann aber nicht sein, Kinder dazu zu bringen, künftig *Soft Drinks*, *junk food*, Süßigkeiten und zuckergesättigte *cereals* aus ihrem Leben zu verbannen. Eine solche Strategie der Hersteller dieser Produkte und Sponsoren der Website wäre irrational und existenzgefährdend. Derlei Gesundheitsinitiativen empfehlen daher – wie etwa die National Soft Drink Association – eine Ernährung "in which there is a place for all foods" – inklusive zucker- und koffeinhaltige, nährstoffarme Getränke[290].

Die Coca-Cola-Company poliert auch durch andere Partnerschaften das eigene Image auf. Die Coca-Cola Foundation unterstützt seit neuestem die American Academy of Pediatric Dentistry. Mit diesem Geld soll „wichtige klinische, Grundlagen- und Verhaltensforschung unterstützt werden, die durch unabhängige Forscher durchgeführt wird. Diese Partnerschaft wird außerdem öffentliche und professionelle Erziehungsprogramme auf einer wissenschaftlicher Basis schaffen, die die verbesserte Zahngesundheit von Kinder fördern“[291]. Durch derartige Allianzen kann die Coca-Cola Company ihr Forschungsinteresse und

---

[289] *Matthäus, C.*, Schlachtfeld Ernährung – Das amerikanische Fett- und Zucker-Desaster, Spiegel Online vom 02. Oktober 2002, im Internet unter http://www.spiegel.de/wirtschaft/0,1518,216470,00.html (accessed 04 Oct 2002)

[290] Editorial: Getting a Handle on Obesity, The Lancet (2002), Vol. 359: 1955.

[291] Eigene Übersetzung. Wortlaut der Presseerklärung: "The AAPDF will receive an unrestricted grant to support important clinical, basic and behavioral research, which will be conducted by independent investigators. This affiliation will also create public and professional educational programs, based on science, that promote improved dental health for children." Im Internet unter: http://www.aapd.org/media/pressreleases.asp?NEWS_ID=212 (accessed 20 April 2003)

ein Bemühen um das Wohl von Kindern sichtbar machen. Dadurch lässt sich idealerweise der Druck für eine restriktive Regulierung mindern.

Gefahr droht aber nicht nur durch Regulierung[292], sondern auch durch juristische Angriffe: Hersteller ungesunder Lebensmittel müssen möglicherweise in naher Zukunft mit Sammelklagen in den USA rechnen[293]. Die Situation ist der der Zigarettenindustrie nicht unähnlich[294]. Um Schadensersatzklagen abwehren zu können, bereiten einige der großen Nahrungsmittelhersteller jetzt eine Initiative für Gesundheitswarnungen vor[295]. Das soll zunächst für das Online-Marketing, später möglicherweise auch für Print- und Fernsehanzeigen gelten. Die Aktion wird vom *International Food Information Council* (IFIC) unterstützt – der vermeintlich unabhängigen Institution, die der Aktion Glaubwürdigkeit verleihen soll. Das IFIC wird, wie oben dargelegt, unter anderem von Coca-Cola, PepsiCo, Procter & Gamble, General Foods und NutraSweet finanziert.

3.4.4 Die Rolle der Pharmaindustrie

Unterstützung bei der Lobbyarbeit könnte von der Pharmaindustrie kommen. Unternehmen, die Antidiabetika und Herzkreislaufprodukte herstellen, haben ebenso wie Coca-Cola wenig Interesse daran, dass Ursachenforschung zum Thema Übergewicht oder Diabetes dazu führt, dass eine veränderte Ernährung empfohlen wird und diese Prävention eine Behandlung überflüssig macht. Von der Pharmaindustrie ist seit langem bekannt, dass Unternehmen versuchen, die Veröffentlichung unliebsamer Ergebnisse zu unterdrücken, anders zu interpretieren oder unklar erscheinen zu lassen[296]. Dafür gibt es auch im Fall von Diabetes konkrete Anhaltspunkte:

---

[292] Einige sehen in Regulierungsvorschlägen nur einen weiteren Angriff auf die persönliche Freiheit der Konsumenten, hinter dem eine Verschwörung steckt, die schon die Tabakindustrie so schändlich angegriffen hat, s. *Bartlett, B.*, Larding the litigious pantry, Washington Post, 3 April 2002

[293] S. *Schiessl, M.*, Gefundenes Fressen, Der Spiegel 24/2002, S. 132/133.

[294] Auch die verursachten Gesundheitskosten sind vergleichbar. Ernährungsbedingte Gesundheitsprobleme sollen in den USA jährlich Kosten in Höhe von $ 117 Milliarden verursachen, für nikotinbedingte Krankheiten sollen es $ 140 Milliarden sein, s. Meldung des Deutschen Ärzteblatt vom 21. Juni 2002 im Internet unter http://www.aerzteblatt.de/v4/news/news.asp?id=9311 (accessed 9 Oct 2002)

[295] s. Meldung des Deutschen Ärzteblatt vom 21. Juni 2002, im Internet unter http://www.aerzteblatt.de/v4/news/news.asp?id=9311 (accessed 9 Oct 2002)

[296] S. zu dem Thema: Editorial, The Tightening Grip of Big Pharma, The Lancet (2001), Vol. 357: 1141 mit Beispielen.

So hat die Deutsche Diabetes-Gesellschaft massive Kritik an einem speziellen Behandlungsprogramm der Bundesregierung für Diabetiker geübt, das Kosten sparen und die Krankheit mit einem breiteren Ansatz (sog. Disease Management) behandeln sollte. Anders lautende Meinungen wurden auf einer Tagung der Deutschen Diabetes-Gesellschaft (DDG) mit dem Verweis auf Interessenkonflikte abgetan und pauschal diskreditiert, eigene Interessenkonflikte hingegen nicht angegeben, obwohl die DDG eng mit Herstellern verschiedener Diabetespräparate zusammenarbeitet[297]. Als Alternative zu den Plänen der Gesundheitsministerin entwickelte die Pharmaindustrie eine sog. "Nationale Versorgungsleitlinie", die von der Bundesärztekammer unterstützt wurde. Verfasst war die Leitlinie von verschiedenen Professoren unter der Ägide der DDG, die laut Satzung "selbstlos tätig" ist. Die DDG handelte dabei aber nicht unanhängig. Wie bekannt wurde, zahlten die im Industrieforum Diabetes (IDF) organisierten Pharmahersteller insgesamt DM 180.000 auf das Konto der Diabetes-Gesellschaft, die sich im Gegenzug den Mitgliedern des IDF "zur solidarischen Zusammenarbeit" verpflichtete[298].

Auch anderswo sind Verbindungen sichtbar: Das Unternehmen Bayer, das ein Präparat für Diabetiker herstellt, engagiert sich über den Verkauf des Medikaments hinaus im Bereich der Diabeteshilfe, z.B. als Sponsor der Deutschen Diabetes-Stiftung. Außerdem baut Bayer Diabetes-Netzwerke auf und beteiligt sich an Magazinen für Diabetiker und in der Jury des Medien-Preises für "vorbildliche Berichterstattung zum Thema Diabetes" sitzt Bayer-Vorstand Wenniger.[299]

3.5 Zusammenfassung

Coca-Cola ist ein Produkt mit extrem großer Gewinnspanne. Um auch zukünftig Absatz und Profit zu sichern, werden zunehmend Kinder zur Zielgruppe der Werbeaktivitäten von Coca-Cola, wobei die angesprochenen Kinder immer jünger werden. Diese Werbung beeinflusst Kinder und Jugendliche bei ihrer Wahl von Nahrungsmitteln und Getränken, da Werbung in der Regel die wichtigste Quelle für Ernährungsinformationen ist. Außerdem ist der Unterschied zwischen Werbung und redaktionellem Inhalt für Kinder (zunehmend) schwer zu erkennen. Im Rahmen der Ausweitung ihrer Vermarktungsaktivitäten haben Soft Drink Hersteller in den letzten Jahren auch die Schule für sich entdeckt. Über Sponsoring und den Abschluss exklusiver Marketingabkommen versuchen sie, hier ihre jungen Konsumenten zu erreichen. Daneben verbinden sie im

---

[297] *O.N.*, Wenn der Text zur Werbung wird, Pharma-Brief 3/2002, S. 7. Der diskreditierende Professor sprach sich zugleich rundweg gegen eine evidenz-basierte Wissenschaft aus.

[298] *Neubacher, A.*, Tamtam auf der Barrikade, Der Spiegel 29/2002, S. 37

[299] *O.N.*, Wenn der Text zur Werbung wird, Pharma-Brief 3/2002, S. 7

Rahmen von Marketingaktionen ihr Produkt mit Kinofiguren, führen Imagekampagnen durch oder treten bei großen gesellschaftlichen Ereignissen als Sponsoren auf. Bei alledem wird Coca-Cola immer größer, billiger und präsenter: Mit den größeren Portionsgrößen steigt der Konsum. Das sog. „Value"-Marketing gibt dem Konsument dabei das Gefühl, viel für's Geld zu bekommen. Und nach den Vorstellungen der Coca-Cola Company soll Coca-Cola möglichst überall zu finden sein.

Daneben gibt es Anhaltspunkte für eine ausgefeilte Lobbystrategie. Coca-Cola befindet sich in einer ähnlichen Situation wie die Zigarettenindustrie schon vor Jahren: Die Produkte werden als gesundheitsschädlich kritisiert, vermehrt forden Konsumentenverbände oder einzelne ein Tätigwerden des Gesetzgebers. Um dieser Gefahr zu entgehen, ist es eine rationale Strategie für Coca-Cola und Unternehmen mit ähnlichen Produkten, die ebenfalls ins Kreuzfeuer der Kritik geraten sind, Wissenschaftler zu beeinflussen. Über (vermeintlich) unabhängige und neutrale wissenschaftliche Informationsforen wie das IFIC wird die Gefahr zuckerhaltiger Produkte dafür herabgespielt. Daneben versucht man, unabhängige Medien über den Werbeetat in ihrer Berichterstattung zu beeinflussen. Außerdem gibt es Anzeichen für eine Einflussnahme auf die WHO über das Institut ILSI. Schließlich könnten Gesundheitsinitiativen von Coca-Cola und anderen helfen, die Notwendigkeit für eine Regulierung abzuschwächen. Coca-Cola kann dabei die Lobbyarbeit bestimmter Pharmaunternehmen zugute kommen.

4. Produkthaftung: Die Rechtslage

Die vorangegangenen Kapitel haben gezeigt, dass Coca-Cola nach den vorliegenden medizinischen Erkenntnissen nicht unerhebliche Gesundheitsschäden verursachen kann. Die daraus resultierenden Kosten belasten in Deutschland das Gesundheits- und Sozialsystem. Bei der Vermarktung von Coca-Cola spielen Werbung und Marketing eine wichtige Rolle. Daneben versucht Coca-Cola möglicherweise, durch Lobbyarbeit Einfluss auf die publizierte wissenschaftliche und öffentliche Meinung sowie auf Entscheidungsträger zu nehmen. Im Folgenden soll der Frage nachgegangen werden, wie die rechtliche Regulierung dieses Problemkreises aussieht. Die Untersuchung konzentriert sich dabei auf die Produkthaftung, die zur Aufgabe hat. Dafür werden zunächst die Grundzüge der Produkthaftung in Deutschland dargestellt. Anschließend wird geprüft, ob nach derzeitigem Recht eine Haftung von Coca-Cola in Betracht kommt.

4.1 Grundlagen der Produkthaftung

Unter einer Produkthaftungsregel kann man jedes Verfahren verstehen, das den durch ein fehlerhaftes Produkt entstehenden Schaden in irgendeiner Form auf den Hersteller verlagert. Dazu gehören vertragliche oder gesetzliche Ansprüche des geschädigten Konsumenten gegen den Produzenten. Die vertraglichen Ansprüche spielen aber regelmäßig eine nur untergeordnete Rolle. Das liegt an der Konstellation, die in solchen Fällen typischerweise vorliegt: Der Endverbraucher kauft in der Regel das Produkt nicht direkt beim Produzenten, sondern von einem Verkäufer, der es seinerseits (gegebenenfalls über Zwischenhändler) von dem Produzenten bezogen hat. Durch das fehlerhafte Produkt wird nun entweder der Verbraucher oder ein Dritter geschädigt, der für diese Schäden (sog. Mangelfolgeschäden) Ersatz verlangen will. Bei dieser Konstellation hat der Käufer regelmäßig weder gegen den Verkäufer noch gegen den Produzenten vertragliche Ansprüche. Dennoch seien die in Betracht kommenden Ansprüche der Vollständigkeit halber kurz erwähnt:

Ein Anspruch gegen den Verkäufer könnte sich aus § 437 Nr. 3 i.V.m. § 280 Abs. 1 BGB ergeben. Danach kann der Käufer (unter weiteren Voraussetzungen) Schadensersatz verlangen, wenn der Kaufgegenstand nicht mangelfrei war; die Mangelfreiheit ist Hauptleistungspflicht, vgl. § 433 Abs. 1 S.2 BGB. Die Kaufsache ist frei von Sachmängeln, wenn sie die vereinbarte Beschaffenheit hat, § 434 Abs. 1 S. 1 BGB. Ist – wie regelmäßig im Fall von Coca-Cola – nichts vereinbart, ist die Sache mangelfrei, „wenn sie sich für die gewöhnliche Verwendung eignet und eine Eigenschaft aufweist, die bei Sachen der gleichen Art üblich ist und die der Käufer nach der Art der Sache erwarten kann", § 434

Abs. 1 S. 2 Nr. 2 BGB. Zu den entscheidenden Eigenschaften gehören dabei auch solche, die der Käufer nach den öffentlichen Äußerungen des Verkäufers oder Herstellers insbesondere in der Werbung erwarten kann. Bei Coca-Cola besteht das Problem, dass nach dem medizinischen Erkenntnisstand nicht die einzelne Coca-Cola, sondern erst längerfristiger Konsum die Gesundheit schädigen kann. Dann ist aber nicht das einzelne Produkt mangelhaft. Der Hersteller von Coca-Cola macht in der Werbung auch keine Äußerungen über die Gesundheitsauswirkungen von Coca-Cola, so dass sich daraus nichts herleiten lässt. Selbst wenn aber ein Mangel vorläge, müsste der Geschädigte dem Verkäufer Verschulden nachweisen. Das wirft erhebliche Probleme auf. Hinzu kommt, dass Gewährleistungsansprüche aus Vertrag nach § 438 Abs. 1 Nr. 3 BGB in zwei Jahren verjähren (außer bei arglistigem Verschweigen). Entwickeln sich die Gesundheitsschäden, wie bei Coca-Cola, aber erst schleichend und über einen längeren Zeitraum, ist dem Geschädigten mit diesem Anspruch nicht geholfen. Das Mängelgewährleistungsrecht passt nicht.

Auch ein Anspruch aus § 280 Abs. 1 BGB (früher: positive Vertragsverletzung) kommt in der Regel nicht in Betracht, weil den Verkäufer nicht die Pflicht trifft, eine fabrikneue Ware auf Fehler zu untersuchen. Ein Verschulden des Produzenten wiederum muss sich der Verkäufer nicht über § 278 zurechnen lassen, da der Produzent nicht Erfüllungsgehilfe des Verkäufers ist. Ist nicht der Käufer, sondern ein Dritter geschädigt worden, kommt hinzu, dass zwischen Drittem und Verkäufer schon kein Vertragsverhältnis besteht. Ein vertraglicher Anspruch ließe sich nur annehmen, wenn man von einem Vertrag mit Schutzwirkung zugunsten Dritter ausgeht. Das wird selten der Fall sein.

Aber auch vertragliche Ansprüche gegen den Hersteller scheiden in der Regel aus: Vertragliche Ansprüche sind auf den Sonderfall beschränkt, dass der Konsument direkt beim Produzenten einkauft. Ist das nicht der Fall lässt sich ein Anspruch gegen den Produzenten nur konstruieren, wenn zwischen dem Produzenten und dem Konsumenten ein Garantievertrag besteht. Ein Anspruch kann sich allerdings auch indirekt aus der Vertragsbeziehung zwischen Hersteller und Verkäufer ergeben, wenn man dem Vertrag zwischen Produzenten und Verkäufer eine Schutzwirkung zugunsten des Endabnehmers beimisst oder ein Fall der Drittschadensliquidation vorliegt. Beides wird die Ausnahme sein, da zwischen Verkäufer und Käufer typischerweise weder ein sog. Näheverhältnis vorliegt, noch die im Rahmen der Drittschadensliquidation erforderliche „zufällige“ Schadensverlagerung auftritt. Der Schaden tritt in diesen Konstellationen nicht zufällig, sondern typischerweise beim Endabnehmer und nicht beim Verkäufer auf.

Gegen eine Lösung über das Vertragsrecht spricht außerdem die historische Entwicklung. Die höchstrichterliche Rechtsprechung hat sich nach einer ausführlichen wissenschaftlichen Diskussion über die Möglichkeit einer Vertragshaftungslösung mit der sog. Hühnerpestentscheidung[300] für die Lösung von Produkthaftungsfällen über das Deliktsrecht entschieden, so dass, nachdem sich diese Lösung durchgesetzt hat, für die Annahme einer Haftung aus vertraglichen Gesichtspunkten heute Zurückhaltung geboten ist[301]. Damit kommen in aller Regel ausschließlich gesetzliche Ansprüche zur Anwendung.

Die Anordnung deliktischer Schadenersatzansprüche beruht nach juristischer Auffassung auf der Vorstellung, dass es in der Rechtsordnung neben den durch Vertrag begründeten Sonderverbindungen allgemeine Verhaltensnormen gibt, die es jedermann verbieten, einem anderen Schaden zuzufügen[302]. Auch ohne vertragliche Abmachung führt daher die Verletzung solcher Verhaltensnormen zu Schadensersatzpflichten. Ökonomisch betrachtet ergibt sich die Notwendigkeit einer rechtlichen Regulierung von Haftungsfällen daraus, dass Schäden typischerweise bei Personen eintreten, zu denen der Schädiger in keiner Vertragsbeziehung steht. Eine Verhandlungslösung scheitert an zu hohen Transaktionskosten. Folge wäre eine Externalisierung der Schadenskosten auf den Geschädigten. Gesetzliche Haftungsregeln können dieses Marktversagen korrigieren, indem sie zur Internalisierung der Kosten zwingen[303].

Nach deutschem Recht kann sich ein Schadensersatzanspruch gegen den Hersteller grundsätzlich aus Deliktsrecht oder aus Produkthaftungsgesetz ergeben. Beide Anspruchsgrundlagen sind nebeneinander anwendbar, § 15 Abs. 2 ProdHaftG. Zwischen der Haftung aus Deliktsrecht und der aus ProdHaftG bestehen zahlreiche Unterschiede. Der wichtigste dogmatische Unterschied ist, dass die deliktische Produkthaftung Verschuldenshaftung, die Haftung nach ProdHaftG eine Gefährdungshaftung ist. Dieser Unterschied ist aber in der Praxis durch Beweiserleichterungen im Rahmen der Deliktshaftung beinahe aufgehoben.

Die wichtigsten praktischen Unterschiede sind die Selbstbeteiligung von 500 Euro bei Sachschäden an privat genutzten Sachen im Rahmen des ProdHaftG, § 11 ProdHaftG, und der Ausschluss des Ersatzes für gewerblich genutzte Sachen

---

300 BGHZ 51, 91 = NJW 1969, 269 – Hühnerpest

301 *MüKo*/Mertens, § 823, Rn. 271

302 Vgl. *Bähr, P.*, Grundzüge des Bürgerlichen Rechts, 9. Aufl., München: Vahlen, 1995, S. 266

303 Vgl. *Adams, M.*, Eigentum, Kontrolle und Beschränkte Haftung, Baden-Baden: Nomos, 1991; *Kötz, H./ Wagner, G.*, Deliktsrecht, 9. Aufl., Neuwied: Luchterhand, 2001, Rn. 40 f.

nach § 1 Abs. 1 S. 2 ProdHaftG. Auch in anderen Einzelpunkten geht die deliktische Produkthaftung teilweise weiter. Geschützt sind im Rahmen des § 823 Abs. 1 auch „sonstige Rechte“ (anders § 1 Abs. 1 S. 1 ProdHaftG), und es besteht auch nach dem Inverkehrbringen eine Pflicht zur Produktbeobachtung (anders nach ProdHaftG). Außerdem ist der Sachschaden an dem fehlerhaften Produkt selbst nach dem ProdHaftG nicht ersetzbar. Praktisch bedeutsam ist dies bei sog. weiterfressenden Fehlern[304]. Außerdem gibt es im Rahmen der deliktischen Produkthaftung keinen Haftungshöchstbetrag bei Körperverletzung und Tod, wie im ProdHaftG, und schließlich kann die Deliktshaftung länger als 10 Jahre nach dem Inverkehrbringen des Produktes entstehen (anders § 13 ProdHaftG)[305]. Dies alles mag der Grund dafür sein, dass das ProdHaftG in der deutschen Rechtsprechung bislang keine wesentliche Rolle spielt[306]. Der bislang bedeutsame Unterschied, dass nur im Rahmen der deliktischen Haftung Schmerzensgeld gefordert werden konnte ist durch das „Zweite Gesetz zur Änderung der schadensersatzrechtlichen Vorschriften“ aufgehoben worden. Die Regelung zum Schmerzensgeld ist in das allgemeine Schadensrecht eingegliedert worden, § 253 Abs. 2 BGB, so dass Immaterialschadensersatz nun auch in Fällen der Gefährdungs- und Vertragshaftung gewährt wird[307].

Im Folgenden werden zunächst die Regelungen des § 823 Abs. 1 BGB und des § 1 Abs. 1 S. 1 ProdHaftG kurz dargestellt. Anschließend wird der zentrale Begriff des Produktfehlers bzw. der Verkehrspflichtverletzung näher beleuchtet. Die Darstellung der geltenden Rechtslage schließt mit einem Blick auf die Beweislastverteilung in Produkthaftungsfällen, der eine zentrale Bedeutung für den Ausgang jedes Verfahrens zukommt.

4.1.1 § 823 BGB und § 1 ProdHaftG im Überblick

Grundtatbestand des Rechts der unerlaubten Handlungen ist § 823 Abs. 1 BGB[308]. Danach begründet die schuldhafte und rechtswidrige Verletzung von Leben, Körper, Gesundheit, Freiheit, Eigentum oder einem sonstigen Recht eines anderen eine Schadensersatzpflicht. Hieraus hat die Rechtsprechung eine allgemeine Pflicht abgeleitet, dass jeder, der schuldhaft einen gefährlichen Zustand herbeiführt oder andauern lässt, die nach Lage der Verhältnisse erforderli-

---

[304] *Palandt*, Bürgerliches Gesetzbuch, 62. Aufl., C.H.Beck: München, 2003, § 823, Rn. 212
[305] Vgl. *J. Hager § 823, F 5.*
[306] Vgl. *Kullmann, H.J.*, Die Produzentenhaftung für Lebensmittel nach dem Stand der Rechtsprechung, ZLR 1/2002, 37-57 (54)
[307] Hierzu *Wagner, G.*, Das neue Schadensersatzrecht, Baden-Baden: Nomos, 2002, S. 33-42. Die Neuerungen sind im Wesentlichen am 1.8.2002 in Kraft getreten.
[308] Hierzu, wie zum Folgenden: *MüKo*/Mertens, § 823, Rn. 276

chen Sicherheitsmaßnahmen zum Schutz anderer Personen zu treffen hat. Ergreift er schuldhaft solche Maßnahmen nicht, haftet er wegen Verletzung der Verkehrssicherungspflicht. Dieser Grundsatz gilt nach der Rechtsprechung auch für die Produzentenhaftung[309]: Derjenige, der gefährliche Produkte in den Verkehr bringt, hat alles zu tun, um eine Schädigung Dritter auszuschließen. Sonst haftet der Hersteller aus der Verletzung der ihm obliegenden Verkehrspflicht. Mit Hilfe der Verkehrspflichten wird also potentiell gefährliches, aber sozial erwünschtes Verhalten von der gem. § 823 Abs. 1 BGB unerlaubten Handlung abgegrenzt[310].

Die Bestimmung des Pflichtenumfangs orientiert sich dabei an den Kriterien des Rangs des gefährdeten Rechtsguts, der legitimen Schutzerwartungen des Verkehrs, des zumutbaren Aufwands für den Produzenten[311] sowie der Entwicklung von erhöhten Sicherheitsstandards. Das bedeutet: Je gefährlicher ein Produkt ist, desto höher sind die Anforderungen[312]. So muss der Hersteller Gefahren, die zu erheblichen Schäden führen können, auch dann begegnen, wenn sie selten sind[313], bei erheblichen Gefahren haben wirtschaftliche Gesichtspunkte zurückzutreten[314]. Notfalls muss der Hersteller auf das Inverkehrbringen verzichten, oder er hat das Produkt zurückzurufen. Aber auch die berechtigten Verkehrserwartungen[315] sind zu berücksichtigen: Daher bedarf es keines besonderen Schutzes, wenn die Benutzung des Gutes typischerweise mit Gefahren verbunden ist, die von den Konsumenten in Kauf genommen werden.

Weitere Tatbestandsvoraussetzung des § 823 BGB ist die Widerrechtlichkeit[316]. Widerrechtlich ist das, was allgemein als „rechtswidrig" bezeichnet wird. Das ist alles, was im Widerspruch zur Rechtsordnung steht. Im Rahmen der Produkthaftung lässt sich das anhand der Verkehrspflichten konkretisieren. Dann indiziert die Verletzung einer Verkehrspflicht die objektive Pflichtwidrigkeit des Verhaltens. Liegen auch die weiteren Voraussetzungen – Schaden, Kausalität und Verschulden – vor, so hat der Hersteller den Schaden zu ersetzen und gegebenenfalls Schmerzensgeld zu zahlen.

---

[309] Vgl. bereits RGZ 163, 21, 26; BGH VersR 1956, 419, 420

[310] *Dietborn, C.*, Produzentenhaftung – Güterschaden – Vermögensschaden: insbesondere die Haftung für sog. „primäre" Vermögensschäden, Frankfurt am Main: Lang 2000; s. 20 f.

[311] BGHZ 104, 323, 329; OLG Frankfurt aM VersR 1993, 845, 846; in der Sache schon BGHZ 51, 91, 108 = BGH NJW 1969, 269 – Hühnerpest

[312] BHGZ 80, 186, 192; 104, 323, 329

[313] BGH NJW 1990, 906, 907; OLG Karlsruhe NJW-RR 1992, 285, 286

[314] BGHSt NJW 1990, 2560, 2564; *MüKo*/Mertens, § 823, Rn 283

[315] Entscheidend ist nicht die Sicht des Herstellers, vgl. BGH NJW 1990, 906, 907

[316] S. hierzu *Kullmann, H.J.*, Die Produzentenhaftung für Lebensmittel nach dem Stand der Rechtsprechung, ZLR 1/2002, S. 37-57 (38)

Neben § 823 Abs. 1 BGB kommt als Anspruchsgrundlage § 1 Abs. 1 S. 1 ProdHaftG in Betracht[317]. Danach hat der Hersteller eines fehlerhaften Produkts im Falle des Todes, der Körperverletzung oder der Beschädigung privat genutzter Sachen[318] verschuldensunabhängig den daraus entstehenden Schaden zu ersetzen. Die Fehlerhaftigkeit des Produkts beurteilt sich dabei nach einem einheitlichen Fehlerbegriff, der auf die „berechtigte Sicherheitserwartung" abstellt (§ 3 ProdHaftG)[319]. Für die Sicherheitserwartung kommt es „nicht auf einen individuellen Empfängerhorizont (...), sondern auf die berechtigten Erwartungen der Allgemeinheit und damit auf objektive Maßstäbe" an[320]. Entscheidend ist, ob das Produkt diejenige Sicherheit bietet, die die betroffene Allgemeinheit nach der Verkehrsauffassung in dem entsprechenden Bereich für erforderlich hält[321]. Das hängt vom Benutzerkreis ab: Das Sicherheitsniveau konkretisiert sich entsprechend der Qualifikation der Produktbenutzer[322]. Wird ein Produkt beispielsweise nur an einen eingeschränkten Personenkreis von Spezialisten vertrieben, die das Produkt beruflich verwenden, so sind auch nur die Erwartungen dieses Personenkreises ausschlaggebend[323]. Die Haftung des Herstellers erweitert sich demgegenüber, wenn er seine Produkte an Risikogruppen vertreibt bzw. diese typischerweise gefährdet werden. Risikogruppen sind beispielsweise Kinder. Bei Kindern muss mit einem rechtswidrigen, unvernünfti-

---

[317] Mit der Einführung des ProdHaftG wurde die Richtlinie des Rates der Europäischen Gemeinschaften vom 25.7.1985 zur Angleichung der Rechts- und Verwaltungsvorschriften der Mitgliedsstaaten über die Haftung für fehlerhafte Produkte in deutsches Recht umgesetzt. Näher hierzu *Kullmann, H.J.*, Produkthaftungsgesetz - Kommentar, 3. Aufl., Berlin: Erich Schmidt, 2001, S. 25; *Kullmann, H.J./Pfister, B./ Buchwaldt, E.*, Produzentenhaftung, Loseblattsammlung, Berlin: Schmidt, Kz. 1050

[318] Im Falle der Sachbeschädigung gilt eine Schadensersatzpflicht aber nur für andere Sachen als das Produkt selbst, s. § 1 Abs. 1 S.2 ProdHaftG.

[319] Der Fehlerbegriff im ProdHaftG unterscheidet sich damit von dem im Gewährleistungsrecht. Während die vertragliche Gewährleistung die Gebrauchs- und Funktionsfähigkeit sowie den Wert der Sache betrifft (Schutz des wirtschaftlichen Nutzungs- und Äquivalenzinteresses), betrifft die Produkthaftung die Sicherheit des Produkts, wie sie die Allgemeinheit erwarten darf (Schutz des Integritätsinteresses jedes Benutzers und Dritten). Vgl. die amtliche Begründung, BR-Drucksache 101/88 vom 18.3.1988, S. 41 = BT-Drucksache 11/2447, S. 17; *Schmidt-Salzer, J.* in: *Schmidt-Salzer, J./Hollmann, H.H.*, Kommentar EG-Richtlinie Produkthaftung, Heidelberg: Verlag Recht und Wirtschaft, 1986-1993, Bd. 1, Art. 6, Rn. 70; *Taschner, H.C./Frietsch, E.*, Produkthaftungsgesetz und EG-Produkthaftungsrichtlinie: Kommentar, 2. Aufl., München: Beck, 1990, § 3 ProdHaftG, Rn. 4; *Palandt*/Thomas, § 3 ProdHaftG Rn. 1

[320] BT-Drucks 11/2447, S. 18

[321] Ähnlich schon BGH VersR 1972, 559

[322] *MüKo*/Cahn, § 3 ProdHaftG, Rn. 6

[323] *Wieckhorst, T.*, Vom Produzentenfehler zum Produktfehler des § 3 ProdHaftG, VersR 1995, 1005-1015, 1009

gen Verhalten gerechnet werden, das bei anderen Benutzern in den Bereich des Missbrauchs fallen würde. Das bedeutet, dass Hersteller, deren Produkte sich gezielt an Kinder richten, sich auf deren Erwartungshorizont einstellen müssen[324].

Ist ein Fehler festgestellt und die Schutzgutverletzung diesem Fehler zuzurechnen, so haftet der Hersteller ohne dass es auf ein Verschulden ankäme. Der Hersteller kann sich allerdings entlasten, wenn er einen der Haftungsausschlussgründe aus § 1 Abs. 2 ProdHaftG darlegt und beweist[325]. Kann sich der Hersteller nicht entlasten, so haftet er in dem in den §§ 7-11 ProdHaftG festgelegten Umfang und in den zeitlichen Grenzen der §§ 12, 13 ProdHaftG.

Zwischen § 823 Abs. 1 BGB und § 1 Abs. 1 S. 1 ProdHaftG bestehen Unterschiede im Detail. Diese sollen hier aber nicht interessieren, da es um ein Verständnis der Grundstruktur geht, die im folgenden Kapitel auf ihre Anreizwirkung untersucht werden soll. Bei beiden Anspruchsgrundlagen lässt sich, wenn man die Details einmal außer Acht lässt, folgende Grundstruktur ausmachen:

Der Produzent muss eine Verkehrssicherungspflicht verletzt (§ 823 I BGB) bzw. ein fehlerhaftes Produkt (§ 1 I ProdHaftG) hergestellt haben[326]. Dadurch muss (sog. haftungsbegründende Kausalität) eines der aufgeführten Schutzgüter verletzt worden sein. Durch die Rechtsgutsverletzung muss (sog. haftungsausfüllende Kausalität) beim Geschädigten ein Vermögensschaden eingetreten sein.

---

[324] Vgl. BGHZ 116, 60 = NJW 1992, 560 – Kindertee I; BGH NJW 1994, 932 – Kindertee II

[325] Haftungsausschlussgründe sind das Nichtinverkehrbringen (Nr. 1), ein Auftreten des Fehlers erst nach Inverkehrbringen (Nr. 2), nicht für den privaten Gebrauch hergestellte Produkte (Nr. 3), Fehler, die darauf beruhen, dass das Produkt zwingenden Rechtsvorschriften entspricht (Nr. 4) oder wenn der Fehler nach dem Stand der Wissenschaft und Technik zur Zeit des Inverkehrbringens nicht erkennbar war (Nr. 5).

[326] Dennoch sind deliktsrechtliche Verkehrspflichtverletzung und produkthaftungsrechtlicher Fehlerbegriff nicht identisch, *MüKo*/Cahn, § 3 ProdHaftG, Rn. 3; anders *Staudinger*/Oechsler (1998), § 3 ProdHaftG, Rn. 12: Grundlage der deliktsrechtlichen Haftung ist die Verletzung einer Verkehrspflichtverletzung. Die Haftung nach dem ProdHaftG knüpft hingegen unmittelbar an die Fehlerhaftigkeit des Produkts an, nicht an die Verletzung einer Herstellerpflicht. Der Unterschied zeigt sich beispielsweise im Konstruktionsbereich: Nach § 1 Abs. 2 Nr. 5 ist die Ersatzpflicht des Herstellers ausgeschlossen, wenn der Fehler nach dem Stand der Wissenschaft und Technik zur Zeit des Inverkehrbringens nicht erkennbar war. Das Produkt ist aber nichtsdestotrotz fehlerhaft im Sinne des § 1 Abs. 1 ProdHaftG. Demgegenüber fehlt es im Rahmen der deliktsrechtlichen Konzeption bereits an einer Sorgfaltspflichtverletzung, die eine Haftung begründen könnte. Trotz dieses Unterschieds wird man aber häufig nach beiden Anspruchsgrundlagen zum selben Ergebnis kommen, so dass dieser Unterschied vernachlässigt werden kann, soweit es hier um die Grundstruktur geht.

Bei § 823 BGB muss der Schädiger außerdem rechtswidrig und schuldhaft gehandelt haben. Die Rechtswidrigkeit wird jedoch durch die Pflichtverletzung indiziert, das Verschulden im Rahmen der Produkthaftung grundsätzlich vermutet, so dass beiden Tatbestandsmerkmalen nur eine geringe Bedeutung zukommt.

Die Merkmale Rechtsgutsverletzung, Schaden und haftungsausfüllende Kausalität sind Fragen des Einzelfalles, die keine produkthaftungsspezifischen Besonderheiten aufweisen. Die nachfolgenden Ausführungen beschränken sich daher auf eine Darstellung der Verkehrspflichten bzw. des Produktfehlers. Fragen der haftungsbegründenden Kausalität, die eine zentrale Rolle in jedem Produkthaftungsfall spielt, werden im Rahmen der Beweislasterfordernisse erörtert.

4.1.2 Verkehrspflichten und Produktfehler

Die Rechtsprechung hat im Laufe der Zeit im Bereich der (deliktischen) Produzentenhaftung vier Verkehrspflichten herausgearbeitet, die Konstruktions-, Fabrikations-, Instruktions- und Produktbeobachtungspflicht. Diesen muss der Warenhersteller während der Entwicklung, Herstellung, Auslieferung und nach dem Inverkehrbringen[327] gerecht werden; sie konkretisieren die an den Hersteller gestellten Anforderungen in dem jeweiligen Stadium[328].

Das ProdHaftG benutzt demgegenüber den sog. Einheitsfehlerbegriff, der sich an der „berechtigten Sicherheitserwartung" ausrichtet, § 3 ProdHaftG. Die aus dem deliktischen Produkthaftungsrecht bekannten Fehlerkategorien werden aber von diesem Fehlerbegriff umfasst[329]: Ein Produkt ist fehlerhaft im Sinne des ProdHaftG, wenn es hinsichtlich der bekannten Fehlerkategorien Konstruktion, Fabrikation und gegebenenfalls beizugebender Instruktion nicht die berechtigten Sicherheitserwartungen erfüllt und daher die körperliche Integrität des Benutzers oder eines Dritten beeinträchtigt oder einen Sachschaden verursacht. Anders als nach § 823 Abs. 1 BGB gibt es nach dem ProdHaftG aber grundsätzlich keine Haftung für unterlassene Produktbeobachtung[330].

Die vier Verkehrspflichten bzw. die mit ihnen korrespondierenden Fehlerkategorien (Konstruktions-, Fabrikations-, Instruktionsfehler und Verletzung der

---

[327] OLG Koblenz vom 21.03.2001, 1 U 898/96

[328] Vgl. *Medicus, D.*, Bürgerliches Recht, 19. Aufl., Köln: Heymann, 2002, § 25 II 3

[329] BT-Drucks 11/2447, S. 17f.; *Staudinger*/Oechsler (1998), § 3 ProdHaftG, Rn. 13 m.w.N.; s.a. *Kullmann, H.J.*, Produkthaftungsgesetz - Kommentar, 3. Aufl., Berlin: Erich Schmidt, 2001, § 3, S. 96 ff.

[330] *MüKo*/Cahn, § 3 ProdHaftG, Rn. 4

Produktbeobachtungspflicht) geben eine Vorstellung davon, was von einem Hersteller erwartet werden kann[331]. Sie sollen nachfolgend kurz erläutert werden. Die Anforderungen an den Hersteller beginnen mit der Konstruktion des Produkts:

Konstruktionsfehler[332] machen das Produkt infolge fehlerhafter technischer Konzeption für eine gefahrlose Benutzung ungeeignet. Sie betreffen also nicht ein Einzelstück, sondern die ganze Serie. Die Benutzerkreise erwarten im Allgemeinen, dass das Produkt so konstruiert ist, dass es unter Beachtung der Gebrauchsanleitung bei bestimmungsgemäßen Gebrauch gefahrlos genutzt werden kann.[333] Bei allgemein bekannten Gefahren eines Produkts (z.B. Erkrankungen der Atmungsorgane beim Rauchen) wird erwartet, dass sich nur diese verwirklichen, und es nicht zu unerwarteten Schäden kommt[334]. Wenn das Produkt aufgrund seiner Konstruktion hinter diesen Erwartungen zurückbleibt, erfüllt es nicht den gebotenen Sicherheitsstandard[335].

Der Verbraucher soll dabei in erster Linie vor Gefahren geschützt werden, die bei bestimmungsgemäßen Gebrauch bestehen. Die Sicherheit bei bestimmungswidriger Nutzung des Produkts muss der Hersteller insofern sicherstellen, als er die tatsächlichen Einsatzbedingungen und eine vorauszusehende sachwidrige Benutzung bei der Konstruktion zu berücksichtigen hat. Im Rahmen der Produktentwicklung beinhaltet das die Pflicht, von dem Produkt ausgehende Gefahren und schädliche Nebenwirkungen im Rahmen des Möglichen und Zumutbaren einzuschränken. Je gefährlicher das Produkt in seiner konkreten Anwendungsweise ist, desto höher sind die Anforderungen an die Sorgfaltspflichten des Produzenten. Können von einem Produkt erhebliche Gefahren für Leben oder Gesundheit ausgehen, so haben wirtschaftliche Gesichtspunkte weitgehend zurückzutreten.

---

[331] Für eine Zusammenfassung für den Lebensmittelbereich s. *Kullmann, H.J.*, Die Produzentenhaftung für Lebensmittel nach dem Stand der Rechtsprechung, ZLR 1/2002, 37-57 (39ff.)

[332] Hierzu, wie zum Folgenden: *MüKo*/Mertens, § 823, Rn. 283 ff.; BGH VersR 1971, 80 – Mercedes, BGH VersR 1984, 1151 – PVC-Folie

[333] Abzustellen ist dabei auf den durchschnittlichen Benutzer - „gegebenenfalls auch mit gesellschaftsüblichen degenerativen Veränderungen“. So OLG Hamm, NJW-RR 2001, 1248, 1249 – Sprungboot. Bei Produkten, die nur zur Verwendung durch Fachleute bestimmt sind, kann der Hersteller eine größere Sachkenntnis voraussetzen.

[334] *Kullmann, H.J.*, Produkthaftungsgesetz - Kommentar, 3. Aufl., Berlin: Erich Schmidt, 2001, § 3, S. 97

[335] *Foerste* in: *Graf von Westphalen, F.* (Hrsg.), Produkthaftungshandbuch, 2. Aufl., München: Beck, 1999, § 24, Rn. 59

Bei *Fabrikations- oder Kontrollfehlern*[336] ist das Produkt an sich ordentlich konstruiert, bei der Herstellung ist aber ein Fehler unterlaufen. Einzelne Stükke[337] entsprechen nicht den technischen Konstruktions- und Qualitätsvorgaben des Herstellers (sog. Ausreißer[338]). Da der Verbraucher seine Sicherheitserwartungen im Regelfall an der vom Hersteller gesetzten Norm ausrichten wird, bietet das Produkt somit nicht die gebotene und vom Verbraucher erwartete Sicherheit[339]. In dem Fall haftet der Hersteller, weil er die ihm obliegende Organisations- und Kontrollpflicht, den Fertigungsablauf so zu gestalten, dass grundsätzlich jedes einzelne Produkt fehlerfrei ist, verletzt hat[340].

Im Rahmen des ProdHaftG spielt es dabei keine Rolle, ob die Abweichung vermeidbar oder unvermeidbar war[341]. Zur Entlastung kann der Hersteller aber vorbringen, dass der Fehler nach dem Stand der Wissenschaft und Technik zur Zeit des Inverkehrbringens nicht erkennbar war, § 1 Abs. 2 Nr. 4 ProdHaftG. Etwas anders liegt der Fall nach Deliktsrecht. Danach scheidet eine Haftung für Ausreißer aus, wenn der Hersteller seine Befundsicherungspflicht nicht verletzt hat[342]. Wenn der Hersteller nämlich alles unternommen hat, um Ausreißer zu vermeiden bzw. durch Kontrollen auszusortieren, fehlt es am Verschulden.

---

336 BGHZ 51, 91 = BGH NJW 1969, 269 – Hühnerpest

337 BGH VersR 1956, 410, 411; *Palandt*/Thomas § 3 ProdHaftG Rn. 4; *Foerste* in: *Graf von Westphalen, F.* (Hrsg.), Produkthaftungshandbuch, 2. Aufl., München: Beck, 1999, § 24, Rn. 124, *Michalski, L.*, Produktbeobachtung und Rückrufpflicht des Produzenten, BB 1998, 961-965, 962

338 BGHZ 51, 91, 105 = BGH NJW 1969, 269 – Hühnerpestfall; 129, 353, 358; BGH NJW 1975, 1827, 1828

339 S. *Kullmann, H.J.*, Produkthaftungsgesetz - Kommentar, 3. Aufl., Berlin: Erich Schmidt, 2001 § 3, S. 97 m.w.N.

340 *MüKo*/Mertens, § 823, Rn. 287

341 BGH VersR 56, 410; VersR 60, 855; Für Ausreißer kann sich der Hersteller insbesondere auch nicht über § 1 Abs. 2 Nr. 5 ProdHaftG (keine Haftung für Entwicklungsfehler) entlasten. Denn mit dieser Regelung sollte die verschuldensunabhängige Haftung des Herstellers lediglich auf das objektiv Mögliche, auf die Verwertung des Gefahrenwissens, das im Zeitpunkt des Inverkehrbringens zur Verfügung stand, begrenzt sein. Entwicklungsrisiken sind nur Gefahren, die von der Konstruktion eines Produkts ausgehen, aber nach dem neuesten Stand der Technik nicht zu vermeiden waren, nicht aber die bei der Produktion nicht zu vermeidenden Fehler, BGH NJW 1993, 2162, 2163 – Mineralwasserflasche

342 Vgl. dazu ebenda und LG Nürnberg-Fürth NJW-RR 1991, 287. Dieser Unterschied spielt für die vorliegende Untersuchung aber keine Rolle, da es bei den Risiken, die bei Coca-Cola in Betracht kommen, nicht um Fabrikations-, sondern um Konstruktionsfehler geht.

Beim *Instruktionsfehler*[343] ist das Produkt nicht zu beanstanden, aber der Hersteller hat eine mangelhafte Gebrauchsanweisung gegeben oder nicht ausreichend vor gefährlichen Eigenschaften des Produkts gewarnt[344]. Die Instruktionspflicht erstreckt sich auf alle Gefahren, die bei – im weitesten Sinne – bestimmungsgemäßer oder voraussehbarer Verwendung drohen[345]. Vor den Gefahren eines offensichtlichen Missbrauchs oder eines völlig ungewöhnlichen Gebrauchs, der gänzlich außerhalb der Zweckbestimmung eines Produkts liegt und mit dem der Hersteller nach Lage der Dinge nicht rechnen kann, muss er nicht warnen.

Dabei darf der Hersteller mit seinen Warnungen nicht warten, bis gesicherte Forschungsergebnisse über Schäden vorliegen[346]. Insbesondere vor Gefahren für die Gesundheit oder körperliche Unversehrtheit muss der Hersteller schon warnen, wenn aufgrund eines zwar nicht dringenden aber ernst zu nehmenden Verdachts zu befürchten ist, dass Gesundheitsschäden entstehen können[347].

Die Instruktionspflicht besteht aber nur im Rahmen der Verbrauchererwartung. Was auf dem Gebiet allgemeinen Erfahrungswissens[348] der in Betracht kommenden Abnehmerkreise liegt, braucht nicht zum Inhalt einer Gebrauchsbelehrung oder Warnung gemacht zu werden[349]. Dadurch wird dem Konsumenten ein Anreiz gegeben, sich entsprechend seiner Kenntnis zu verhalten und nicht sorglos ein Risiko einzugehen, dessen Kosten er auf den Hersteller abwälzen kann. Warnhinweise sind auch überflüssig, wenn die Gefahrenquelle offen-

---

343 BGHZ 116, 60 = BGH NJW 1992, 560 – Kindertee I

344 BGH NJW 1975, 1827 - Spannkupplung

345 Dazu kann auch der voraussehbare Missbrauch oder die unsachgemäße Anwendung gehören, BGH VersR 1998, 1031, 1032 – Feuerwerkskörper m.w.N.; BGHZ 116, 60 = NJW 1992, 560 – Kindertee I; BGHZ 106, 273

346 BGH NJW 1989, 1542, 1545

347 BGHZ 80, 186, 194 = NJW 1981, 1603 – Apfelschorf-Derosal

348 Wegen der notwendigen Unterschiede, z.B. mit Blick auf den Kenntnisstand von Kindern, erscheint es besser, das Thema des Konsums trotz Kenntnis nicht unter dem Topos "allgemein bekannt", sondern im Rahmen des Mitverschuldens zu berücksichtigen. Damit kann eine "alles-oder-nichts"-Lösung, wie sie auftritt, wenn man die allgemeine Kenntnis als negative Tatbestandsvoraussetzung betrachtet, vermieden werden.

349 Der Sache nach schon BGH VersR 1955, 765, 766; BGH VersR 1986, 653, 654 – Überrollbügel, s. auch BGHZ 116, 60, 65 f. = NJW 1992, 560 – Kindertee I; BGH NJW 1975, 1827, 1829; 1986, 1863, 1864; NJW-RR 1993, 992; weitere Nachweise bei *Foerste* in: *Graf von Westphalen, F.* (Hrsg.), Produkthaftungshandbuch, 2. Aufl., München: Beck, 1999, § 24, Rn. 195, 226 ff; *Palandt*/Thomas, § 3 ProdHaftG Rn. 5; *MüKo*/Mertens, § 823, Rn. 284; *Kullmann, H.J.,* Die Rechtsprechung des BGH zum Produkthaftungspflichtrecht in den Jahren 1994-1995, NJW 1996, S. 18, 19;

sichtlich ist[350] sowie für Gefahren aus einem vorsätzlichen oder äußerst leichtfertigen Fehlgebrauch[351]. Denn die Instruktionspflicht besteht nur, soweit der Hersteller damit rechnen muss, dass seine Produkte in die Hände von Personen gelangen, die mit den Produktgefahren nicht vertraut sind[352].

Das hängt vom Benutzerkreis ab[353]. Für Laien in privaten Haushalten kann etwas anderes gelten als für Fachleute im gewerblichen Betrieb[354]. Bei Kindern und Jugendlichen ist allerdings mit „besonderer Unbesonnenheit"[355], herabgesetztem Risikobewusstsein und unvorsichtiger und unsachgemäßer Handhabung zu rechnen[356]. Inhalt und Umfang der Instruktionen sind an der am wenigsten informierten und daher gefährdetsten Benutzergruppe auszurichten[357]. Der Informationsbedarf kann sich im Laufe der Zeit auch verändern[358], beispielsweise weil Gefahren, auf die durch Aufklärungskampagnen hingewiesen wurde, in Vergessenheit geraten[359].

Die Verwendungshinweise und Warnungen müssen nach Form und Inhalt so klar, ausführlich und verständlich sein, dass sie einem Durchschnittsbenutzer

---

350 BGH NJW 1995, 2631

351 BGH NJW 1981, 2541; NJW 1999, 2815

352 So zusammenfassend BGH NJW 1987, 372, 372 f. – Zinkspray

353 Insofern zurückhaltend zu den Anforderungen an Instruktionen, die sich an Fachhandwerker richten BGH VersR 1986, 653, 654 – Überrollbügel. Vgl. auch BGHZ 116, 60, 65 f. = NJW 1992, 560 – Kindertee I; BGH NJW 1975, 1827, 1829 – Spannkupplung; BGH NJW 1987, 372, 373 – Zinkspray; 1990, 906; 1992, 2016, 2018; 1994, 932, 933; OLG Düsseldorf NJW-RR 1995, 25; OLG Karlsruhe VersR 1998, 63; *MüKo*/Mertens, § 823, Rn. 284; *Kullmann, H.J.*, Die Rechtsprechung des BGH zum Produkthaftungspflichtrecht in den Jahren 1994-1995, NJW 1996, S. 18, 19

354 BGH NJW 1992, 2016, 2018 – Silokipper

355 So BGH NJW 1980, 1159, 1160 – Freibad; s. auch BGH NJW 1985, 620, 621 – Schlepplift

356 BGH NJW 1998, 2436, 2437 – Tolle Biene; BGH VersR 1998, 1031, 1033 – Feuerwerkskörper

357 BGH NJW 1994, 932 – Kindertee II

358 *J. Hager § 823, F 14*

359 Daher müssen nachwachsende Generationen von Eltern kleiner Kinder jeweils erneut auf das Risiko des Dauernuckelns von stark gezuckerten Getränken hingewiesen werden, BGH NJW 1994, 932, 933 – Kindertee II. Andererseits genügt ein Hinweis auch dann, wenn er zunächst noch nicht relevant ist. So kann erwartet werden, dass Eltern die Warnung vor dem Dauernuckeln gezuckerten Tees wegen der Kariesgefahr ihrer Kinder auch dann beachten, wenn der Tee zu einem Zeitpunkt verabreicht wird, in dem die Kinder noch keine Zähne haben, OLG Hamm NJW-RR 1993, 989, 990.

den gefahrlosen Umgang mit dem Produkt ermöglichen[360]. Das Wichtigste muss hervorgehoben werden[361], und vor besonderen gesundheitlichen Gefahren muss so auffallend und eindringlich gewarnt werden, dass sie auch dem gedankenlosen und unterdurchschnittlich intelligenten Benutzer ins Auge springen[362], so dass er sie ohne eigenes Nachdenken voll erfassen kann[363]. Je größer die Gefahr, desto deutlicher muss gewarnt werden[364]. Die Rücksichtnahme auf die Absatzinteressen des Herstellers verbietet sich gegenüber diesem Grundsatz[365]. Warnhinweise dürfen auch nicht zwischen anderen Informationen über Darreichungsformen, Werbeaussagen und anderem versteckt sein[366].

---

[360] Zu den Anforderungen an die Gestaltung siehe BGH NJW 1995, 1286 – Kindertee III; BGHZ 99, 163, 181; OLG Celle NJW-RR1986, 25; OLG Köln VersR 1987, 573; *MüKo*/Mertens, § 823, Rn. 286; *v. Westphalen, F.*, Das Milupa-Urteil – eine beträchtliche Verschärfung der Produkthaftung, ZIP 1992, 18-21, 19 f.; *Meyer, J.*, Instruktionshaftung: eine Analyse aus Sicht der Rechts-, Wirtschafts- und Verhaltenswissenschaften Bielefeld: Gieseking, 1992 (Schriften zum deutschen und europäischen Zivil-, Handels- und Prozessrecht, Bd. 135), S. 141 f. Warnhinweise sollen auch den Letztverkäufern klar vor Augen führen, ob es sich um risikobehaftete Gegenstände handelt, vgl. BGH VersR 1998, 1031, 1033 - Feuerwerkskörper

[361] So hat der BGH den Hinweis, daß gezuckerte Getränke Karies hervorrufen können, auch ohne die Erklärung, daß Zucker das Wachstum von Bakterien fördert, für ausreichend erachtet, BGH NJW 1995, 1286, 1287 – Kindertee III; s. auch OLG Hamm NJW-RR 1993, 989, 990; OLG Düsseldorf NJW-RR 1995, 25, 26; J Meyer ZIP 1995, 720 [Basisinformationen]; i.E. auch OLG Frankfurt aM VersR 1996, 861, 862; zustimmend die hL; zB *MüKo*/Mertens, § 823, Rn 286; *Kullmann, H.J.*, Die Rechtsprechung des BGH zum Produkthaftungspflichtrecht in den Jahren 1994-1995, NJW 1996, S. 18, 20, 22; *ders.*, Die Rechtsprechung des BGH zum Produkthaftungspflichtrecht in den Jahren 1995-1997, NJW 1997, 1756, 1748; *v. Westphalen, F.*, Instruktionspflichten des Warenherstellers im Lebensmittelbereich – Zum „Baby-Bottle-Syndrom", BB Beilage 1994, Nr. 18, S. 1-18 (15f.)

[362] *MüKo*/Mertens, § 823, Rn. 286, Fn 783

[363] BGHZ 116, 60, 68 = BGH NJW 1992, 560 – Kindertee I; OLG Düsseldorf NJW-RR 1995, 25, 26

[364] BVerfG NJW 1997, 249, 250; BGHZ 80, 186 = NJW 1981, 1603, 1606 – Apfelschorf-Derosal, BGHZ 116, 60, 67 f.; OLG Frankfurt a.M. NJW-RR 1995, 406, 408; OLG Karlsruhe VersR 1998, 63; *MüKo*/Mertens, § 823, Rn. 289; *Kullmann, H.J.*, Die Rechtsprechung des BGH zum Produkthaftungspflichtrecht in den Jahren 1994-1995, NJW 1996, S. 18, 20, 22; *ders.*, Die Rechtsprechung des BGH zum Produkthaftungspflichtrecht in den Jahren 1995-1997, NJW 1997, 1756, 1748

[365] BGH NJW 1972, 2217, 2220 - Estil

[366] BGHZ 99, 167 – Honda, 181; 116, 60, 68; BGH NJW 1995, 1286, 1288 – Kindertee III; OLG Frankfurt aM ZIP 1991, 374, 375; der Sache nach auch schon BGH VersR 1960, 342, 343

Neben einer entsprechenden äußerlichen Gestaltung des Hinweises muss die Art der drohenden Gefahr und der zugrunde liegende Funktionszusammenhang[367] für den Verbraucher verständlich dargestellt werden[368]. Dies gilt insbesondere, wenn durch die Werbung für das Produkt eine Risikounterschätzung bei den Konsumenten erzeugt wird[369]. In dem Maße, wie durch intensive Werbung Einfluss auf die Entscheidung für dieses und kein anderes Produkt erstrebt und gewonnen wird, erhöht sich auch die Verantwortung und damit die Sorgfaltspflicht des Herstellers[370].

Der Hersteller hat im Rahmen des § 823 BGB, nicht aber nach ProdHaftG, seine Produkte auch nach dem Inverkehrbringen auf bislang unbekannte schädliche Eigenschaften hin zu beobachten[371] und sich über sonstige, eine Gefahrenlage schaffende Verwendungsfolgen zu informieren[372]. Dies gilt sowohl für neu eingeführte Produkte wie für spezifische Risiken der Dauerbenutzung, etwa Ver-

---

367 BGHZ 116, 60 = BGH NJW 1992, 560 – Kindertee I; BGH NJW 1995, 1286 – Kindertee III. Das ist verfassungsrechtlich nicht zu beanstanden, s. BVerfG NJW 1997, 249

368 BGH NJW 1994, 932, 933 im Anschluß an BGHZ 116, 60, 68

369 BGHZ 116, 60, 68 = NJW 1992, 560 – Kindertee I; BGH NJW 1994, 932, 933 – Kindertee II; 1995, 1286, 1288 – Kindertee III. Das gilt insbesondere, wenn die Herstellung des Mittels nicht ohne weiteres überschaubar und nachvollziehbar ist. So schon BGH NJW 1972, 2217, 2220 – Estil (für einen Arzneimittelhersteller)

370 Es fällt auf, dass die Rechtsprechung zwar einen Anforderungskatalog für die Ausgestaltung von Warnhinweisen entwickelt hat, die Untersuchung ihrer Wirkung aber vernachlässigt. So soll es nach der Rechtsprechung keine Rolle spielen, wie viele Verbraucher von der Möglichkeit der Kenntnisnahme des Warnhinweises tatsächlich Gebrauch machen. Der BGH hat erwogen, dass möglicherweise nur 20% der Verbraucher Gebrauchsanleitungen zu lesen pflegen, wenn das Produkt als ungefährlich gilt, vgl. BGH NJW 1995, 1286 – Kindertee III. Die Folgen dieses nachlässigen Verhaltens sollen aber nicht anderen aufgebürdet werden, indem man diesen erhöhte Pflichten auferlegt, vgl. BVerfG NJW 1997, 249, 250. Eine Beweiserhebung über das Verbraucherverhalten soll auch nicht in Betracht kommen, vgl. OLG Frankfurt a.M., NJW-RR 1999, 27, 29 - Nuckelflasche. Diese Argumentation ist nicht schlüssig. Zum einen werden Anforderungen an Warnhinweise nicht zum Selbstzweck formuliert. Vielmehr sollen sie einen Effekt zeigen. Die Wirkung – und dazu zählt auch, wie viele Konsumenten den Warnhinweis lesen – muss daher Bestandteil der Überlegungen zu den Anforderungen an die Ausgestaltung sein. Die ausschließliche inhaltliche Prüfung ohne hinreichende Beachtung der graphischen Ausgestaltung überzeugt nicht. Nur wenn Warnhinweise den Verbraucher erreichen, kann man mit der Rechtsprechung auf die Selbstverantwortlichkeit des Verbrauchers vertrauen.

371 Eingehend: *Michalski, L.*, Produktbeobachtung und Rückrufpflicht des Produzenten, BB 1998, 961-965; Das gilt auch für fremde Produkte, die als Zubehör für die eigenen Erzeugnisse in Betracht kommen, vgl. BGHZ 99, 167 – Honda

372 BGHZ 80, 186, 191 = NJW 1981, 1603, 1606 – Apfelschorf-Derosal; BGHZ 80, 199, 202 f.; 99, 167, 171 ff.; BGH NJW 1990, 906, 907; 1994, 3349, 3350

schleißerscheinungen oder gesundheitsschädliche Nebenwirkungen bei Langzeitverwendung[373]. Die Produktbeobachtungspflicht bezieht sich auch auf die Wechselwirkung mit anderen Produkten auf dem Markt. Das gilt bei Medikamenten etwa für die Folgen der gleichzeitigen Einnahme anderer Medikamente oder für den Einfluss von Alkohol auf die Wirkung des Medikamentes.

Die Produktbeobachtungspflicht hat eine passive und eine aktive Komponente[374]: Zum einen muss der Hersteller Reklamationen von Kunden nachgehen (passive Produktbeobachtung), zum anderen muss er auch relevante Informationen aus Fachzeitschriften, Testberichten und anderer Literatur erfassen sowie für den Besuch einschlägiger Tagungen durch Mitarbeiter sorgen (aktive Produktbeobachtungspflicht)[375]. Der Umfang der Produktbeobachtungspflicht hängt von dem gefährdeten Rechtsgut und der drohenden Gefahr ab. Ist das Unternehmen weltweit tätig, hat es sich auch weltweit Informationen zu verschaffen[376]. Aus der Produktbeobachtung kann sich eine Instruktions- oder Warnpflicht ergeben[377]. Gehen vom Produkt erhebliche Gefahren aus – bei drohenden Gesundheitsschäden muss ein entsprechender ernst zu nehmender Verdacht genügen[378] – trifft den Hersteller eine Warnpflicht sowie, nach Lage der Dinge, eine Rückrufpflicht[379].

Von den vier Pflichten, die einem Hersteller obliegen, interessieren im Fall von Coca-Cola vor allem die Konstruktions- und Instruktionspflicht. Auf diese wird sich die Prüfung der Haftung von Coca-Cola konzentrieren. Zuvor sollen noch kurz die Grundzüge der Beweislastverteilung dargestellt werden, die von zentraler Bedeutung für jeden Produkthaftungsfall ist.

---

[373] Anders soll es teilweise bei langjährig in der Praxis bewährten Produkten sein, solange nicht gehäufte Beanstandungen zu konkreter Produktbeobachtung Anlass geben, LG Frankfurt aM NJW 1977, 1108; *MüKo*/Mertens, § 823, Rn 289

[374] *J. Hager § 823, F 21*

[375] BGH NJW 1990, 906, 907; 1994, 517, 519; *Foerste* in: *Graf von Westphalen, F.* (Hrsg.), Produkthaftungshandbuch, 2. Aufl., München: Beck, 1999, § 24, Rn. 294

[376] BGHZ 80, 199, 203; *Foerste* in: *Graf von Westphalen, F.* (Hrsg.), Produkthaftungshandbuch, 2. Aufl., München: Beck, 1999, § 24, Rn. 296

[377] BGH NJW 1994, 517, 519

[378] BGHZ 80, 186, 192 = NJW 1981, 1603, 1606 – Apfelschorf-Derosal; OLG Frankfurt aM NJW-RR 1995, 406, 408; OLG Karlsruhe VersR 1998, 63, 64 f.; *Kullmann, H.J.,* Die Rechtsprechung des BGH zum Produkthaftungspflichtrecht in den Jahren 1994-1995, NJW 1996, S. 18, 20, 22

[379] Vgl. *J. Hager § 823, F 25*

4.1.3 Grundzüge der Beweislastverteilung

Grundsätzlich hat jede Partei die für sie günstigen Tatsachen zu beweisen. Der Geschädigte muss also den Produktfehler[380], die Rechtsgutsverletzung und die Ursächlichkeit des Fehlers für die Verletzung beweisen. Bei § 823 Abs. 1 BGB kommt der Nachweis der objektiven Pflichtwidrigkeit und des Verschuldens hinzu[381]. In Hinblick auf den Nachweis der objektiven Pflichtwidrigkeit und des Verschuldens im Rahmen des § 823 Abs. 1 BGB geriete der Geschädigte allerdings regelmäßig in Beweisnot. Denn der Geschädigte kann die subjektiven Voraussetzungen nur dann nachweisen, wenn er den objektiven Geschehensablauf in seinen Einzelheiten aufklären kann. Wenn es aber um Vorgänge geht, die sich bei der Herstellung des Produktes im Betrieb des Herstellers abgespielt haben, wird er auf erhebliche Schwierigkeiten stoßen. Deshalb soll der Hersteller sich nicht dadurch entlasten können, dass er lediglich Möglichkeiten aufzeigt, nach denen der Produktfehler ohne ein in seinem Organisationsbereich liegendes Verschulden entstanden sein kann[382]. Liegt die Ursache der Unaufklärbarkeit im Bereich des Herstellers, so gehört sie zu seiner Risikosphäre. Dann ist es sachgerecht und zumutbar, dass ihn das Risiko dafür trifft, dass er seine Schuldlosigkeit nicht beweisen kann. Daher hat die Rechtsprechung im Bereich der Produkthaftung dem Hersteller die Beweislast für solche Umstände auferlegt, die zu seiner Einflusssphäre gehören. Der Hersteller muss sich in diesen Punkten entlasten. Er überblickt die Abläufe in seinem Betrieb, während der Geschädigte darüber regelmäßig weder Detailkenntnisse hat, noch diese erlangen kann[383].

---

[380] *Baumgärtel*, G., Handbuch der Beweislast, Bd. 1, 2. Aufl., Köln: Heymann, 1993, § 823 Anhang C III Rdnr. 13/17 mit umfangreichen Nachweisen

[381] Anders nach ProdHaftG: Pflichtwidrigkeit und Verschulden sind keine Haftungsvoraussetzungen im Rahmen des ProdHaftG. Darin liegt der Unterschied zwischen § 823 BGB und § 1 I ProdHaftG: Die deliktische Haftung ist Verschuldenshaftung, das ProdHaftG normiert eine Gefährdungshaftung. In § 1 Abs. 4 ProdHaftG ist ausdrücklich geregelt, wofür der Geschädigte die Beweislast trägt. Der Geschädigte muss (lediglich) den Fehler des Produkts, den Schaden und den ursächlichen Zusammenhang zwischen Fehler und Schaden beweisen. Der Hersteller trägt die Beweislast für die sog. negativen Haftungsvoraussetzungen, also für die in § 1 Abs. 2 und 3 ProdHaftG genannten Ausschlusstatbestände. Dafür hat er den Vollbeweis zu erbringen, da nach der Formulierung des § 1 Abs. 4 ProdHaftG grundsätzlich von der Vermutung auszugehen ist, dass kein Haftungsausschlussgrund vorliegt.

[382] Erstmals im Rahmen von Fabrikationsfehler: BGHZ 51, 91 = BGH NJW 1969, 269, 274 – Hühnerpest

[383] BGHZ 51, 91, 104 f. = BGH NJW 1969, 269, 274 – Hühnerpest; 67, 359, 362; 116, 104, 108; *MüKo*/Mertens, § 823, Rn. 297; der BGH begreift das als allgemeines Prinzip, s. BGHZ 67, 383, 387; 116, 104, 108; BGH NJW 1982, 699; VersR 1972, 559

Praktisch bedeutet das, dass von der Fehlerhaftigkeit des Produkts auf ein pflichtwidriges Verhalten des Herstellers geschlossen wird. Der Geschädigte braucht dem Hersteller keine konkrete Pflichtverletzung nachzuweisen[384]. Kann er beweisen, dass der Schaden auf einen Produktfehler zurückzuführen ist, muss sich der Hersteller hinsichtlich der objektiven Pflichtwidrigkeit entlasten[385]. Auch das Verschulden[386] und die Ursächlichkeit des pflichtwidrigen Verhaltens für den Produktfehler[387] wird vermutet. Bezüglich des Verschuldens tritt eine echte Beweislastumkehr ein, wenn der Geschädigte nachgewiesen hat, dass der Schaden im Organisations- und Gefahrenbereich des Herstellers liegt und durch einen objektiven Mangel oder Zustand der Verkehrswidrigkeit ausgelöst worden ist[388]. Das allerdings muss der Geschädigte beweisen[389]. Die Verschuldensvermutung, die durch die Beweislastumkehr eintritt, kann von dem Hersteller widerlegt werden. Die Anforderungen an den Entlastungsbeweis sind allerdings hoch[390].

---

[384] So reicht es aus, wenn der Geschädigte darstellt, dass der Schaden entweder auf einer mangelhaften Konstruktion oder auf unzureichender Instruktion beruht.

[385] BGHZ 80, 186, 196 f. = NJW 1981, 1603, 1606 – Apfelschorf-Derosal unter Berufung auf BGHZ 51, 91, 105 – Hühnerpest; 116, 284, 291; BGH NJW 1996, 2507, 2508; NJW-RR 1993, 988, 989; OLG Hamburg NJW 1990, 2322, 2324 als Vorinstanz zu BGHZ 114, 284 ff.

[386] „Wird jemand bei bestimmungsgemäßer Verwendung eines Industrieerzeugnisses dadurch an einem der in § 823 Abs. 1 BGB geschützten Rechtsgüter geschädigt, dass dieses Produkt fehlerhaft hergestellt war, so ist es Sache des Herstellers, die Vorgänge aufzuklären, die den Fehler verursacht haben, und dabei darzutun, dass ihn hieran kein Verschulden trifft." BGHZ 51, 91, 104 ff, 107 f = NJW 1969, 269, 274 – Hühnerpest; BGHZ 80, 186, 196 f = NJW 1981, 1603 – Apfelschorf-Derosal.; 114, 284, 291; 116, 60, 72; 116, 104, 108; s. auch *J. Hager § 823, F43 m.w.N.*

[387] OLG Hamburg NJW 1990, 2322, 2324 als Vorinstanz zu BGHZ 114, 284 ff.; OLG München VersR 1991, 791, 792; *MüKo*/Mertens, § 823, Rn 299;

[388] So BGH NJW 1975, 1827, 1828 – Spannkupplung mit Verweis auf BGHZ 51, 91, 104 ff = NJW 1969, 269, 274 – Hühnerpest

[389] Nur in Ausnahmefällen findet auch hinsichtlich der Frage, ob der Fehler im Verantwortungsbereich des Herstellers entstanden ist, eine Beweislastumkehr statt. Eine solche hat der BGH in seiner „Sprudelflaschenentscheidung" (BGH NJW 1988, 2611 - Sprudelflaschenentscheidung) angenommen, wenn gerade die Pflicht des Herstellers zur Gefahrenabwehr gezielt auf Erhebungen zur Aufhellung eines unklaren Zustands oder einer ungeklärten Beschaffenheit des Produkts gerichtet ist (Befundsicherungspflicht) und er diese verletzt. In der Entscheidung wird aber eine allgemeine Regel der Art, dass das Aufklärungsrisiko demjenigen voll zur Last fällt, der es durch seine Pflichtwidrigkeit geschaffen hat, ausdrücklich abgelehnt, BGH NJW 1988, 2611, 2613; vgl. auch OLG Koblenz NJW-RR 1999, 1624, 1625

[390] Soweit es um Konstruktions- oder Fabrikationsfehler geht, kann der Entlastungsbeweis nur gelingen, wenn es sich um einen nach dem damaligen Stand der Technik nicht erkennbaren Entwicklungsfehler oder aber um einen „Ausreißer" handelt, der trotz aller Sorgfalt nicht zu

Diese Beweislastumkehr hinsichtlich der objektiven Pflichtwidrigkeit und des Verschuldens gilt für Fabrikations-, Konstruktions-[391] und ursprüngliche Instruktionsfehler. Anders ist es bei sog. nachträglichen Instruktionsfehlern, also bei Warnpflichten, die sich aus der Beobachtung des Produkts nach dem Inverkehrbringen ergeben[392]. Hier hat der Geschädigte die objektive Pflichtwidrigkeit zu beweisen, indem er nachweist, "dass nach dem maßgebenden Stand der Wissenschaft, der Technik usw. die Gefahr erkennbar war und zumutbare Möglichkeiten der Gefahrenabwehr vorhanden waren." Hat er diesen Beweis geführt, kann er hinsichtlich des Verschuldensnachweises von der weiteren Beweisführung entlastet werden[393].

Durch diese Beweiserleichterungen für die objektive Pflichtwidrigkeit und das Verschulden des Produzenten sind die Tatbestandsvoraussetzungen des § 823 Abs. 1 BGB denen des ProdHaftG weitestgehend angeglichen worden. Mit der Beweislastumkehr für den Verschuldensnachweis ist auch der wesentliche Unterschied zwischen Gefährdungs- und Verschuldenshaftung aufgehoben. Damit muss der Geschädigte für § 823 BGB wie für § 1 ProdHaftG die Tatbestandsmerkmale Fehler, Schaden und Kausalität beweisen. Die jeweiligen Erfordernisse und Besonderheiten werden nachfolgend kurz dargestellt. Für den Fehler-

---

erkennen und zu verhindern war, vgl. BGHZ 51, 91, 105 = BGH NJW 1969, 269 – Hühnerpest; 80, 186, 197; BGH NJW 1996, 2507, 2508

391 BGHZ 116, 60, 73 = NJW 1992, 560, 562 – Kindertee I

392 Hier liegen nach Auffassung des BGH keine zureichenden Sachgründe vor, um den Geschädigten generell von der Beweislast für die objektive Pflichtwidrigkeit zu entlasten. Wenn es darum geht, „ob der Hersteller nach Inverkehrbringen seines Produkts durch allgemein zugängliche Veröffentlichungen und durch Erfahrungen, die dessen Benutzer mit dem Produkt inzwischen gemacht haben und die er kennen musste, Anlass zu Warnungen hatte, so lässt sich in aller Regel nicht sagen, der Geschädigte hätte Vorgänge aufzuklären, die sich in einem Bereich zugetragen haben, der allein dem Produzenten, nicht aber dem Benutzer zugänglich war.“ Damit fehlt es an einem ausreichenden Grund für eine Beweislastumkehr hinsichtlich der objektiven Pflichtwidrigkeit. BGHZ 80, 186, 197 ff. = NJW 1981, 1603, 1605 – Apfelschorf-Derosal; klargestellt in BGH NJW 1992, 560, 562 – Kindertee I. Diese Differenzierung zwischen ursprünglichen und nachträglichen Instruktionspflichten wird von Teilen der Literatur abgelehnt, da sie zu wenig überzeugenden Unterscheidungen je nach dem Zeitpunkt des Inverkehrbringens des Produkt führe und es darüber hinaus auch bei nachträglich entstehenden Warnpflichten auf Interna des Herstellers ankommen könne. So wird argumentiert, dass insbesondere bei komplizierten wissenschaftlichen Fragen ein Laie kaum je beurteilen können wird, ob Warnhinweise geboten waren, *MüKo*/Mertens, § 823, Rn 299; *Tiedtke*, in: Lange, H. (Hrsg.), Festschrift für Joachim Gernhuber, Tübingen: Mohr, 1993, 481 ff.

393 BGHZ 80, 186 = NJW 1981, 1603, 1606 – Apfelschorf-Derosal.

und Kausalitätsnachweis gelten dabei seit langem anerkannte Beweiserleichterungen, die auch im Rahmen des ProdHaftG Anwendung finden[394].

Der Geschädigte hat im Rahmen des Fehlerbeweises darzulegen und zu beweisen, dass das Produkt des Herstellers einen *Fehler* im Sinne der entwickelten Fehlerkategorien hat. Dieser Beweis ist oft schwer zu führen. Teilweise finden Beweiserleichterungen Anwendung. So können die Anforderungen an die Substantiierung gesenkt werden, wenn der Geschädigte außerhalb des darzulegenden Geschehensablaufs steht und keine näheren Kenntnisse besitzt. Wenn der Hersteller die entsprechenden Kenntnisse besitzt, hat er entsprechende Angaben zu machen.

Der Geschädigte hat auch zu beweisen, dass die Rechtsgutsverletzung zu einem *Schaden* geführt hat[395]. Aus dem Umstand, dass es sich um einen Produkthaftungsfall handelt, ergeben sich hier keine Besonderheiten. Vor allem liegen Rechtsgutsverletzung und materieller Schaden im Bereich des Geschädigten, so dass keine Beweiserleichterungen erforderlich sind.

Daneben muss der Geschädigte die *Kausalität* beweisen. Dabei geht es um zwei Ursachenzusammenhänge – die haftungsbegründende und die haftungsausfüllende Kausalität. Unter haftungsbegründender Kausalität versteht man den ursächlichen Zusammenhang zwischen Fehler und Rechtsgutsverletzung, unter haftungsausfüllender Kausalität den Zusammenhang zwischen Rechtsgutsverletzung und Schaden. Die haftungsausfüllende Kausalität wirft regelmäßig keine Schwierigkeiten auf: Ist durch den Produktfehler eine Sache beschädigt oder jemand verletzt worden, so ergeben sich daraus Reparatur-, Ersatz- oder Heilungskosten, die sich durch Vorlegen einer Rechnung problemlos nachweisen lassen sollten.

Dagegen wird das Gericht für den Nachweis der haftungsbegründenden Kausalität – vor allem bei komplizierten wissenschaftlichen Fragen – einen Sachverständigen heranziehen, der die Ursachenzusammenhänge erläutern kann. Wenn feststeht, dass die Beschaffenheit des Produkts für die Rechtsgutsverletzung kausal war – andere Schadensursachen sich also ausschließen lassen – muss auch nicht geklärt werden, warum das so ist. Der Nachweis des bloßen Ursachenzusammenhangs kann aber schwer genug sein - insbesondere, wenn es um komplexe Risiken oder um Schäden geht, die multifaktorielle Ursachen haben.

---

[394] Die Tatsache, dass § 1 Abs. 4 ProdHaftG die Beweislast ausdrücklich regelt, schließt die Anwendbarkeit richterrechtlich etablierter Beweiserleichterungen nicht aus.

[395] Im Falle einer Sachbeschädigung muss auch nachgewiesen werden, dass kein Fall des § 1 Abs. 1 S. 2 ProdHaftG vorliegt.

Dem Geschädigten können für den Kausalitätsbeweis die Grundsätze des Anscheinsbeweises[396] zugute kommen, wenn dem schädigenden Ereignis ein für die Fehlerhaftigkeit eines derartigen Erzeugnisses typischer Geschehensablauf zugrunde liegt[397]. Voraussetzung ist, dass bei verschiedenen Verwendern des Produkts bzw. an mehreren Stellen gleiche oder ähnliche Schäden aufgetreten sind[398]. Wenn zumindest verschiedene Anzeichen auf die Mangelhaftigkeit des Produkts als Schadensursache hinweisen, kann auch ein Indizienbeweis ausreichend sein. Eine Umkehr der Beweislast lehnt die Rechtsprechung dagegen regelmäßig ab[399].

Eine Besonderheit hinsichtlich der haftungsbegründenden Kausalität besteht für Instruktionsfehler. Grundsätzlich muss der Geschädigte beweisen, dass der Schaden durch eine ausreichende Warnung vor dem Risiko vermieden worden wäre[400]. Nach neuerer Rechtsprechung kann bei fehlerhafter Instruktion aber

---

[396] Vgl. *Kullmann, H.J./Pfister, B./ Buchwaldt, E.*, Produzentenhaftung, Loseblattsammlung, Berlin: Schmidt, Kz. 1526 unter J III 2 (S. 6f.) und IV 2 (S. 10 ff.)

[397] *MüKo*/Cahn, § 1 ProdHaftG, Rn. 67

[398] Vgl. BGH NJW 1987, 1694, 1695 – Futtermittel, wo es weiter heißt: „Die Regeln des Anscheinsbeweises helfen hingegen dann nicht, wenn nicht ausgeschlossen werden kann, dass der gefahrbringende Zustand erst entstanden ist, nachdem das Produkt den Herstellungsbereich bereits verlassen hatte (vgl. § 1 IV ProdHaftG). Eine Ausnahme besteht nur dann, wenn ein festgestellter Schaden, z.B. eine bestimmte Erkrankung, mehrere Ursachen haben kann, aber nur für eine dieser Ursachen konkrete Anhaltspunkte vorliegen."

[399] BGHZ 104, 323, 332. Etwas anderes gilt nur bei Beweisvereitelungen.

[400] BGHZ 99, 167, 181 – Honda; 106, 273, 284; 116, 60, 73; anders nunmehr BGH NJW 1998, 2905, 2908; Der Ansatz der Rechtsprechung wird von der überwiegenden Literatur kritisiert, die – mit dem Hinweis auf den Schutzzweck der verletzten Instruktionspflicht – eine Beweislast*umkehr* fordert: Die Instruktionspflicht soll dem Verbraucher das mit dem Produkt verbundene Risiko vor Augen führen und ihm die Möglichkeit geben, zu entscheiden, ob er das Risiko eingehen will. Die Unklarheit über das Verhalten des Konsumenten bei ordnungsgemäßer Instruktion beruht auf dem Fehlverhalten des Produzenten. Beruft dieser sich auf einen hypothetischen Geschehensablauf („Selbst wenn ich gewarnt hätte, hätte sich der Konsument nicht anders verhalten"), so ist dies dogmatisch die Berufung auf ein rechtmäßiges Alternativverhalten. Hierfür soll der Hersteller die Beweislast tragen, vgl. *Erman*/Schiemann Rn. 122; Baumgärtel Anh C III Rn. 18; *Michalski, L./ Riemenschneider, M.*, Die zivilrechtliche Bedeutung des Mindesthaltbarkeitsdatums für den Verbraucher, BB 1993, 2097-2105, 2103 f. Für eine Beweislastumkehr wird auch die Parallele zur mangelnden Aufklärung im Arztrecht angeführt, vgl. *Foerste* in: *Graf von Westphalen, F.* (Hrsg.), Produkthaftungshandbuch, 2. Aufl., München: Beck, 1999, § 130 Rn. 107

eine tatsächliche Vermutung oder ein Anscheinsbeweis[401] dafür sprechen, dass bei deutlicher und plausibler Warnung diese auch beachtet worden wäre[402].

4.2 Haftet Coca-Cola nach derzeitigem Recht?

4.2.1 Einleitung

Nach dieser Einführung in das geltende Produkthaftungsrecht und die Grundzüge der dabei zu beachtenden Beweislastverteilung soll nachfolgend der Frage nachgegangen werden, ob eine Haftung von Coca-Cola nach derzeitigem Recht in Betracht kommt. Als Geschädigter kann man zur Klärung dieser Frage eine gerichtliche Entscheidung beantragen. Gerichtsentscheidungen sind dementsprechend immer Einzelfallentscheidungen, für die es auf die individuellen Umständen ankommt.

In der vorliegenden Arbeit geht es aber nicht um einen konkreten Fall, sondern um eine ganze Reihe von möglichen Fällen mit Unterschieden in den Einzelumständen. Die Unterschiede beginnen beim fiktiv Geschädigten. Für Kinder und Jugendliche gelten unter Umständen andere Anforderungen als für einen Erwachsenen, weil Kinder sich z.B. nicht in gleichem Maße der mit einem Produkt verbundenen Gefahren bewusst sind. Aber auch in vielen anderen Punkten können sich die Fälle unterscheiden, angefangen bei den körperlichen Gegebenheiten des Geschädigten, insbesondere Risikofaktoren (Übergewicht, wenig Bewegung, genetische Prädisposition), über den individuellen Coca-Cola-Konsum (zu jedem Essen eine Dose, zweimal jährlich oder täglich eine 2-Liter-Familienflasche) und den sonstigen Lebensumständen (Ernährung, Lebensführung). Auch die eingetretenen Schäden können unterschiedlich sein. Der Geschädigter kann beispielsweise übergewichtig, diabeteskrank, auf dünnen Knochen unterwegs, mit kaputten Zähnen im Mund oder süchtig nach Coca-Cola sein. Angesichts dieser Variationen kann hier keine allgemeingültige Prognose für die Erfolgsaussichten einer Klage gegen Coca-Cola gemacht werden. Es soll aber untersucht werden, ob eine Haftung von Coca-Cola nach derzeitigem Recht überhaupt in Betracht kommt.

---

[401] OLG Stuttgart NJW-RR 1992, 670, 671

[402] BGHZ 116, 60, 73; BGH NJW 1994, 517, 520; 1994, 3349, 3351; OLG Oldenburg NJW-RR 1997, 1520, 1521; OLG Karlsruhe VersR 1998, 63, 64, 65. Diese von der Rechtsprechung zur Deliktshaftung entwickelten Beweiserleichterungen finden auch im Rahmen des ProdHaftG Anwendung, *MüKo*/Cahn, § 1 ProdHaftG, Rn. 72

In Deutschland hat ein Geschädigter im Herbst 2001 die Coca-Cola GmbH und die Masterfoods GmbH verklagt. Die Klage gegen Coca-Cola ist bislang noch nicht entschieden. Der Fall soll nachfolgend kurz geschildert werden, weil sich anhand dieses Falles die Argumentationsmuster von Kläger und Beklagter herausarbeiten lassen. Der Kläger behauptet, in der Zeit von 1994 bis 1998 wegen hoher Arbeitsbelastung seine Trink- und Essgewohnheiten verändert und an jedem Arbeitstag zwischendurch zwei 0,5 l-Flaschen Coca-Cola und zwei Mars- oder Snickersriegel verzehrt zu haben. Der Verzehr dieser Produkte sei ursächlich geworden für den Ende April 1998 bei ihm diagnostizierten Diabetes mellitus Typ 2[403]. Daher beantragt der Kläger, die Coca-Cola GmbH (als Gesamtschuldnerin neben der Masterfoods GmbH) auf Schmerzensgeld zu verurteilen, sowie festzustellen, dass ihm beide als Gesamtschuldner alle materiellen und immateriellen Zukunftsschäden aus Anlass der bei ihm festgestellten Stoffwechselerkrankung Diabetes mellitus Typ 2 zu ersetzen haben.

Der Kläger trägt dazu folgendes vor: Das Produkt Coca-Cola sei wegen des hohen Zuckergehalts, den der Kläger für die Entstehung des Diabetes mellitus (mit-)verantwortlich macht, und wegen des Koffein, das nach Auffassung des Klägers zu psychischer Abhängigkeit und damit zu einem Verlust der Selbstkontrollmöglichkeit führt, fehlerhaft. Seine Diabetes-Erkrankung sei auf den regelmäßigen Konsum dieses Produkts zurückzuführen. Ursächlich sei vor allem der in Coca-Cola enthaltene Zucker, der zu einer anhaltenden Hyperglykämie, der Erschöpfung der Insulin produzierenden Bauchspeicheldrüse und damit zu Typ 2-Diabetes führe. Die Ursächlichkeit ergebe sich schon nach einem Beweis des ersten Anscheins, da die Symptome durch bloßes Weglassen des Konsums verschwunden seien. Damit sei Coca-Cola unmittelbar kausal für die Entwicklung von Diabetes mellitus. Hilfsweise sei Coca-Cola jedenfalls mittelbar kausal für Diabetes mellitus Typ 2, da zu den anerkannten Ursachen für Typ 2-Diabetes neben der Ernährung, mangelnder Bewegung und einer genetischen Prädisposition auch Übergewicht zählt. Coca-Cola sei für die Entwicklung von Übergewicht verantwortlich und über diese Zwischenstufe mitursächlich für Typ 2-Diabetes.

Coca-Cola habe aber auch einen Instruktionsfehler, da nicht vor den potentiellen Gesundheitsschäden gewarnt werde. Entsprechende Warnhinweise wären vom Kläger auch beachtet worden. Eine Warnung sei erforderlich, weil die möglichen Gesundheitsfolgen nicht allgemein bekannt seien. Stattdessen würde

---

403 Schon die tatsächlichen Umstände, angefangen beim Konsum bis hin zur Diabetes-Diagnose, werden von der Gegenseite bestritten. Darauf soll nicht näher eingegangen werden, da hier nicht in erster Linie die tatsächlichen Umstände des Einzelfalles interessieren, sondern lediglich die rechtliche Argumentation.

nicht einmal die Menge des enthaltenen Zuckers angegeben. Außerdem fördere die Coca-Cola Company durch ihre Werbeaussagen und den gezielten Vertrieb von immer größeren Packungsgrößen ihren Absatz und verführe den Konsumenten so zu einem immer höheren Verbrauch ihrer Produkte.

Die Coca-Cola GmbH meint, ihr Produkt sei nicht fehlerhaft. Der Zuckergehalt von Coca-Cola entspreche den lebensmittelrechtlichen Vorgaben. Außerdem sei jedem Verbraucher bekannt, dass Coca-Cola Zucker enthalte; es stehe ja auch auf der Packung. Dass übermäßiger Konsum gepaart mit Bewegungsmangel zu einer Gewichtszunahme führe, sei auch jedermann bekannt. Damit entspreche Coca-Cola den berechtigten Sicherheitserwartungen der durchschnittlichen Verbraucher. Ähnliches soll für Koffein gelten. Jeder wisse, dass Coca-Cola Koffein enthalte. Eine Suchtwirkung könne bei den in Coca-Cola enthaltenen Mengen nicht auftreten. Jedenfalls seien die Nebenwirkungen – sofern sie überhaupt vorlägen – den Konsumenten bekannt und würden als sozialadäquat hingenommen. Die Entscheidung, Coca-Cola zu trinken, sei daher ganz bewusst und frei von jeglichen Zwängen.

Im Übrigen bestreitet Coca-Cola, dass ihr Produkt mittelbar oder unmittelbar ursächlich für die Erkrankung des Klägers an Typ-2-Diabetes sei. Die Kausalität sei nicht bewiesen. Anerkannte Ursachen für Typ-2-Diabetes seien eine genetische Disposition, Adipositas und körperliche Inaktivität. Für eine unmittelbare Kausalität von Zucker im Allgemeinen und Coca-Cola im Besonderen lägen keine Erkenntnisse vor. Aber auch die mittelbare Kausalität lehnt Coca-Cola ab: Zum einen werde Adipositas nicht durch Coca-Cola allein verursacht. Diese Behauptung ließe sich nur aufstellen, wenn jemand ausschließlich Coca-Cola konsumiert hätte. In der Dickleibigkeit verwirkliche sich hingegen ein allgemeines Lebensrisiko, das nicht auf einen einzelnen Hersteller abgewälzt werden könne, nur weil seine Produkte Zucker enthielten. Übergewicht entstehe durch Übermaßkonsum. Hierfür sei aber jeder selbst verantwortlich. Zum anderen sei aber auch kein direkter Zusammenhang zwischen Adipositas allein und Typ 2-Diabetes herzustellen. Vielmehr sei Adipositas nur eine mögliche Ursache. Anderenfalls, so schließt Coca-Cola, müssten sämtliche dickleibige Menschen an Diabetes erkranken.

Damit sind die wichtigsten Argumente beider Seiten vorgetragen. Auf sie wird bei der Prüfung, ob eine Haftung in Betracht kommt, näher einzugehen sein. Als Anspruchsgrundlagen kommen § 823 Abs. 1 BGB und § 1 Abs. 1 ProdHaftG in Betracht. Die wesentlichen Tatbestandsvoraussetzungen sind bei beiden Normen:

- das Vorliegen eines Produktfehlers
- eine Gesundheitsbeschädigung und
- ein ursächlicher Zusammenhang zwischen Fehler und Schädigung.

Im Fall von Coca-Cola kommt von den vier Fehlerkategorien ernsthaft nur ein Konstruktions- oder ein Instruktionsfehler in Betracht[404]. Daher konzentrieren sich die nachfolgenden Ausführungen auf die Frage, ob ein Konstruktions- oder ein Instruktionsfehler vorliegt.

4.2.2 Coca-Cola – ein Produkt mit Konstruktionsfehler?

Ein Konstruktionsfehler liegt nicht schon dann vor, wenn ein Produkt eine gewisse Gefährlichkeit in sich birgt und sich diese Gefahr im Einzelfall realisiert. Ein Konstruktionsfehler liegt im Rahmen des ProdHaftG nur vor, wenn ein Produkt nicht die Sicherheit bietet, die unter Berücksichtigung aller Umstände, insbesondere seiner Darbietung und des Gebrauchs, mit dem billigerweise gerechnet werden kann, berechtigterweise erwartet werden kann, vgl. § 3 ProdHaftG. Im Rahmen der deliktischen Haftung spricht man von einem Konstruktionsfehler, wenn das Produkt seiner Konzeption nach nicht den Sicherheitsstandard aufweist, welchen der Benutzer berechtigterweise erwarten kann. Das bedeutet, dass man als Konsument grundsätzlich wird erwarten können, dass ein Produkt, dass für den Konsum bestimmt ist, nicht krank und süchtig macht, wenn man es konsumiert. Für Coca-Cola könnte man also formulieren: Als Herstellerin ist Coca-Cola verpflichtet, in den Grenzen des technisch Möglichen und ihr wirtschaftlich Zumutbaren dafür zu sorgen, dass der Verbraucher durch ihr Erzeugnis keine Gesundheitsschäden erleidet. Dazu gehört insbesondere die Sorge für die Verträglichkeit des von ihr hergestellten Getränks[405] – unter Berücksichtigung der Menge und des Alters der Konsumenten.

Nach den im medizinischen Teil dargestellten Erkenntnissen kann Coca-Cola bei der Entstehung von Übergewicht, Diabetes, Mangelernährung, Knochenschwund, Nierensteinen, und Zahnschäden eine Rolle spielen. Außerdem wird Coca-Cola in den angegebenen Untersuchungen ein Suchtpotential bescheinigt.

---

[404] Ein Fabrikationsfehler scheidet aus, da es gerade nicht um ein „fehlerhaftes Einzelstück" geht, sondern um die Massenwirkung des millionenfach verkauften, qualitativ gleichbleibenden Produkts Coca-Cola. Die Verletzung der Produktbeobachtungspflicht kann hier vernachlässigt werden, da das Hauptaugenmerk nicht der Frage gilt, ob Coca-Cola sich ausreichend über mögliche Folgen des Coca-Cola-Konsums informiert (davon wird ausgegangen), sondern der daraus gegebenenfalls resultierenden Instruktions- und Warnpflicht, der Coca-Cola unstreitig nicht nachkommt. Dieser Frage wird im Rahmen der Instruktionsfehlerhaftung nachgegangen.

[405] Vgl. BGH in einer seiner Mehrwegflaschenentscheidungen für einen Hersteller kohlensäurehaltiger Limonade, BGH NJW 1988, 2611

Coca-Cola hat dagegen im Prozess bestritten, dass Coca-Cola Diabetes verursache oder bei einer konsumierten Menge von ca. einem Liter pro Tag eine Suchtwirkung entfalte. Coca-Cola könne auch nicht verantwortlich gemacht werden für Übergewicht. Es kann davon ausgegangen werden, dass Coca-Cola auch alle anderen schädlichen Nebenwirkungen abstreiten würde.

Der Beweis, dass die dargestellten medizinischen Erkenntnisse zutreffen, kann hier nicht geführt werden. Die weiteren Ausführungen basieren daher auf der Annahme, dass Coca-Cola die genannten Gesundheitsschäden (mit-) verursachen kann. Im Falle eines Gerichtsverfahrens müsste der Geschädigte nachweisen, dass Coca-Cola einen ursächlichen Beitrag für die Entstehung der bei ihm aufgetretenen Krankheiten geleistet hat. Das kann schwierig werden, da Coca-Cola immer nur ein Produkt von vielen täglich konsumierten ist und weil fast alle in Betracht kommenden Erkrankungen multifaktoriell sind.

So hat auch Coca-Cola im Prozessverlauf zur Frage der Entstehung von Übergewicht argumentiert[406]: Die Ursachen lägen nicht – jedenfalls nicht in nennenswertem Umfang – in dem Konsum von Coca-Cola, weil der Kläger auch andere Nahrung und Getränke zu sich genommen und sich wenig sportlich betätigt habe. Für Übergewicht sei nicht ein einzelnes Nahrungsmittel die Ursache, sondern die Kombination von ungesunder Lebensführung, zu vielen Kalorien und Bewegungsmangel und das Zusammenspiel mit den jeweiligen Nahrungsmitteln. Die Adipositas könne nicht auf ein einzelnes Produkt zurückgeführt werden. Das bringt die Frage auf, wie die Rechtslage zu beurteilen ist, wenn mehrere Ursachen in Betracht kommen.

Die Anwendung des *§ 830 Abs. 1 S. 2 BGB* hilft nicht weiter: Nach dem Gesetzeswortlaut findet § 830 Abs. 1 S. 2 Anwendung, wenn nicht aufklärbar ist, welcher von mehreren Beteiligten den Schaden herbeigeführt hat, wenn also Urheberzweifel bestehen (sog. alternative Kausalität)[407]. Entsprechendes gilt nach der Rechtsprechung, wenn sog. Anteilszweifel bestehen[408]. In jedem Fall ist aber Voraussetzung, dass jede der in Betracht kommenden Handlungen bzw. die davon ausgehenden Gefährdungen geeignet waren, den gesamten Verlet-

406 Ähnlich lässt sich auch bei allen anderen Gesundheitsschädigungen argumentieren. Für die Entwicklung von Diabetes mellitus sind beispielsweise eine genetische Disposition, Adipositas, Ernährung und körperliche Inaktivität bekannte Risikofaktoren. Bei der Entstehung von Karies spielt auch die Zahnpflege eine Rolle usw.

407 Ständige RSpr., vgl. BGH NJW 1994, 932, 934. – Kindertee II m.w.N.

408 Wenn also feststeht, dass jeder von mehreren Beteiligten am Verletzungserfolg mitbeteiligt war, die von jedem zu vertretende Gefährdung auch geeignet war, den gesamten Schaden herbeizuführen, aber zweifelhaft bleibt, ob jeder nach allgemeinen Grundsätzen für den gesamten Erfolg oder nur für einen Teilschaden einzustehen hat.

zungserfolg zu verursachen[409]. Genau diese Voraussetzung ist aber in Fällen, in denen der Schaden erst durch das Zusammenwirken mehrerer Faktoren entsteht (sog. kumulative Kausalität), nicht gegeben. Es gilt aber der Grundsatz, dass jeder Hersteller nur für die durch seine Produkte verursachten Schäden haftet[410]. Auch *§ 840 I BGB* hilft in solchen Fällen nicht weiter. Denn § 840 I regelt lediglich, dass mehrere nebeneinander Verantwortliche als Gesamtschuldner haften. Dafür müssen aber alle Haftungsvoraussetzungen vorliegen, insbesondere die Kausalität geklärt sein.

Da die gesetzlichen Regelungen der Schwierigkeit des Kausalitätsnachweises bei komplexen Risiken wie im Falle von Coca-Cola keine Rechnung tragen, ist der Geschädigte auf richterrechtliche Beweiserleichterungen angewiesen. Für den Kausalitätsbeweis hat die Rechtsprechung (bislang) aber keine Beweiserleichterungen vorgesehen. Die Beweisanforderungen sind bei Konstruktionsfehlern sogar eher strenger als im Rahmen der Instruktionspflicht. Denn vor möglichen Gesundheitsschäden muss der Hersteller schon dann warnen, wenn aufgrund eines zwar nicht dringenden, aber ernst zu nehmenden Verdachts zu befürchten ist, dass Gesundheitsschäden auftreten[411]. Für das Vorliegen eines Konstruktionsfehlers reicht ein bloßer Verdacht hingegen nicht aus.

Zu Erläuterung der medizinischen Zusammenhänge und Klärung der Kausalität müsste in einem Gerichtsverfahren ein Sachverständigengutachten eingeholt werden, das die Umstände des Einzelfalls untersucht. Dabei könnte sich in der Praxis für den Kläger das Problem stellen, dass sich möglicherweise kein Sachverständiger findet, der bereit ist, schädliche Gesundheitsauswirkungen von Coca-Cola zu bezeugen. Das Problem wurde im Rahmen der Ausführungen zum Thema Lobbyarbeit diskutiert.

Gehen wir hier davon aus, dass sich mit den angegebenen medizinischen Untersuchungen die Schädlichkeit nachweisen ließe, so könnte Coca-Cola argumentieren, dass die Schädigung erst durch *übermäßigen Konsum* zustande gekommen sei, der einen „Fehlgebrauch" des Produkts Coca-Cola darstelle, für den der Geschädigte selbst die Verantwortung trage. Denn die berechtigten Sicherheitserwartungen sind auf den Gebrauch, mit dem billigerweise gerechnet werden kann, beschränkt, vgl. § 3 Abs. 1 b ProdHaftG. Schließlich, so könnte Coca-Cola weiter vortragen, werde die Entscheidung zum Konsum ganz bewusst

---

[409] BGH NJW 1994, 932, 934. – Kindertee II
[410] BGH NJW 1994, 932, 934. – Kindertee II
[411] BGH NJW 1981, 1603, 1604 – Apfelschorf/Derosal

und frei von Zwang getroffen. Dann obliege es jedem selbst, adäquate Mengen zu sich zu nehmen. Dickwerden sei selbst verantwortet[412].

Gegen diese Argumentation bestehen im Fall von Coca-Cola zweierlei Bedenken: Zum einen kann sich der Hersteller eines Produkts, das süchtig macht, nicht darauf berufen, die Entscheidung zum Konsum sei frei und eigenverantwortlich. Zum anderen geht der Begriff des "Gebrauchs, mit dem billigerweise gerechnet werden kann" über den bestimmungsgemäßen Gebrauch (über den der Hersteller entscheidet) hinaus. Der Gebrauch, mit dem gerechnet werden kann, umfasst in gewissem Umfang auch echten Fehlgebrauch. Eine Einschränkung nimmt der Bezug auf die Billigkeit vor: Das Risiko einer missbräuchlichen Verwendung soll nicht auf den Hersteller abgewälzt werden. Mit einem offensichtlich gefährlichen oder gar vorsätzlich fehlerhaften Gebrauch muss billigerweise nicht gerechnet werden[413]. Je weiter sich der Fehlgebrauch von der sachgemäßen Verwendung des Produkts entfernt und je offensichtlicher die damit verbundenen Gefahren sind, desto eher kann von Missbrauch die Rede sein[414]. Regelmäßig Coca-Cola zu trinken, wie es der Hersteller selbst anregt, stellt aber gerade eine sachgemäße Verwendung dar.

Außerdem soll sich der Hersteller nach BGH-Rechtsprechung[415] auch nicht auf eine „übermäßige“ und deshalb nicht bestimmungsgemäße Anwendung des Produkts berufen können, wenn er in seinen Gebrauchsanleitungen keine Mengenbegrenzungen vorsieht[416]. Auch erhöhter Konsum sei dann noch „im Rahmen der allgemeinen Zweckbestimmung“ liegender Gebrauch. Nur mit einem offensichtlich gefährlichen oder gar vorsätzlich fehlerhaften Gebrauch muss der Hersteller nicht rechnen. Entscheidend für die Grenzziehung sei, wie er sein Produkt dargestellt habe. Coca-Cola macht keine Mengenangaben auf den Dosen. Es fehlt jeder Hinweis, dass übermäßiger Konsum schädlich sein könnte. Vielmehr zielt die Werbung auf regelmäßigen Konsum. Diese Darbietung des Produkts muss Coca-Cola bei der Bestimmung des erwartbaren Gebrauchs gegen sich gelten lassen. Danach wird auch erhöhter Konsum noch zum bestimmungsgemäßen Gebrauch zählen.

---

412 Hier geht es zunächst nur um das Argument der Menge. Davon zu unterscheiden ist die Frage, ob schädliche Folgen übermäßigen Konsums allgemein bekannt sind. Darauf wird unten unter „allgemein bekannt“ näher eingegangen.

413 *Müko*/Cahn, § 3 ProdHaftG, Rn. 18

414 *Schmidt-Salzer, J./Hollmann, H.H.*, Kommentar EG-Richtlinie Produkthaftung, Heidelberg: Verlag Recht und Wirtschaft 1986-1993, Bd. 1, Art 6, Rn. 149; *Kullmann, H.J.*, Produkthaftungsgesetz - Kommentar, 3. Aufl., Berlin: Erich Schmidt, 2001, S. 76

415 BGH NJW 1992, 560, 561 – Kindertee I

416 Deswegen könnten auch nicht etwa die Anforderungen an die Instruktionspflichten herabgesetzt werden.

Zählt auch erheblicher Coca-Cola-Konsum zum bestimmungsgemäßen Gebrauch, und bleiben wir bei der Annahme, dass dieser gesundheitsschädlich ist, ist ein "Konstruktionsfehler" anzunehmen, wenn man als Konsument die berechtigte Sicherheitserwartung haben kann, dass ein Produkt, das zum Verzehr bestimmt ist, nicht krank macht, Coca-Cola diese Erwartung aber nicht erfüllt.

Ein Produkt wird aber auch dann nicht als fehlerhaft angesehen, wenn die Gesundheitsgefährdung in der *"Natur der Sache"* liegt[417], das Produkt also technisch nicht zu beseitigende bzw. allgemein bekannte Nebenwirkungen entfaltet. Hierunter sollen beispielsweise die Gefahren fallen, die von den in alkoholischen Getränken und Tabakwaren enthaltenen Giftstoffen ausgehen[418]. So seien Zigaretten nicht mit einem Konstruktionsfehler behaftet, da die Gesundheitsgefahren beim Zigarettenkonsum unvermeidbar seien. Seien die Gefahren eines Produkts aber unvermeidbar und allgemein bekannt, so soll von diesem Produkt auch nicht "berechtigterweise erwartet werden" können, dass es insoweit fehlerfrei sei[419]. Wenn der Einzelne trotz der bekannten Risiken mit dem Rauchen beginne, sei dies eine eigenverantwortliche Entscheidung, deren Konsequenzen er deshalb auch allein zu tragen habe[420]. Bei Produkten wie Zigaretten oder Arzneimitteln muss mit schädlichen Nebenwirkungen gerechnet werden und diese werden als *„sozialadäquat"* hingenommen[421]. Bei solchen Produkten kann ein Konsument allerdings erwarten, dass sich nur die bekannten Gefahren verwirklichen – beim Rauchen z.B. Erkrankungen der Atmungsorgane und der Durchblutung – und es nicht zu unerwarteten Schäden kommt[422].

So hat das LG Bielfeld in einem Fall, in dem ein an einem Bronchialkarzinom erkrankter Raucher Schadensersatz von einem Zigarettenhersteller forderte, einen Konstruktionsfehler von Zigaretten mit dem Argument abgelehnt, Zigaretten erfüllten die Sicherheitserwartungen, mit denen billigerweise gerechnet werden könne, da bekannt sei, dass Rauchen gefährlich sei und süchtig ma-

---

[417] BT-Drucks. 11/2447, S. 18

[418] BT-Drucks. 11/2447, S. 18

[419] Kritisch dazu *Buchner, B.*, Die Produkthaftung der Tabakindustrie, VersR 2000, 28-32; *Buchner, B./ Wiebel, F.J.*, Die Fehlerhaftigkeit des Produkts Zigarette, VersR 2001, 29-34

[420] So *Kullmann, H.J.* in: *Ahrens, H.-J. et al. (Hrsg.)*, Festschrift für Erwin Deutsch, Köln: Heymann, 1999 S. 217-231, 219, 227

[421] Vgl. *Kullmann, H.J.*, Produkthaftungsgesetz - Kommentar, 3. Aufl., Berlin: Erich Schmidt, 2001, Ziff. 3604, S. 7; *Foerste* in: *Graf von Westphalen, F.* (Hrsg.), Produkthaftungshandbuch, 2. Aufl., München: Beck, 1999, § 24, Rn. 59 ff; II, § 74, Rn. 30; *Palandt*/Thomas, § 3 ProdHaftG, Rn. 7ff.

[422] *Kullmann, H.J.*, Produkthaftungsgesetz - Kommentar, 3. Aufl., Berlin: Erich Schmidt, 2001, § 3, S. 97

che[423]. Wenn die Gefahren des Rauchens – Gesundheitsschädigung und Suchterzeugung – aber zum allgemeinen Erfahrungswissen gehörten, könnten die beteiligten Verkehrskreise nicht erwarten, dass Zigaretten die Gesundheit nicht gefährden und nicht süchtig machen[424].

Das gilt allerdings mit zwei Einschränkungen: Zum einen dürfen die Inhaltsstoffe bzw. schädlichen Folgen nicht über das hinausgehen, was allgemein bekannt ist. Ein Konstruktionsfehler kann nur dann mit dem Verweis auf die "Natur des Produkts" verneint werden, wenn die schädlichen Wirkungen allgemein bekannt und Teil der Konsumentenerwartung sind. Würde sich aber herausstellen, dass Coca-Cola schädliche Inhaltsstoffe enthielte oder Nebenwirkungen verursachte, die bislang völlig unbekannt waren, käme auch nach dieser Auffassung ein Konstruktionsfehler in Betracht. Zum anderen müssen die Gesundheitsrisiken von Coca-Cola aber auch unvermeidbar sein, das (Rest-) Risiko durch die Konstruktion also minimiert sein.

Hier stellt sich zunächst die Frage, ob die durch Coca-Cola verursachten Risiken unvermeidbar sind. Man kann folgende Gegenprobe vornehmen: Die Risiken (Übergewicht, Diabetes, Mangelernährung, Knochenschwund, Nierensteinen, Zahnschäden, Sucht) beruhen auf den Inhaltsstoffen Zucker, Phosphorsäure, Zitronensäure, Koffein und eventuell Kohlensäure. Um die Risiken zu vermeiden, könnte man alle genannten Stoffe weglassen. Dann bliebe Wasser, Aroma und Farbstoff übrig – aber kein Produkt, was man noch als Coca-Cola identifizieren könnte.

Alternativ wäre zu prüfen, ob nicht einzelne Gefahren durch eine Anpassung der Zusammensetzung vermeidbar wären. Ließe man z.B. den Zucker weg, würde die Gefahr einzelner Gesundheitsschäden schon wesentlich reduziert. Eine zuckerreduzierte Version gibt es: Coca-Cola light. Aber (auch) hinsichtlich der in Coca-Cola light verwendeten Zuckerersatzstoffe bestehen Gesundheitsbedenken. Damit stellt sich die Frage, ob es ein gangbarer Weg ist, Risiken zu vermeiden, indem man andere (unbekannte) Risiken eingeht. Daneben ist zu bedenken, dass die zuckerreduzierte Coca-Cola light als anderes Getränk vermarktet wird, was die Frage aufwirft, ob es sich bei der zuckerreduzierten Variante noch um dasselbe Produkt "Coca-Cola" handelt. Das ist fraglich. Dieses

---

[423] LG Bielefeld NJW 2000, 2514, 2515 – Zigarettenhersteller; bestätigt vom OLG Frankfurt aM NJW-RR 2001, 1471

[424] Anders könnte es möglicherweise hinsichtlich suchtverstärkender Zusatzstoffe aussehen, die dem Verbraucher nicht bekannt sind. Den entsprechenden Vorwurf der Sittenwidrigkeit wegen des bewussten Einsetzens von Suchtverstärkern hat das Gericht allerdings wegen fehlender Beweise abgelehnt.

Problem stellt sich auch, wenn man andere Komponenten von Coca-Cola verändert. Unproblematisch wäre der Fall nur, wenn man einen Inhaltsstoff ohne Geschmacksveränderung weglassen oder durch einen gesünderen Inhaltsstoff ersetzen könnte. Dies wäre denkbar für den – nach den vorliegenden Erkenntnissen – besonders schädlichen high fructose corn syrup. Er wird nach dem Bekunden der Coca-Cola-GmbH für die Herstellung der deutschen Coca-Cola nicht verwandt, so dass hier kein Verbesserungsspielraum besteht. Verbesserungsmöglichkeiten ohne Geschmacksveränderung könnten aber beim Koffeingehalt bestehen. Die medizinischen Untersuchungen zu Koffein haben gezeigt, dass auch Cola-gewöhnte Konsumenten das Koffein bei den in Coca-Cola vorhandenen Mengen kaum geschmacklich feststellen können. Damit könnte aber das mit Koffein verbundene Risiko möglicherweise reduziert werden. Etwas anderes könnte nur gelten, wenn Coca-Cola gerade wegen des darin enthaltenen Koffeins konsumiert wird. Für Konsumenten, denen es gerade auf das Koffein ankommt, könnte eine koffeinfreie Variante kein Substitut sondern ein aliud darstellen. Auch diese Frage lässt sich hier nicht abschließend klären. Damit müsste sich ein Gericht aber auseinandersetzen, wenn es annehmen wollte, dass die Schädlichkeit von Coca-Cola in der "Natur der Sache" liege und unvermeidbar sei. Wenn es dabei zu dem Ergebnis käme, dass sich einzelne Gesundheitsrisiken durch eine entsprechende Produktgestaltung verringern ließen, dann wäre Coca-Cola fehlerhaft, da jeder Konsument berechtigterweise erwarten darf, dass der Hersteller im Rahmen des Möglichen und Zumutbaren das Produkt so sicher wie möglich konstruiert[425].

Dagegen ließe sich vorbringen, dass der Einzelne sich nicht differenziert mit den möglichen Risiken auseinandersetzt. Anders ausgedrückt: Das allgemeine Erfahrungswissen, dass jeder schon einmal gehört habe, dass Coca-Cola nicht besonders gesund sei, könnte ausreichen, um die Fehlerhaftigkeit von Coca-Cola auszuschließen. Eine solche Position überzeugt nicht. Bei allgemeiner Kenntnis von der Schädlichkeit eines Produkts besteht zwar keine Notwendigkeit für Warnhinweise. Es fehlen aber klare Kriterien, wann ein Gesundheitsrisiko allgemein bekannt ist. Vor allem kann es nicht ausreichen, dass der Konsument "schon mal gehört" hat, dass ein Produkt nicht besonders gesund sei. Vielmehr ist zu fordern, dass der Konsument ein aktuelles Risikobewusstsein[426] hat. Nur dann kann das Wissen bei der Konsumentscheidung eine Rolle spielen. Das ist aber Voraussetzung für eine eigenverantwortliche Entscheidung des Verbrauchers, deren Konsequenzen er trägt. Mit der derzeitigen Rechtsprechung, die einerseits gewisse Risiken als in der "Natur der Sache" begründet hinnimmt, andererseits keine konkreten Maßstäbe für die Beurteilung des Risi-

---

[425] BGH NJW 1988, 2611 - Sprudelflaschenentscheidung

[426] So auch *Buchner, B.*, Die Produkthaftung der Tabakindustrie, VersR 2000, 28-32 (29 f.)

kobewusstseins hat, lässt sich ein Konstruktionsfehler allerdings nicht bejahen. In Betracht kommt aber das Vorliegen eines Instruktionsfehlers.

4.2.3 Warnhinweise für Coca-Cola?

Gemäß § 3 Abs. 1 a ProdHaftG ist ein Produkt fehlerhaft, wenn es nicht die Sicherheit bietet, die unter Berücksichtigung aller Umstände, insbesondere "seiner Darbietung" berechtigterweise erwartet werden kann. Erfasst wird damit das, was in der deliktsrechtlichen Produkthaftung als Fallgruppe der Instruktionsfehler bekannt ist. Ein Instruktionsfehler ist gegeben, wenn der Hersteller vor gefährlichen Eigenschaften des Produkts, die in der Wesensart der Sache begründet sind, nicht ausreichend warnt. Die Instruktionspflicht erstreckt sich dabei auf alle Gefahren, die bei – im weitesten Sinne – bestimmungsgemäßer Verwendung drohen. Der Hersteller hat auf die Gefahren seines Produkts vollständig, klar und nachvollziehbar hinzuweisen[427] und darf die Gefahren nicht an anderer Stelle zugleich bagatellisieren[428].

Nimmt man an, dass Coca-Cola (mit)ursächlich für die Entstehung von Übergewicht, Diabetes, Knochenschwund, Zahnschäden und Vitaminmangel ist und eine Suchtwirkung entfalten kann, so besteht grundsätzlich die Pflicht, vor diesen Gesundheitsfolgen zu warnen – und zwar schon bevor gesicherte Forschungsergebnisse vorliegen[429]. Wenn die Coca-Cola GmbH dieser Verpflichtung nachkäme, könnte sie ein ihr bekanntes oder erkennbares Produktrisiko auf den Verwender verlagern. Das ist vorliegend nicht geschehen: Coca-Cola enthält keine Warnhinweise. Damit könnte ein Instruktionsfehler vorliegen.

Jede Instruktionspflicht steht allerdings unter dem Vorbehalt, dass nicht zum Inhalt einer Warn- oder Hinweispflicht gemacht werden muss, was bereits zum allgemeinen Erfahrungswissen der in Betracht kommenden Abnehmerkreise gehört[430]. Die Instruktionspflicht soll dem Produktbenutzer lediglich eine Entscheidungsgrundlage dafür bieten, ob er das Risiko der Produktbenutzung auf sich nehmen oder das Produkt wegen seines Risikos meiden will. Sie soll ihm nicht die Entscheidung abnehmen. Da die Instruktionspflicht nur die selbstverantwortliche Gefahrensteuerung ermöglichen soll, ist eine Warnung nicht erfor-

---

[427] Vgl. BGH NJW 1995, 1286, 1287 – Kindertee III m.w.N.

[428] *Foerste* in: *Graf von Westphalen, F.* (Hrsg.), Produkthaftungshandbuch, 2. Aufl., München: Beck, 1999, § 24, Rn. 171

[429] BGH NJW 1989, 1542, 1545 für ein Arzneimittel

[430] BGHZ 116, 60, 65 f.= BGH NJW 1992, 560 – Kindertee I; *Foerste* in: *Graf von Westphalen, F.* (Hrsg.), Produkthaftungshandbuch, 2. Aufl., München: Beck, 1999, § 24, Rn. 226 ff. m.w.N.

derlich, wenn und soweit der Produktanwender über die sicherheitsrelevanten Informationen verfügt, und sie ihm im konkreten Fall gegenwärtig sind[431]. Es kommt auf das spezielle Gefahrenwissen des einzelnen Produktgeschädigten an. Wenn der Geschädigte die Art der Gefahr kennt, entfällt ihm gegenüber die Haftung, weil er sich nicht im Schutzbereich der Instruktionspflicht befindet[432]. Auf Coca-Cola bezogen bedeutet das: Wenn jeder weiß, dass Coca-Cola krank und süchtig macht, braucht vor den Gesundheitsgefahren nicht gewarnt werden.

Damit stellt sich die Frage, ob allgemein bekannt ist, welche Gesundheitsschäden Coca-Cola möglicherweise verursachen kann. Das hat die Coca-Cola GmbH im Prozess sowohl hinsichtlich des enthaltenen Zucker, als auch hinsichtlich der Gewichtszunahme bei übermäßigem (Zucker-) Konsum und entsprechendem Bewegungsmangel vertreten. Die Gesundheitsfolgen von Übergewicht seien ebenfalls hinlänglich bekannt.

Wollte man wirklich untersuchen, ob bestimmte Produktrisiken allgemein bekannt sind, müsste man eine Umfrage durchführen. Entscheidender Nachteil einer solchen Umfrage sind die Kosten. Sie sind in der Regel zunächst vom Kläger zu verauslagen (letztlich werden sie von demjenigen getragen,der den Prozess verliert). Entsprechende Gutachten könnten also die Hürde für die Klageerhebung weiter erhöhen. Dementsprechend werden demoskopische Gutachten im Rahmen eines Prozesses (fast) nie eingeholt. Stattdessen beantwortet in der Praxis das Gericht die Frage regelmäßig aus eigenem Sachverstand. Das ist insofern problematisch, als das Gericht seine Kenntnis an die Stelle des Durchschnittskonsumenten setzt[433]. Aber selbst eine gerichtliche Einschätzung dieser Fragen liegt noch nicht vor. Daher soll hier eine eigene Bewertung vorgenommen werden.

Man wird dabei in zweifacher Hinsicht differenzieren müssen. Coca-Cola kann nach den vorliegenden Erkenntnissen verschiedene Gesundheitsauswirkungen haben. Für jedes einzelne Risiko ist zu fragen, ob es allgemein bekannt ist. Zum anderen muss man nach Konsumentengruppen differenzieren. Entscheidend für die Frage nach der Instruktionspflicht ist die Benutzergruppe. Inhalt und Umfang der Instruktionen ist an der am wenigsten informierten Gruppe auszurich-

---

431 Vgl. *Meyer, J.*, Instruktionshaftung: eine Analyse aus Sicht der Rechts-, Wirtschafts- und Verhaltenswissenschaften Bielefeld: Gieseking, 1992 (Schriften zum deutschen und europäischen Zivil-, Handels- und Prozessrecht, Bd. 135), S. 126; *Kullmann, H.J.*, in: *Ahrens, H.-J. et al (Hrsg.)*, Festschrift für Erwin Deutsch, Köln: Heymann, 1999 S. 217-231 217, 221 m.w.N.

432 BGH NJW 1994, 932, 933f. – Kindertee II

433 Zu diesem Problem s. *Meyer, J.*, Von Saugern und Säften – ein Zwischenstandsbericht zum Kindertee-Komplex, Zeitschrift für Wirtschaftsrecht (ZIP) 1995, 716-721, 721

ten. Es besteht kein Schadensersatzanspruch, wenn der Geschädigte von der Gefahr gewusst hat – auch wenn dieses Spezialwissen noch nicht zum allgemeinen Kenntnisstand zählt. Nun wird Coca-Cola nicht in erster Linie von medizinischen Fachleuten und Gesundheitsexperten getrunken, so dass dieser Fall von geringer Bedeutung ist. Sinnvoll erscheint hingegen eine Unterscheidung zwischen Erwachsenen einerseits und Kindern und Jugendlichen andererseits, da Kinder ebenso wie Erwachsene Coca-Cola trinken, sie sich möglicherweise aber über bestimmte Risiken weniger bewusst sind. So wird nachfolgend nach gesundheitlichen Auswirkungen und – wo angebracht – nach Kindern und Erwachsenen differenziert.

In diesem Zusammenhang stellt sich allerdings die Frage, ob es nicht für die Frage einer möglichen Haftung für geschädigte Kinder auf das Wissen der Eltern ankommt. So hat der BGH in seinen „Kindertee-Entscheidungen“[434] stets darauf abgestellt, ob die Warnhinweise die Eltern erreichten und ihnen die Gefahren hinreichend verdeutlichten. Die geschädigten Kläger waren zum Zeitpunkt der fraglichen Schädigungshandlung aber auch erst im Säuglingsalter, so dass ihre eigene (tatsächliche wie intellektuelle) Kenntniserlangung von vornherein ausgeschlossen war. Insofern konnte es nur auf die Kenntnis der Eltern ankommen. Das erscheint auch insofern konsequent, als die Eltern es in der Hand haben, was ihr Kind im Säuglingsalter zu sich nimmt.

In den hier zu untersuchenden Fällen ist zu differenzieren. In Fällen, in denen Kleinkinder *Soft Drinks* in Nuckelflaschen gegeben werden – wie es aus den USA bekannt geworden ist – muss es entsprechend der BGH-Rechtsprechung auf die Kenntnis der Eltern ankommen, da die Kinder nicht in der Lage sind, selbst zu entscheiden – selbst Warnhinweise würden sie nicht erreichen, weil sie nicht lesen können. Das ist bei Schulkindern anders. Sie könnten Warnhinweise zur Kenntnis nehmen. Vor allem sind sie in der Regel aber auch praktisch in der Position, eine eigene Entscheidung zu treffen, wenn es beispielsweise darum geht, was sie sich von ihrem Taschengeld kaufen. Diese Entscheidung ist vor allem, wenn Coca-Cola, wie bislang, etwa in Automaten angeboten wird, der Überprüfung durch die Eltern entzogen[435]. Treffen aber Kinder die Konsumentscheidung selbst und ist die Kenntnisnahme von dieser Entscheidung aufgrund der Zugangsmöglichkeiten zu dem Produkt den Eltern nicht möglich, so kann es nur auf die Kenntnis der Kinder von den Produktgefahren ankommen. Coca-Cola kann nicht einerseits die eigenen Produkte aggressiv – auch an den Eltern vorbei – an Kinder vermarkten, sich andererseits aber darauf berufen,

[434] S. BGH NJW 1992, 560 – Kindertee I, BGH NJW 1994, 932 – Kindertee II, BGH NJW 1995, 1286 – Kindertee III

[435] Vgl. im Vertragsrecht die Besonderheit des § 110 BGB (sog. Taschengeldparagraph).

dass es für die Beurteilung der Produzentenhaftung auf die Kenntnis der Eltern ankomme, die den Konsum gar nicht kontrollieren können. Wenn nachfolgend nach den Kenntnissen von Kindern gefragt wird, geht es also um (Schul-) Kinder, die sich schon eine Meinung über ein Produkt bilden können[436]. Im Einzelfall wären daneben natürlich individuelle Kenntnisse zu berücksichtigen.

Vorab stellt sich noch die Frage nach den Anforderungen daran, was "allgemein bekannt" ist: Soll es ausreichen, dass jemand schon mal davon gehört hat, dass Coca-Cola kein besonders gesundes Produkt ist oder werden genauere Kenntnisse hinsichtlich der Gesundheitsgefahren, der Inhaltsstoffe und deren Wirkungsweisen vorausgesetzt? Die Wissensanforderungen können entscheidend sein. Ein Beispiel: Man wird voraussetzen können, dass dem durchschnittlichen Konsumenten bekannt ist, dass Coca-Cola Zucker, Koffein[437] und Kohlensäure enthält. Allerdings fehlen Mengen- und Kalorienangaben auf der Dose. Wenn der Konsument sich nicht gezielt mit dem Produkt auseinandergesetzt hat, dürfte sein Wissen also ziemlich vage sein.

Nach der Rechtsprechung müssen nicht die genauen Einzelheiten, wohl aber das Problem in seinen Grundzügen bekannt sein. Im Rahmen der Klage eines Alkoholkranken gegen einen Bierhersteller hat das Gericht ausgeführt[438]: „Die Kenntnis von den Wirkungen alkoholischer Getränke gehört zwar nicht bezüglich der medizinischen Details, wohl aber hinsichtlich der Kernproblematik zum allgemeinen Grundwissen.“[439] Nach Auffassung des Gerichts konnte daran "bei lebensnaher Würdigung" im Fall von Alkohol kein ernsthafter Zweifel bestehen. Hier stellt sich die Frage, ob das auch für Coca-Cola gilt.

Karies
Der Zusammenhang zwischen Zucker und Karies dürfte im Grunde jedem Erwachsenen bekannt sein. Nach dem Ernährungsbericht der Deutschen Gesell-

---

[436] Auch der BGH hat in seinen beiden Urteilen zu „Kleinstfeuerwerken“ (BGH VersR 1998, 1031 - Feuerwerkskörper und BGH NJW 1998, 2436 – Tolle Biene), in denen es um die Schädigung eines Zehn- und eines Achtjährigen ging, gefordert, dass die Warnhinweise so zu gestalten seien, dass auch den Kindern die Produktgefahren und die Notwendigkeit elterlicher Aufsicht deutlich werde. Die Abgabeentscheidung habe der Endverkäufer zu treffen. Diese Kontrollinstanz fehlt natürlich bei Automatenverkäufen. Vgl. hierzu *Meyer, J.,* Die neue BGH-Rechtsprechung zur Produkthaftung gegenüber Kindern, DStR 1999, S. 1319-1323

[437] Auf die Kenntnis der konkreten Menge kommt es dabei nicht an. Coca-Cola enthält im Vergleich zu Kaffee beispielsweise deutlich weniger Koffein (ca. 100 mg/l bei Coca-Cola im Vergleich zu etwa 400-700 mg/l bei Kaffee).

[438] In dem Fall ging es allerdings nicht um einen Konstruktionsfehler, sondern um die Notwendigkeit von Warnhinweisen.

[439] OLG Hamm NJW 2001, 1654, 1655 - Warsteiner

schaft für Ernährung (DGE 2000)[440] wird der Zusammenhang zwischen Bonbons/Zucker und Karies aber auch schon von Kindern im Schulalter eindeutig gesehen. Kohlenhydrate, insbesondere Zucker werden mit Karies in Verbindung gebracht. Danach wird man davon ausgehen können, dass die Kariesgefahr durch Zucker allgemein bekannt ist[441]. Das müsste auch für Coca-Cola gelten, es sei denn, den meisten Konsumenten wäre nicht bekannt, dass Coca-Cola Zucker enthielte. Davon wird man aber kaum ausgehen können. Schon Kindern wird immer wieder erzählt, wie viel Zuckerstückchen in jeder Dose Cola stekken.

Außerdem steht Zucker an prominenter zweiter Stelle unter den Inhaltsstoffen. Die Frage ist, ob die Auflistung unter den Zutaten ausreicht, um anzunehmen, dass der Inhaltsstoff bekannt ist. Dafür spricht, dass der Konsument sich durch einen Blick auf die Zutatenliste Kenntnis von den Inhaltsstoffen verschaffen kann. Dagegen könnte sprechen, dass die allerwenigsten Konsumenten sich die Liste der Inhaltsstoffe durchlesen. Das gilt aber ebenso für Warnhinweise. Insofern wäre es widersinnig, Warnhinweise mit dem Argument zu fordern, die Inhaltsangaben lese kaum ein Konsument. Außerdem kommt eine Haftung nicht nur für unbekannte Inhaltsstoffe, sondern auch für unbekannte Gesundheitsfolgen von bekannten Inhaltsstoffen in Betracht. Denn der Konsument ist nicht verpflichtet, sich Kenntnis über mögliche Folgen sämtlicher, deklarierter Inhaltsstoffe zu verschaffen. Selbst wenn man die Auflistung ausreichen lässt, kommt also eine Haftung wegen unbekannter Gesundheitsfolgen in Betracht. Damit besteht ein hinreichender Schutz. Danach ist davon auszugehen, dass bekannt ist, dass Coca-Cola Zucker enthält und dass Zucker Karies verursachen kann. Davor braucht Coca-Cola nicht zu warnen.

Das gilt aber nicht für Zitronensäure: Kaum ein Erwachsener wird wissen, dass die Zähne durch die Zitronensäure in Coca-Cola zusätzlich angegriffen und regelrecht aufgeweicht werden. Das gilt erst recht für Kinder. Vor den Folgen der Zitronensäure müsste Coca-Cola demnach warnen. Etwas anderes gilt nur, wenn die Zitronensäure neben dem in Coca-Cola enthaltenen Zucker als Kariesverursacher gar nicht ins Gewicht fällt. Dann könnte sich Coca-Cola darauf berufen,

---

[440] *Deutsche Gesellschaft für Ernährung (Hrsg.)*: Ernährungsbericht 2000, Frankfurt 2000, im Internet unter http://www.dge.de

[441] So auch das LG Mönchengladbach vom 24. April 2002 – Az. 3 O 217/01, das darauf hinweist, dass auch in den sog. Kindertee-Fällen die Haftung nicht damit begründet wurde, dass die Hersteller zuckerhaltige Produkte vertrieben, sondern dass diese eine besondere Gefährlichkeit durch die Art der Verwendung (besonders geformter Schnuller und ständiges Umspülen der Zähne) entfalteten; vgl. auch *Littbarski, S.*, Herstellerhftung ohne Ende – ein Segen für den Verbraucher? NJW 1995, 217-222

dass die Zahnschädlichkeit – nicht im Detail mit der Differenzierung zwischen Zucker und Zitronensäure, aber in der Kernproblematik – allgemein bekannt sei.

Übergewicht

Eine wesentliche Nebenwirkung des Coca-Cola-Konsums kann die Entwicklung von Übergewicht sein. Fraglich ist, ob dies den Konsumenten bewusst ist. Das LG Mönchengladbach[442] hat diese Frage erörtert und ist zu der Auffassung gelangt, dass allgemein bekannt sei, dass übermäßiger Zuckergenuss zu Übergewicht führe und Übergewicht erhebliche und dauerhafte gesundheitliche Beeinträchtigungen zur Folge habe. In der Urteilsbegründung bleibt allerdings unklar, worauf das Gericht diese Annahme stützt: Weder wurde eine Umfrage durchgeführt, noch wurden Untersuchungen über den allgemeinen Kenntnisstand zum Thema Ernährung in der Bevölkerung herangezogen. Unter dem Kostengesichtspunkt ist es für die Verfahrensbeteiligten (genauer: für den am Ende Unterliegenden) grundsätzlich von Vorteil, wenn auf ein Gutachten zur Ermittlung des allgemeinen Kenntnisstandes verzichtet wird. Ohne dass die Grundlage für die Überzeugungsbildung des Gerichts erkennbar ist, kann das Ergebnis hier aber nicht übernommen und verallgemeinert werden. Da die Durchführung einer Umfrage zum Kenntnisstand in der Bevölkerung allerdings auch den Rahmen dieser Arbeit übersteigt, sind auf allgemein zugängliche Quellen zu diesem Thema zurückzugreifen, die auf Plausibilität überprüft werden können.

Gegen die Annahme, dass der Zusammenhang zwischen Cola-Konsum und Übergewicht allgemein bekannt sei, spricht, dass – wie von medizinischer Seite immer wieder beklagt wird – Übergewicht in erster Linie als Schönheitsmangel angesehen wird. Übergewicht ist kaum als Krankheit anerkannt, sondern wird als Folge mangelnder Selbstdisziplin gesehen. Nach Umfragen ist außerdem jedenfalls für jüngere Kinder der Zusammenhang zwischen Zucker und Übergewicht nicht offensichtlich: Während 92% aller Kinder wissen, dass "man weniger Fett essen sollte, um gesund zu bleiben", wird Zucker weniger mit Übergewicht in Verbindung gebracht[443]. Damit trifft zumindest für Kinder nicht zu, dass – wie Coca-Cola behauptet – allgemein bekannt sei, dass Zucker bei Bewegungsmangel zu Übergewicht führen könne. Das dürfte auch für mögliche Folgeerkrankungen gelten. Andernfalls würden übergewichtige Kinder nicht gehänselt, sondern bedauert werden.

---

[442] LG Mönchengladbach vom 24. April 2002 – Az. 3 O 217/01

[443] So der Ernährungsbericht der DGE, s. *Deutsche Gesellschaft für Ernährung* (Hrsg.): Ernährungsbericht 2000, Frankfurt 2000, im Internet unter: www.dge.de

Diabetes
Neben Übergewicht gilt Diabetes als eine der schwerwiegendsten möglichen Folgen übermäßigen Cola-Konsums. Das LG Mönchengladbach hat auch zum Thema Diabetes Überlegungen angestellt und ist zu dem Schluss gekommen, dass es „zum allgemeinen Erfahrungswissen der deutschen Bevölkerung (...) gehört, dass Übergewicht und insbesondere Fettsucht erhebliche und dauerhafte Gesundheitsschäden wie Kreislauferkrankungen, koronare Herzkrankheiten bis zum Herzinfarkt, Bluthochdruck, Arteriosklerose, Gelenkerkrankungen und Gicht und ebenfalls Typ-2-Diabetes zur Folge haben kann.“ Zur Begründung führt es an, dass Diabetes zu den häufigsten chronischen Erkrankungen gehöre und die Zahl der Diabetiker rapide zugenommen habe und fährt fort: „Ergänzend sei in diesem Zusammenhang darauf hingewiesen, dass bei einem Großteil der Bevölkerung sogar der Fehlglaube besteht, dass die "Zuckerkrankheit Diabetes" durch exzessiven Zuckerverzehr ausgelöst wird.“

Fraglich ist, ob diese Ausführungen dazu taugen, übernommen zu werden. Dagegen spricht die Widersprüchlichkeit der Argumentation. Zum einen geht das Gericht davon aus, dass die Bevölkerung Fehlvorstellungen zu den Ursachen von Diabetes unterliegt. Dann kann aber keine allgemeine Kenntnis über die Ursachenzusammenhänge vorhanden sein. Zum anderen lehnt das Gericht die These, dass exzessiver Zuckerverzehr (direkt oder indirekt) zu Diabetes führen könne, selbst als "Fehlvorstellung" ab. Dann kann es aber nicht davon ausgehen, dass der Zusammenhang von übermäßigem Zuckerkonsum, Übergewicht und Diabetes allgemein bekannt sei. Gerade weil Typ-2-Diabetes eine komplexe Krankheit ist, deren Ursachen in der Fachwelt heftig diskutiert werden, wird man nicht davon ausgehen können, dass die Diabetesproblematik dem Durchschnittsverbraucher allgemein bekannt ist. Dies dürfte selbst für die Kenntnis der Kernproblematik gelten, wenn man also mit der Rechtsprechung die medizinischen Details außer Acht lässt.

Dies muss umso mehr für Kinder gelten. Kaum ein Kind wird wissen, was Diabetes überhaupt ist. Wenn ein Kind das Wort schon mal gehört hat, dann wird es allenfalls die Auswirkungen, nicht aber die Ursachen der Erkrankung beschreiben können (die Oma, die nichts Süßes essen darf). Daher kann die Kenntnis von Diabetes als mögliche Gesundheitsfolge des Coca-Cola-Konsums keinesfalls zum allgemeinen Kenntnisstand von Kindern gerechnet werden.

Vitaminmangel
Zu der Frage, ob bekannt sei, dass Industriezucker Vitaminmangel verursachen kann, sind keine Untersuchungen bekannt. Das Schlagwort "Vitaminräuber" taucht gelegentlich auf. Es erscheint aber zweifelhaft, dass der Funktionszusammenhang einer breiteren Öffentlichkeit bekannt ist. Vor allem Kindern

dürfte der komplexe Zusammenhang zwischen hohem Zuckerverzehr und Vitaminmangel sowie die typische Substitution von Coca-Cola für nahrhaftere Alternativen nicht klar sein.

Phosphor und Knochenschwund
Ernsthafte Zweifel bestehen daran, dass dem durchschnittlichen Konsumenten bekannt ist, dass Coca-Cola Phosphorsäure enthält. Lässt man mit der oben vertretenen Auffassung für eine Kenntnis der Inhaltsstoffe ausreichen, dass Phosphorsäure unter den Zutaten aufgeführt ist, so kommt man zu der Frage, ob die Gesundheitsfolgen von Phosphorsäure allgemein bekannt sind. Dafür kommt es entscheidend auf den allgemeinen Kenntnisstand des durchschnittlichen Konsumenten und nicht auf wissenschaftliche Fachkreise oder Kinderärzte an, die sich mit dem Thema ausgiebig beschäftigt haben. Es ist kaum zu erwarten, dass eine mehr als marginale Gruppe von Befragten bei einer demoskopischen Umfrage zu den Gesundheitsrisiken von Coca-Cola Knochenschwund einfallen wird.

Knochenschwund konnte vor allem bei Kindern festgestellt werden, die viel Cola tranken. Wenn aber schon Erwachsene sich der Problematik kaum bewusst sind, wird dies erst recht bei Kindern nicht angenommen werden können. So muss man davon ausgehen, dass weder Erwachsenen noch Kindern dieses Risiko bewusst ist.

Suchtproblematik
Auch die Suchtproblematik von Zucker und Koffein wird man als weitestgehend unbekannt ansehen müssen. Die Coca-Cola GmbH argumentiert, dass die Nebenwirkungen des Koffein – wenn sie überhaupt vorlägen – bekannt seien und als sozialadäquat hingenommen würden. Bekannt ist aber in erster Linie die stimulierende Wirkung, nicht hingegen die möglichen negativen Nebenwirkungen. Kinder dürfen abends keine Coca-Cola trinken, weil man davon "nicht schlafen kann". Die negativen Auswirkungen, insbesondere das Suchtpotential von Coca-Cola, scheinen aber nicht bekannt zu sein, wie folgender Vergleich zeigt: Jeder weiß heute, dass Zigaretten süchtig machen. Deswegen dürfen sie nicht an Kinder verkauft werden. Das Gegenteil gilt für Coca-Cola: Diese steht in Schulautomaten Kindern zur Selbstbedienung zu Verfügung. Auch wenn das Suchtpotential von Zigaretten deutlich höher ist als das von Coca-Cola, spricht die Bereitstellung in Schulen dafür, dass das Problem der überwiegenden Mehrheit der dafür verantwortlichen Erwachsenen nicht bewusst ist. Dies gilt erst recht für Kinder.

Außerdem erscheint es widersprüchlich, dass Coca-Cola sich einerseits darauf beruft, die Nebenwirkungen seien bekannt und würden als sozialadäquat akzeptiert, sie aber andererseits abstreitet. Vor allem kann sich, wenn der Hersteller – im Prozess, in der Öffentlichkeit, auf seiner Homepage etc. – betont, es gäbe keine problematischen Nebenwirkungen bei den in Coca-Cola enthaltenen Mengen an Koffein, kein allgemeines, dahingehendes Bewusstsein darüber bilden. Auch das Argument der Sozialadäquanz überzeugt nicht. Nur das, was bekannt ist, kann als sozial adäquat akzeptiert werden. Die Bekanntheit ist hier aber gerade fraglich. Außerdem ist auch hinsichtlich der Sozialadäquanz zwischen Erwachsenen und Kindern zu differenzieren. Was für Erwachsene akzeptiert wird, muss nicht für Kinder gelten. Dafür spricht, dass Kinder nicht rechtswirksam in eine Verletzung einwilligen können, wohl aber Erwachsene. Es kann aber auch nicht auf das mögliche Einverständnis der Eltern abgestellt werden, wenn Kinder (durch den Verkauf von Coca-Cola z.B. in Schulautomaten) bei der Entscheidung zum Konsum gar nicht anwesend sind.

Darüber hinaus erscheint „Sozialadäquanz" als Maßstab aus der grundsätzlichen Überlegung heraus wenig hilfreich, dass Recht (auch) eine normative Steuerungsfunktion zukommt. Gesellschaftliche Akzeptanz kann aber keine normative Wirkung begründen. Nach alledem ist davon auszugehen, dass die Suchtproblematik von Coca-Cola unbekannt ist. Sie hat insofern eine ganz besondere Bedeutung, als damit die Freiwilligkeit des fortgesetzten Konsums fraglich wird.

Zwischenergebnis

Damit kommt man zu folgendem Ergebnis: Die Gefahren von Karies durch Zucker können bei Kindern und Erwachsenen als allgemein bekannt vorausgesetzt werden. Etwas anderes gilt für die Wirkung von Zitronensäure. Übergewicht als Folge erhöhten Zuckerkonsums kann bei Erwachsenen vermutlich als allgemein bekannt vorausgesetzt werden. Etwas anderes gilt für Kinder. Sie bringen in erster Linie Fett und nicht Zucker mit Übergewicht in Verbindung. Die Folgeerkrankungen von Übergewicht und die Entstehung von Typ-2-Diabetes können dagegen weder bei Erwachsenen noch bei Kindern als allgemein bekannt vorausgesetzt werden. Dass Vitaminmangel als mögliche Folge starken Zuckerkonsum in Betracht kommt, erscheint für Erwachsene fraglich, für Kinder so gut wie ausgeschlossen. Die Folgen der Phosphorsäure (Knochenschwund) und die Suchtproblematik dürften Erwachsenen wie Kindern gleichermaßen unbekannt sein. Damit besteht für die Wirkung von Zitronensäure, für die Folgekrankheiten von Übergewicht, die Ursachen von Typ-2-Diabetes, Knochenschwund durch Cola-Konsum und die Suchtproblematik für Erwachsene und Kinder eine Warnpflicht, darüber hinaus für Übergewicht und Vitaminmangel als mögliche Folge des Zuckerkonsums zumindest für Kinder eine Instruktionspflicht. Diese Pflicht verletzt die Coca-Cola-Company, indem sie keine Warnhinweise auf ihre Dosen und Flaschen druckt.

Die Coca-Cola Company kann sich nicht darauf berufen, von den mit dem Konsum ihres Produkts verbundenen Risiken nichts gewusst zu haben. Der Hersteller hat im Rahmen der deliktischen Produkthaftung die Pflicht, die tatsächliche Verwendung seines Produkts im Alltag zu beobachten (Produktbeobachtungspflicht). Beim bloßen Beobachten kann es aber nicht immer bleiben; für Verwendungsempfehlungen und bei offensichtlichen Gefahren[444] muss der Hersteller auch selbst prüfen, welche Gefahren vom Konsum seiner Produkte ausgehen[445]. Wenn sich entsprechend der eigenen Empfehlungen eine möglicherweise schädliche Verwendung geradezu aufdrängt, muss der Hersteller als Fachunternehmen die daraus folgenden Gefahren erkennen, noch bevor etwa die Medizin durch die an sie herangetragenen Fälle auf das Syndrom aufmerksam wird. Es kommt nicht darauf an, ob in dem fraglichen Zeitraum in der Medizin oder der Ernährungswissenschaft eine Fehlanwendung des Produkts oder eine entsprechende Gesundheitsgefährdung bekannt war. Entscheidend ist, ob der Fehlgebrauch dem Hersteller bekannt war. Dem Hersteller obliegt es, bei sorgfältiger Wahrnehmung seiner Produktbeobachtungspflicht, einen Fehlgebrauch zu erkennen und daraus die Schlussfolgerung der Gefährdung zu ziehen. Wenn die drohende erhebliche Gefahr im Allgemeinen unbekannt ist, besteht eine Warnpflicht über das Risiko[446]. Zumindest muss Coca-Cola die in der Bevölkerung vorhandenen, bekannten Risikofaktoren (Übergewicht, Bewegungsarmut und eventuell genetische Prädisposition) bei der Vermarktung berücksichtigen; das gilt auch für Verbrauchsgewohnheiten, im Fall von Coca-Cola beispielsweise, dass das Produkt viel von Kindern und zunehmend anstelle von Milch konsumiert wird. Unterlässt der Hersteller bei dadurch drohenden Gefahren entsprechende Warnhinweise, trifft ihn ein Verschulden[447].

Die Notwendigkeit von Warnhinweisen wird dadurch verstärkt, dass die Coca-Cola Company sehr viel Werbung für ihre Produkt macht und darüber die Risikowahrnehmung der Konsumenten beeinflusst. So hat sich gezeigt, dass bestimmte, insbesondere beworbene Lebensmittel bei Kindern und Jugendlichen nicht nur besonders beliebt sind, sondern von mehr als einem Drittel von ihnen auch hinsichtlich ihrer gesundheitlichen Wirkung eher positiv eingestuft werden

---

[444] In dem Fall, dass bei den modernen Saugern der Strahl der Getränke an die Rückseite der Oberkieferfrontzähne gerät.

[445] BGH NJW 1992, 560, 562, Kindertee I

[446] Dies gilt auch, wenn der Hersteller nicht durch verharmlosende Angaben aufkommenden Bedenken entgegengewirkt hat. So BGH NJW 1994, 932, 933. – Kindertee II und BGH NJW 1995, 1286, 1288 – Kindertee III

[447] Vgl. BGH NJW 1995, 1286, 1288 – Kindertee III

– und zwar unabhängig von ihrer tatsächlichen ernährungsphysiologischen Qualität[448].

Der Gesetzgeber hat dem Problem Rechnung getragen, indem er im Rahmen des ProdHaftG ausdrücklich die Darbietung eines Produkts als einen Faktor benannt hat, der die Sicherheitserwartungen beeinflussen kann. Das galt auch schon im Rahmen der deliktischen Produzentenhaftung nach § 823 BGB. Unter Darbietung sind dabei „alle Tätigkeiten zu verstehen, durch die das Produkt der Allgemeinheit oder dem konkreten Benutzer vorgestellt wird. Erfasst sind damit z.B. die Produktbeschreibung, die Gebrauchsanweisung und die Produktwerbung“[449]. Dazu dürfte auch die äußere Gestaltung des Produkts selbst zählen[450]. Nach dem Normzweck geht es um jede Art der produktbezogenen Kommunikation des Herstellers mit dem Verbraucher, die dem Verbraucher Vorstellungen über den Gebrauch und die Gefährlichkeit des Produkts vermittelt[451]. Die Werbung für ein Produkt kann beispielsweise einen Einfluss auf die Sicherheitserwartungen der Konsumenten haben, indem sie ein tatsächlich nicht vorhandenes Maß an Sicherheit suggeriert. So hat der BGH betont: „Eine (…) Verdeutlichung (der Gefahren und Funktionszusammenhänge[452]) ist besonders dann erforderlich, wenn durch die Werbung der Vorstellung, das Produkt könne in dieser Weise gefährlich werden, entgegengewirkt wird.“[453] Das Gleiche gilt, wenn durch Werbung Konsumenten angelockt werden, die sich der Produktrisiken besonders wenig bewusst sind[454] oder wenn sich aus der Werbung eine Verwendung ergibt, die gefährlich werden kann[455]. Dies könnte bei der Wer-

---

[448] *Deutsche Gesellschaft für Ernährung (Hrsg.),* Ernährungsbericht 2000, Frankfurt 2000, im Internet unter: http://www.dge.de

[449] BT-Drucks 11/2447, S.18

[450] Auch im Rahmen der deliktischen Produkthaftung hat der BGH ausdrücklich die Bedeutung von Bezeichnung, Darstellung und zeichnerische Ausgestaltung von Feuerwerkskörpern betont und festgestellt, dass eine die Risiken für Kinder verharmlosende Darbietung nicht zu Lasten der Verkäufer gehen könne; BGH NJW 1998, 2436, 2437 – Tolle Biene

[451] Vgl. *Taschner, H.C./Frietsch, E.*, Produkthaftungsgesetz und EG-Produkthaftungsrichtlinie: Kommentar, 2. Aufl., München: Beck 1990, Art. 6, Rn. 14

[452] Ergänzung aus dem Zusammenhang

[453] BGH NJW 1992, 560, 561 – Kindertee I

[454] „Der Schleppliftunternehmer eines Übungshanges dieser Art muss sich bewusst sein, dass bei dem modernen Massenskisport, wie er sich, *nicht zuletzt durch gute Werbung der Liftunternehmen* heute entwickelt hat, gerade mit den Gefahren des Skisports wenig erfahrene Läufer, v.a. auch Jugendliche und Kinder auf die Piste lockt“, BGH NJW 1985, 620, 621 – Schlepplift

[455] So hat der BGH in einem Fall, in dem sich ein Schmiermittel für die konkrete Verwendung als ungeeignet herausstellte, betont: „Lassen sich aus der Bewerbung des Produkts durch den Hersteller Einsatzmöglichkeiten ableiten, bei denen sich dieses Produkt – für den Anwender

bung Coca-Cola der Fall sein, da sie zu einem regelmäßigen hohen Verbrauch animiert und nicht auf eine Obergrenze hinweist. Auch die in der Werbung auftretenden jungen, schlanken gesunden und sportlichen Akteure tragen nicht zu einer realistischen Risikowahrnehmung bei.

Die Rechtsprechung ist hier allerdings zurückhaltend: Für eine Beeinflussung der Sicherheitserwartungen soll es nur auf solche Werbeaussagen ankommen, die über allgemeine Anpreisungen hinausgehende Aussagen enthalten, also beim Benutzer ernsthafte und konkrete Sicherheitsvorstellungen hervorrufen können. Entscheidend soll sein, ob ein objektiver Beobachter in der Person des Werbeadressaten dem Werbeinhalt ernsthafte Aussagen über die Produktsicherheit entnimmt[456]. Das wird bei den Werbespots von Coca-Cola kaum jemals der Fall sein. Insofern lässt sich nach der derzeitigen Rechtsprechung eine Haftung von Coca-Cola nicht mit ihrer Werbung begründen.

Gegen den Vorwurf des Instruktionsfehlers hat die Coca-Cola GmbH sich im Prozess schließlich darauf zurückgezogen, ihr Produkt entspreche den lebensmittelrechtlichen Vorschriften, insbesondere den „Leitsätzen für Erfrischungsgetränke“ vom 19.10.1993[457]. Nach Ziff. II B 1 müssten Limonaden danach mindestens 7 % Zucker enthalten. Coca-Cola enthielte 10,5% Zucker und erfülle damit die gesetzlichen Vorgaben. Dasselbe gelte für das in Coca-Cola enthaltene Koffein. Nach der Koffein-VO sei darauf hinzuweisen, wenn ein Produkt Koffein enthalte, was auch geschehe. Nähere Angaben seien hingegen nicht vorgeschrieben. Coca-Cola hat außerdem angemerkt, dass der Gesetz- oder Verordnungsgeber die Zugabe von Koffein reglementiert hätte, wenn er Koffein als gesundheitsgefährdend ansähe.

Tatsächlich begründet nach h.M. die Einhaltung gesetzlicher Sicherheitsvorschriften bzw. die Einhaltung technischer Normen den „Anschein..., dass das Produkt den berechtigten Sicherheitserwartungen der Allgemeinheit entspricht“[458]. Die Allgemeinheit erwarte, dass das Produkt gesetzliche Vorgaben einhielte. Es besteht aber kein dahingehender typisierter Erfahrungssatz, so dass ein Anscheinsbeweis nicht in Betracht kommt[459]. Mit dem Argument, das Pro-

---

nicht ohne weiteres erkennbar – als nicht geeignet und sogar gefährlich für Integritätsinteressen eines Verbrauchers erweisen kann, so treffen den Hersteller Pflichten, mögliche Anwender hierauf hinzuweisen und sie zu warnen.“ BGH NJW 1996, 2224, 2225 – Spezialmaschinenöl

456 Vgl. BGHZ 116, 60, 68 = NJW 1992, 560 – Kindertee I; zurückhaltender noch BGHZ 48, 118, 122 f. und BGHZ 51, 91, 98, 100 = BGH NJW 1969, 269 – Hühnerpest

457 Zuletzt geändert gemäß Bekanntmachung vom 10.10.1997, veröffentlicht im Bundesanzeiger.

458 BT-Drucks. 11/2447, S. 19

459 *Staudinger*/Oechsler, § 3 ProdHaftG, Rn. 95; *MüKo*/Cahn, § 3 ProdHaftG, Rn. 24

dukt entspreche lebensmittelrechtlichen Vorschriften, lässt sich ein Konstruktionsfehler nicht pauschal ablehnen[460], da dem Hersteller zum Schutz der Rechtsgüter der Verwender zusätzliche Pflichten obliegen können[461]. Denn öffentlich-rechtliche Normen legen nur Mindeststandards fest, die nicht unterschritten werden dürfen, im Einzelfall aber zur Haftungsvermeidung überschritten werden müssen[462]. So ist das Fahren mit 50 km/h – auch wenn das die zulässige Höchstgeschwindigkeit ist – unter Umständen nicht haftungsvermeidend, wenn im Einzelfall wegen spielender Kinder oder der Verkehrssituation eine Geschwindigkeit von 20km/h adäquat ist. Öffentlich-rechtliche Normen können nicht als Maßstab für eine abschließende Beurteilung dienen, weil sie keine individuelle Bewertung des konkreten Produkts, sondern nur eine unvollständige Regelung darstellen[463]. Außerdem wird die Produktsicherheit in ihrer Bedeutung in entsprechenden Vorschriften bisweilen durch andere Regelungsgegenstände relativiert[464]. Daneben können die Normen veraltet sein[465].

Die Einhaltung öffentlich-rechtlicher Normen kann den Hersteller auch deswegen nicht entlasten, weil sonst die Industrieverbände im Rahmen von Normenkartellen (§ 5 GWB) entgegen § 14 ProdHaftG Freizeichnungsmöglichkeiten für ihre Mitglieder begründen könnten[466]. Die Pflicht des Herstellers kann und muss daher den Umständen entsprechend über das hinausgehen, was Gesetze oder Behörden von ihm als Minimum fordern[467]. Daher verbietet sich auch der

---

460 Fehlgeleitet erscheint insofern das LG Bielefeld, das im Rahmen eines PKH-Antrags gegen einen Zigarettenhersteller geprüft hat, ob die Beigabe einzelner Zusatzstoffe, denen zum Teil suchtverstärkende Wirkung zugemessen wird, erlaubt war, um dann festzustellen, die Nutzung gesetzlich zulässiger Stoffe könne weder als Schutzgesetzverstoß noch als rechts- oder sittenwidrig eingestuft werden, LG Bielefeld NJW 2000, 2514, 2515 – Zigarettenhersteller

461 BGH VersR 1999, 890, 891 – Papierreißwolf m.w.N. Etwas anderes gilt, wenn das Produkt gemäß zwingender Rechtsvorschriften hergestellt worden ist und das Erzeugnis dadurch fehlerhaft wird, vgl. § 1 Abs. 2 Nr. 4 ProdHaftG. Die Vorschrift ist aber nicht unumstritten und jedenfalls restriktiv auszulegen. Sie greift hier nicht, weil die möglicherweise gesundheitsschädlichen Inhaltsstoffe von Coca-Cola nicht zwingend vorgeschrieben sind.

462 Etwa wenn die technische Entwicklung vorangeschritten ist, vgl. BGH NJW 1968, 43; 1994, 3349, 3350; *MüKo*/Mertens, § 823 Rn. 289; *Kullmann, H.J.,* Die Rechtsprechung des BGH zum Produkthaftungspflichtrecht in den Jahren 1994-1995, NJW 1996, 18, 22

463 BGH NJW 1987, 372, 373 - Zinkspray

464 BT-Drucks. 11/2447, S. 19

465 BT-Drucks. 11/2447, S. 19

466 *Staudinger*/Oechsler, § 3 ProdHaftG, Rn. 95

467 Nach BGH NJW 1987, 372, 373 – Zinkspray gilt das nicht nur für Konstruktions- sondern auch für Instruktionspflichten, BGH NJW 1998, 2905, 2906

Umkehrschluss von der Untätigkeit des Gesetz- oder Verordnungsgebers auf die Gesundheitsverträglichkeit eines Inhaltsstoffes[468].
Nach den vorgenannten Argumenten führt die Tatsache, dass Coca-Cola den (unzulänglichen) gesetzlichen Vorgaben entspricht, nicht zu einer Befreiung von der festgestellten Instruktionspflicht[469]. Da sich auf Coca-Cola-Verpackungen keine entsprechenden Warnhinweise befinden, liegt ein Instruktionsfehler vor. Ein Kläger müsste im Prozess das Vorliegen eines Instruktionsfehlers, die eingetretene Gesundheitsverletzung und den daraus entstandenen materiellen und immateriellen Schaden, nachweisen. Hinsichtlich der haftungsbegründenden Kausalität kann eine tatsächliche Vermutung dafür sprechen, dass der Kläger eine deutliche und plausible Warnung beachtet hätte[470]. Hinsichtlich der objektiven Pflichtwidrigkeit und des Verschuldens des Herstellers tritt eine Beweislastumkehr ein, so dass es dem Hersteller obliegt, sich diesbezüglich zu entlasten.

4.3 Zusammenfassung und Kritik

Die hier vorgenommene Prüfung hat einen Produktfehler ergeben. Dabei würde die h.M. einen Konstruktionsfehler vermutlich mit dem Verweis auf die "Natur der Sache" und die vage Verbrauchererwartung, dass Coca-Cola nicht gerade gesund sei, ablehnen. Indes ist ein Instruktionsfehler zu bejahen. Nach den vorliegenden medizinischen Erkenntnissen müsste Coca-Cola vor den Gesundheitsfolgen Übergewicht, den entsprechenden Folgeerkrankungen, der Entstehung von Typ-2-Diabetes, der Gefahr des Vitaminmangels und Knochenschwunds warnen und auf die Suchtproblematik hinweisen. Vor Karies als Folge von Zuckerkonsum bräuchte Coca-Cola hingegen nicht zu warnen, da das Wissen um die Entstehung von Karies als allgemein bekannt vorausgesetzt werden kann.

---

[468] Dies gilt gleichermaßen für Konstruktions- und Instruktionspflicht, BGH VersR 1998, 1031, 1032 - Feuerwerkskörper m.w.N.

[469] Anders, aber wenig überzeugend ist in diesem Punkt das Urteil des LG Bielefeld. Zu entscheiden war über den PKH-Antrag eines an einem Bronchialkarzinom erkrankten Rauchers gegen einen Zigarettenhersteller. Die Frage, ob die Zugabe bestimmter, möglicherweise suchtverstärkender Stoffe wie Schokolade, Kakao, Glyzerin, Süßstoff, Ammoniak und Pyridin einen Produktfehler darstellen könne, verneinte das Landgericht mit dem Argument, die Zugabe all dieser Stoffe sei gesetzlich zulässig. Die Nutzung gesetzlich zulässiger Stoffe könne aber weder als Schutzgesetzverstoß noch als rechts- oder sittenwidrig eingestuft werden, s. LG Bielefeld, NJW 2000, 2514 - Zigarettenhersteller

[470] BGH NJW 1999, 2273, 2274. Für eine solche Vermutung sind jedoch konkrete Anhaltspunkte erforderlich, s. OLG Hamm NJW 2001, 1645, 1655 - Warsteiner

Aus der Werbung von Coca-Cola ließe sich nach der derzeitigen Rechtsprechung kein Argument für eine Haftung herleiten, da die Werbeaussagen bei den Adressaten keine ernsthaften und konkreten Sicherheitsvorstellungen hervorrufen dürften. Diese Beschränkung der Rechtsprechung ist allerdings wenig überzeugend, weil Werbung unabhängig davon, ob sie argumentativ oder suggestiv arbeitet, die Risikowahrnehmung von Konsumenten beeinflussen kann. Außerdem wird durch die Beschränkung auf Sachargumente in der Werbung ein wichtiger Bereich der rechtlichen Überprüfung von vornherein entzogen. Denn gerade bei der Vermarktung von *Lifestyle*-Produkten kommt Werbung eine besondere Bedeutung zu. Die Entscheidung für Produkte, die über ein Lebensgefühl verkauft werden, ist nicht (überwiegend) rational geprägt. Wünschenswert wäre insofern eine Neubewertung der Bedeutung der Werbung. Die emotionale Seite müsste bei der Bewertung berücksichtigt werden, da sie – ebenso wie faktische Angaben – geeignet ist, die Risikowahrnehmung des Konsumenten zu beeinflussen. Darüber hinaus ist den Besonderheiten von Kindern und Jugendlichen als Konsumenten stärker Rechnung zu tragen, vor allem dann, wenn Werbung und Marketing gezielt auf Kinder und Jugendliche ausgerichtet ist[471].

Außerdem sollten Unternehmen bei der Vermarktung ihrer Produkte auch die Lebensumstände, Risikofaktoren und Vorschäden potentieller Konsumenten berücksichtigen müssen. Ein Beispiel: Es ist allgemein bekannt, dass in Deutschland vier bis sechs Millionen Diabetiker leben. Dann ist auch bei einem gewissen Bevölkerungsanteil mit einer entsprechenden genetischen Prädisposition zu rechnen. Dasselbe gilt für den zunehmenden Konsum von Coca-Cola anstelle von Milch, vor allem bei Kindern. Daneben lassen sich die weit verbreiteten Risikofaktoren Übergewicht, wenig Bewegung oder Stress nicht übersehen. Diese allgemeinen Lebensumstände sind bundesrepublikanische Realität. Sie sind nicht Coca-Cola anzulasten. Bei der Vermarktung des Produkts Coca-Cola sollten sie aber berücksichtigt werden, indem beispielsweise Höchstgrenzen für den Konsum angegeben werden, die altersspezifisch zu konkretisieren wären.

---

[471] S. auch *Buchner, B.*, Die Produkthaftung der Tabakindustrie, VersR 2000, 28-32 (29 f.)

5. Rechtsökonomische Analyse

In den vorangegangenen Kapiteln wurden wesentliche Charakteristika von Coca-Cola dargestellt. Es wurde unter anderem dargelegt, welche Gesundheitsfolgen der Coca-Cola-Konsum haben kann, wie die Coca-Cola Company Kinder als Zielgruppe von Werbung angeht und welche anderen Trends sich bei der Vermarktung von Coca-Cola abzeichnen. Außerdem wurden Einflussmöglichkeiten von Coca-Cola auf Wissenschaft, Medien und Politik aufgezeigt. Anschließend wurden die Grundzüge des deutschen Produkthaftungsrechts dargestellt und untersucht, ob eine Haftung von Coca-Cola nach derzeitigem Recht in Frage kommt. Diese Erkenntnisse sollen jetzt in einer umfassenden Analyse zusammen geführt werden.

Die vorliegende Arbeit bedient sich dafür der Ökonomischen Analyse des Rechts, weil die Ökonomische Theorie dank empirischer Methoden besonders geeignet ist, die Wirkungen von Regulierung zu analysieren. Auch die traditionelle Rechtswissenschaft verfügt über Methoden. Diese beziehen sich aber vor allem auf die Auslegung des Gesetzestextes. Ihr Nutzen für eine Analyse der Wirkungen eines Gesetzes ist dagegen begrenzt. Die Untersuchung der Wirkung rechtlicher Regulierung steht auch nicht im Zentrum des Interesses der Rechtswissenschaft. Die traditionelle Rechtswissenschaft beschäftigt sich vor allem mit der Systematisierung und Kritik von Gerichtsentscheidungen, sowie mit Prognosen, wie ein konkreter Fall unter der gegebenen Rechtslage zu bewerten sei. Ökonomen haben mit der Mikroökonomie dagegen ein Instrumentarium, um menschliche Handlungs- und Konsumentscheidungen anhand von bestimmten Wohlfahrtskriterien zu analysieren und in gewissem Umfang zu prognostizieren. Rechtsfolgen werden dabei vereinfachend als Preise angesehen. Das verdeutlicht ihre Wirkung: Negative Rechtsfolgen erhöhen den Preis einer Handlung. Steigende Preise senken die Nachfrage.

Der Unterschied zwischen juristischem und ökonomischem Ansatz lässt sich am Beispiel des Haftungsrechts verdeutlichen: Aus juristischer Sicht haben Haftungsregeln die Aufgabe, einen eingetretenen Schaden gerecht aufzuteilen. Dabei fehlt in der Rechtswissenschaft sowohl eine konsistente Beschreibung, was man unter einer gerechten Aufteilung verstehen mag, als auch ein wohldefiniertes Referenzsystem, auf das man sich beziehen könnte[472]. Außerdem wird bei der Konzentration auf die Schadensverteilung zwischen Schädiger und Ge-

---

[472] Vgl. *Adams, M.*, Ökonomische Begründung des AGB-Gesetzes, Der Betriebsberater, Zeitschrift für Recht und Wirtschaft, Heft 12, 30. April 1989, jetzt auch in: *Adams, M.*, Ökonomische Theorie des Rechts: Konzepte und Anwendungen, Frankfurt am Main: Lang, 2002 (Schriftenreihe ökonomische Analyse des Rechts; Bd. 1)

schädigtem vernachlässigt, dass die von einer Regulierung betroffenen Personen ihr Verhalten anpassen. Personenbezogene Verteilungswirkungen können also allenfalls kurzfristig wirken[473]. Aus ökonomischer Sicht kommt Haftungsregeln daher die Funktion zu, Anreize zu schaffen, die zu einer langfristigen Optimierung führen[474]. Diese Anreizwirkung lässt der juristische Ansatz außer Acht[475].

Mithilfe der Ökonomischen Analyse und unter Auswertung der vorangegangenen Ergebnisse soll nachfolgend untersucht werden, ob der Konsum von Coca-Cola systematisch vermeidbare Wohlfahrtsverluste verursacht. Ist das der Fall, stellt sich die Frage, wie sich Ineffizienzen korrigieren lassen. Besondere Aufmerksamkeit gilt dabei dem geltenden Haftungsrecht und der Frage, welche Anreize für die verschiedenen Akteure davon ausgehen. Ist die Haftung nicht "perfekt", so sind Verbesserungsvorschläge und Alternativen zu erörtern.

Im Fall von Coca-Cola sehen wir deutliche Anhaltspunkte für eine asymmetrische Informationsverteilung und die Externalisierung von Kosten. Beides kann zu Marktversagen führen.

5.1 Informationsasymmetrie

Eine Informationsasymmetrie liegt vor, wenn zwischen den Parteien eine erhebliche Ungleichheit des Wissens über die Güter und deren Qualität besteht. Effiziente Marktverträge setzen aber voraus, dass die Parteien über die entscheidenden Informationen bezüglich Preis und Qualität eines Produkts verfügen[476]. Nehmen Konsumenten den Preis oder die Qualität falsch wahr, so wer-

---

[473] S. *Adams, M.*, Zur Aufgabe des Haftungsrechts im Umweltschutz, in: Zeitschrift für Zivilprozeß (ZZP) (1986), 99: 129-165 (138)

[474] Grundlegend: *Adams, M.*, Ökonomische Analyse der Gefährdungs- und Verschuldenshaftung (R. v. Decker's rechts- und sozialwissenschaftliche Abhandlungen; Bd. 31), Heidelberg: v. Decker, 1985

[475] Beispielhaft hierfür sind die Ausführungen des OLG Frankfurt, das über die Haftung eines Zigarettenherstellers zu entscheiden hatte: "Das möglicherweise bestehende Interesse der Allgemeinheit <wegen der berichteten Schädigungen vieler Menschen den (Zigaretten-) Konsum einzuschränken oder ganz zu verbieten> kann aber nicht als Rechtfertigung dafür dienen, dem einzelnen Raucher, der durch Zigarettengenuss selbst einen Teil zu den gesundheitspolitischen Problemen beiträgt, Schadensersatzansprüche gegen den Zigarettenhersteller zuzubilligen." Vgl. OLG Frankfurt a.M. NJW-RR 2001, 1471

[476] Die optimale Information ist dabei nicht mit vollständiger Information gleichzusetzen, weil Informationen nicht kostenfrei zu gewinnen, zu übermitteln und zu verarbeiten sind. Zu viel Informationen können also ineffizient sein und - über das Phänomen des *information overload* sogar zu einer Gefahrerhöhung führen, z.B. wegen Lektüreabbruchs bei Gebrauchsanweisungen

den sie – je nach dem, ob sie den Preis bzw. die Qualität über- oder unterschätzen – davon zu viel oder zu wenig konsumieren. Die Fehlwahrnehmung führt also zu einer Fehlallokation von Ressourcen und verursacht dadurch Wohlfahrtsverluste. Asymmetrisch verteilte Informationen zählen daher zu den klassischen Ursachen eines Marktversagens.

Damit lautet die erste Frage: Fehlen den Konsumenten Informationen, um das Gut richtig zu bewerten? Das Wissen des Konsumenten über ein Produkt wird durch Informationen aus den Medien, durch eigene Erfahrungen und die Aussagen des Unternehmens beeinflusst[477]. Diese drei Informationsquellen sollen nachfolgend untersucht werden.

5.1.1 Die Informationslage

Nach den hier vorliegenden medizinischen Erkenntnissen ist der Konsum von Coca-Cola mit Gesundheitsrisiken verbunden. Bei der Darstellung der medizinischen Erkenntnisse hat sich aber gezeigt, dass die Zusammenhänge außerordentlich komplex sind. Differenzierte Darstellungen finden sich daher bislang überwiegend nur in der medizinischen Fachliteratur. Die der breiteren Öffentlichkeit zugänglichen Informationen sind dagegen widersprüchlich oder geben so allgemeine Informationen wieder, dass man daraus keine oder ganz unterschiedliche Schlüsse ziehen kann. Unvollständige Risikodarstellungen können zu erheblichen Risikofehlwahrnehmungen führen, da jeder Mensch seine Risikoeinschätzung an die in der eigenen Umgebung verfügbaren Hinweise anlehnt (Availability heuristic[478]).

Die Fähigkeit des Konsumenten, durch eigene Erfahrungen die Produktqualität von Coca-Cola zu beurteilen, erscheint zweifelhaft. Nach *Nelson*[479] können Güter Inspektions- und Erfahrungseigenschaften haben. Die Unterscheidung stellt darauf ab, wie gut die Qualität eines Produkts von den Konsumenten

---

vom Umfang eines Telefonbuchs. S. *Meyer, J.*, Instruktionshaftung: eine Analyse aus Sicht der Rechts-, Wirtschafts- und Verhaltenswissenschaften Bielefeld: Gieseking, 1992 (Schriften zum deutschen und europäischen Zivil-, Handels- und Prozessrecht, Bd. 135)

477 Die Konsequenzen einer Regulierung sollen hier zunächst noch unberücksichtigt bleiben.

478 Grundlegend *Tversky, A./ Kahneman, D.*, Judgement under Uncertainty: Heuristics and Biases, in: *Kahneman, D./ Slovic, P./ Tversky, A.* (Hrsg.), Judgement under Uncertainty 3, 1982, zit. und angewandt in *), C.R.* (Hrsg.), Behavioral Law and Economics, Cambridge: Cambridge University Press, 2000 (Cambridge series on judgement and decision making

479 *Nelson, P.*, Information and Consumer Behavior, Journal of Political Economy (1970), Vol. 78: 311-329. In dem Aufsatz beschäftigt sich Nelson mit der weitergehenden Frage, inwieweit Konsumenten Preisunterschiede überhaupt kennen und welche Konsequenzen sich aus begrenzter Konsumenteninformation ergeben.

überprüft werden kann. Während sog. Inspektionseigenschaften schon vor dem Erwerb (und Verzehr) problemlos festgestellt werden können, stellen sich Erfahrungseigenschaften erst beim Gebrauch heraus. Durch die Erfahrung wird die Wissenslücke über die Qualität des Produkts (leicht verspätet) geschlossen. *Darby* und *Karny* haben die Kategorie der Vertrauenseigenschaften hinzugefügt[480]. Dabei handelt es sich um Eigenschaften eines Gutes, die sich auch nach dem Kauf nicht oder nur zu prohibitiv hohen Kosten überprüfen lassen, weil das Ausprobieren beispielsweise tödlich sein kann.

Diese informationsökonomische Unterscheidung lässt sich auf Coca-Cola anwenden, wobei zwischen Geschmack und Gesundheitsauswirkungen zu differenzieren ist: Jeder kann durch Ausprobieren herausfinden, ob er Coca-Cola mag oder nicht. Das lässt sich nicht durch vorherige Recherchen feststellen, Geschmack eignet sich nicht zur Inspektion. Der Geschmack von Coca-Cola ist somit eine Erfahrungseigenschaft. Etwas anderes gilt für die gesundheitlichen Auswirkungen von Coca-Cola. Coca-Cola kann – wie gezeigt – bei Dauerkonsum schwerwiegende Krankheiten hervorrufen. Diese sind aber nicht unmittelbar erkennbar, sondern entwickeln sich schleichend. Schädliche Nebenwirkungen sind in dem Fall also Vertrauenseigenschaften.

Dabei liegt die Gefahr bei Coca-Cola nicht darin, dass die Entscheidung zum Konsum – wie bei anderen Gütern mit Vertrauenseigenschaften – einmalig ist, wenn sich das Risiko realisiert ("unique decision"). Erst durch die wiederholte Konsumentscheidung kommt es im Fall von Coca-Cola zu Gesundheitsschäden. Damit besteht grundsätzlich die Möglichkeit zum Lernen. Für einen Lerneffekt ist allerdings eine genaue und unmittelbare Rückmeldung erforderlich. Eine solche findet bei Coca-Cola nicht statt. Die negativen Nebenwirkungen entwickeln sich über einen so langen Zeitraum, dass das Konsumverhalten nicht mehr zeitnah angepasst werden kann. Das gilt für Übergewicht ebenso wie für Diabetes ("Regel der 20 Jahre") und die damit einhergehenden kardiovaskulären Erkrankungen. Außerdem kann nach einem so langen Zeitraum eine Erkrankung nur noch schwer einer einzelnen Ursache klar zugeordnet werden. Ein Lerneffekt scheidet daher aus.

Vertrauenseigenschaften können aber auch dann zu Erfahrungseigenschaften werden, wenn die Erfahrungen anderer Konsumenten beobachtet und in die eigene Bewertung einbezogen werden können. Bei einem Produkt wie Coca-Cola

---

480 *Darby, M.R./ Karni, E.*, Free Competition and the Optimal Amount of Fraud, Advances in Consumer Research, Vol. 16 (1973), 67-88; zit. bei *Kaas, K.P./ Busch, A.*, Inspektions-, Erfahrungs- und Vertrauenseigenschaften von Produkten – Theoretische Konzeption und empirische Validierung, Marketing ZFP, Heft 4, 4. Quartal 1996, 243-252

– mit komplexen Risiken, die sich erst langsam realisieren – stellt die Beobachtung fremder Erfahrungen allerdings kaum eine Hilfe für die eigene Beurteilung dar. Im Gegenteil: In solchen Fällen erfolgt die Risikobeurteilung in Anlehnung an das Verhalten der Masse. So gilt es als erwiesen, dass Menschen – bewusst oder unbewusst – Gefahren umso geringer bewerten, je mehr Menschen dieselben Gefahren auf sich nehmen[481]. Als Argument für die Ungefährlichkeit wird dann angegeben, dass doch auch "alle anderen" das Produkt konsumieren[482].

Anders wäre der Fall, wenn es klare Maßstäbe für die Bewertung von Coca-Cola gäbe (z.B. durch Kalorien-, Zucker- oder andere aussagekräftige Angaben). Dann könnte man die gesundheitliche Qualität von Coca-Cola möglicherweise sogar vor dem Kauf herausfinden (Inspektionseigenschaft). Solange aber derartige, aussagekräftige Angaben fehlen, sind Konsumenten nicht in der Lage, das Risiko richtig zu beurteilen. Dann bleiben die gesundheitlichen Auswirkungen von Coca-Cola Vertrauenseigenschaften, mit der Folge, dass mögliche Gesundheitsschäden nicht in die Konsumentscheidung einbezogen werden.

Das Informationsdefizit des Konsumenten wird nicht durch Herstellerangaben ausgeglichen, im Gegenteil: Der Hersteller hat einen Anreiz, den Markt dahingehend zu beeinflussen, dass die Konsumenten die bestehenden Risiken unterschätzen[483]. Gelingt es dem Hersteller, sein Produkt gesünder darzustellen, als es ist, wird er seinen Absatz steigern können, da für die Konsumentscheidung der Gesamtpreis und nicht der Marktpreis des Produkts entscheidend ist. Der Gesamtpreis setzt sich für den Kunden aus dem Marktpreis und den erwarteten,

---

[481] Vgl. *Dipietro, C.M./ King, L.E.*, Pedestrian Gap Acceptance, in: Highway Research Record, 308 (1970), S. 80-91, zit. bei *Undeutsch, U.*, Psychologische Bedingungen der Risikoakzeptanz: Stand der psychologischen Forschung zur Risikoakzeptanz, Karlsruhe: Verlag Versicherungswirtschaft, 1988, S. 15; zit. bei: *von Laffert, G.*, Rauchen, Gesellschaft und Staat, Wiesbaden: Dt. Univ.-Verlag; Wiesbaden: Gabler, 1998 (Gabler Edition Wissenschaft: Ökonomische Analyse des Rechts), S. 161

[482] Dazu kann das Vertrauen in den Staat kommen, dass er bei erheblichen Risken doch sicher einschreiten würde. So argumentierten Teilnehmer eines Mock Trials über den Microsoft-Fall, dass, wenn es denn so schlimm wäre, der Staat sicher schon etwas unternommen hätte. Hier paarte sich Unwissenheit mit dem Vertrauen auf den Staat. Das ganze Laienverfahren lief parallel zum tatsächlichen Verfahren gegen Microsoft. Gespräch mit Prof. Rubinfeld, Herbst 2002

[483] Nach *Hanson/Kysar* besteht nicht nur ein Anreiz, sondern die Notwendigkeit zur Manipulation von Konsumenten, weil Verkäufer in einem Wettbewerbsmarkt den wahrgenommenen Preis ihrer Produkte minimieren müssen: "[T]he invisible hand of the market guarantees that the most successful sellers will be those who, wittingly or not, are the most successful manipulators", s. *Hanson, J./, Kysar, D.A.*, Taking Behaviouralism seriously: Some Evidence of Market Manipulation, Harvard Law Review (1999), Vol. 112: 1420-1572 (1555)

selbst zu tragenden Gesundheitsschäden zusammen. Ändert sich die Risikowahrnehmung des Konsumenten, so dass er den erwarteten Schaden höher einschätzt, dann ändert sich der Gesamtpreis. Diese Preisänderungen haben einen Einfluss auf die Nachfrage.

Wie oben gezeigt wurde, kann Werbung das Wissen über ein Gut und dadurch die Wertschätzung der Konsumenten verändern[484]. Aus diesem Grund machen Unternehmen Werbung. Werbung ist dabei nicht das einzige Mittel, auch die Beeinflussung der öffentlichen Meinung über Medien und Forschung kann die Vorstellung von einem Produkt und darüber die Nachfrage verändern. Deswegen besteht ein Anreiz für Unternehmen, die Risikowahrnehmung und Wertschätzung durch Werbung und Lobbyarbeit zu beeinflussen. Für einen Abbau der Risikounterschätzung besteht für den Hersteller dagegen kein vom Wettbewerb vermittelter Anreiz. Dieser muss von der Rechtsordnung kommen.

5.1.2 Allgemeine menschliche Fehlwahrnehmungen

Neben Fehlwahrnehmungen aufgrund fehlender Informationen oder Manipulation gibt es aber auch Fehler bei der Risikowahrnehmung, die damit zusammen hängen, wie Menschen Informationen aufnehmen und verarbeiten. Dabei systematisch auftretende Unzulänglichkeiten haben Bedeutung für die Wohlfahrtsanalyse[485]. Sie sollen nachfolgend daher kurz dargestellt werden.

---

[484] Durch Werbung kann sich die Wertschätzung eines Produkts ändern. Voraussetzung dieser Werbewirkung ist die (realistische) Annahme, dass keine perfekte Information über die Qualität von Produkten gegeben ist. S. *Stigler G.J./ Becker G.S.*: De Gustibus Non Est Disputandum, in: The American Economic Review (March 1977), Vol. 67, No. 2: 76-90, reprinted in: *Cook, K.S./ Levi, M.*, The Limits of Rationality, Chicago: The University of Chicago Press, 1990, 191-217; Nach Nelson kann Werbung für *experience goods* dabei nur die indirekte Information übermitteln, dass die Firma Werbung macht. Diese Information kann aber Bedeutung für die Konsumentscheidung haben. Dazu im Einzelnen *Nelson, P.*, Advertising as Information, Journal of Political Economy (1974), Vol. 82: 729-754

[485] Von der Fehleinschätzung zu unterscheiden ist das Phänomen, dass sich Konsumenten gelegentlich nicht ihrem Wissen entsprechend verhalten. Darin muss kein Verstoß gegen die Annahme rationalen Verhaltens liegen. Wenn sich jemand in voller Kenntnis der Risiken zum Konsum entschließt, ist ihm offenbar der Konsum das Risiko wert. Wenn der Konsument auch die Kosten seines Verhaltens trägt, besteht kein Interventionsbedarf, so dass wir dieses Phänomen ausklammern können.

Untersuchungen haben gezeigt, dass der Mensch bei der Informationsaufnahme und -verarbeitung gelegentlich Verzerrungen unterliegt[486]. Entsprechende Fehlwahrnehmungen und Risikofehleinschätzungen können durch lückenhafte und komplexe Informationen, wie sie zu den Gesundheitsrisiken von Coca-Cola vorliegen, gefördert werden. Im Fall von Coca-Cola ist der erwartete Schaden besonders schwer einzuschätzen. Der erwartete Schaden ist abhängig von der Schadenseintrittswahrscheinlichkeit und der Schadenshöhe. Eine realistische Schadenseinschätzung erfordert daher zutreffende Kenntnisse über beide Faktoren.

Die Einschätzung der Schadenseintrittswahrscheinlichkeit bereitet Schwierigkeiten. Das erste Problem liegt in der Sammlung, Aufbereitung und Interpretation der medizinischen Erkenntnisse. Die Schädlichkeit von Coca-Cola lässt sich (teilweise) statistisch nachweisen, damit wird aber das individuelle Risiko für viele nicht verständlich. Die Bewertung der Bedeutung des statistischen Risikos für das eigene Leben ist alles andere als einfach, weil sich aus einer erhöhten Wahrscheinlichkeit am Herzinfarkt zu sterben, gerade nicht ableiten lässt, ob man selbst (und in welchem Alter!) am Herzinfarkt sterben wird. Diese Unsicherheit lässt Raum für Optimismus und Selbstbetrug mit der Folge, dass die Wahrscheinlichkeit des Schadenseintritts bei der Einschätzung des individuellen Risikos systematisch unterschätzt wird[487].

---

[486] Vgl. *Tversky, A./ Kahneman, D.*, Rational Choice and the Framing of Decisions, in: Journal of Business, 59 (1986), 4, 251-278, reprinted in: *Cook, K.S./ Levi, M.*, The Limits of Rationality, Chicago: The University of Chicago Press, 1990, p. 60-89

[487] S. grundlegend *Weinstein, N.D.*, Unrealistic Optimism About Future Life Events, 39 J. Personality & Soc. Psychol. 806 (1980), zit. und angewandt in *Sunstein, C.R.* (Hrsg.), Behavioral Law and Economics, Cambridge: Cambridge University Press, 2000 (Cambridge series on judgement and decision making); Dieses Phänomen lässt sich teilweise mit der *Theorie der kognitiven Dissonanz* erklären (Nach *Festinger, L.*: A theory of cognitive dissonance, Evanston, 1957). Danach ist der Mensch bestrebt, entscheidungsrelevante Informationen und eigenes Verhalten in Einklang zu bringen. In der Regel geschieht dies zur Nutzenmaximierung durch die Anpassung des Verhaltens an die gegebenen Informationen. Ist diese Anpassung (durch Verzicht) mit Kosten verbunden, können aber auch die persönlichen Überzeugungen an das Verhalten angepasst werden. Dieses Verhalten ist nach *Akerlof* und *Dickens* durchaus rational, wenn man die kognitive Dissonanz als psychologischen Kostenfaktor begreift, dessen Senkung zu einer Nutzenoptimierung führt, s. *Akerlof, G./Dickens, W.*: The Economic Consequences of Cognitive Dissonance, in: American Economic Review (1982), Vol. 72: 308-310; zit. bei *von Laffert, G.*, Rauchen, Gesellschaft und Staat, Wiesbaden: Dt. Univ.-Verlag; Wiesbaden: Gabler, 1998 (Gabler Edition Wissenschaft: Ökonomische Analyse des Rechts), S. 158; angewandt auf die Problematik von Glücksspielen bei *Tolkemitt, T.*, Die deutsche Glücksspielindustrie, Frankfurt am Main: Lang, 2002 (Schriftenreihe ökonomische Analyse des Rechts; Bd. 2)

Krankheiten als drohende Zukunftsschäden können aber auch besonders schwer zutreffend eingeschätzt werden. Tendenziell wird die Last einer Krankheit unterschätzt. Ärzte beobachten immer wieder, dass todkranke Menschen um jeden Monat kämpfen, während junge Leute ihr Leben beispielsweise durch halsbrecherische Freizeitvergnügungen aufs Spiel setzen und allgemein ihr Leben sowie ihre Lebensqualität extrem stark abdiskontieren. Die Unterschätzung von Zukunftsschäden – insbesondere von jungen Leuten – lässt sich durch eine starke Gegenwartsbezogenheit erklären: Die Zukunft lässt Raum für Optimismus, aber auch Gleichgültigkeit, weil sie ungewiss ist. Die langfristige Perspektive, Risikofaktoren zu vermeiden, um auch künftig gesund zu leben, kann gegenüber dem spontanen Vergnügen nur selten gewinnen[488].

Fehleinschätzungen werden zusätzlich stabilisiert durch das sog. *Anchoring*[489]: Danach berücksichtigen Menschen, die sich eine Überzeugung gebildet haben, korrigierende Informationen nur unzureichend, so dass die Beurteilung auch nach der Anpassung eine Tendenz in Richtung der ursprünglichen Überzeugung behält. Dies wird dadurch verstärkt, dass Menschen die Qualität ihres Urteils systematisch überschätzen[490]. Dadurch wird die Notwendigkeit einer Korrektur unterschätzt. Diese systematisch auftretenden Fehler bei der Risikowahrnehmung erschweren eine realistische Einschätzung der mit dem Coca-Cola-Konsum verbundenen Gefahren.

5.1.3 Die Asymmetrie zwischen Hersteller und Konsument

Auch für den Hersteller, die Coca-Cola Company, sind die medizinischen Zusammenhänge komplex. Der Hersteller unterliegt aber nicht denselben subjektiven Fehlwahrnehmungen wie der Konsument. Vor allem wirken sich die Komplexität der Informationen und die Unsicherheit über die medizinischen Risiken beim Hersteller anders aus als beim Konsumenten:

---

[488] Das zeigt sich besonders deutlich beim Rauchen. S. *Rote Reihe Tabakprävention und Tabakkontrolle*, Sonderband: Gesundheit fördern - Tabakkonsum verringern: Handlungsempfehlungen für eine wirksame Tabakkontrollpolitik in Deutschland, Heidelberg: Deutsches Krebsforschungszentrum, 2002

[489] *Tversky, A./ Kahneman, D.*, Judgement under Uncertainty: Heuristics and Biases, in: *Kahneman, D./ Slovic, P./ Tversky, A.* (Hrsg.), Judgement under Uncertainty 3, 1982, zit. und angewandt in *Sunstein, C.R.* (Hrsg.), Behavioral Law and Economics, Cambridge: Cambridge University Press, 2000 (Cambridge series on judgement and decision making)

[490] *Edwards, W./Winterfeldt, D. von*, Cognitive Illusions, 1986, 659-660, zit. bei: *von Laffert, G.*, Rauchen, Gesellschaft und Staat, Wiesbaden: Dt. Univ.-Verlag; Wiesbaden: Gabler, 1998 (Gabler Edition Wissenschaft: Ökonomische Analyse des Rechts), S. 162

Zunächst ist die Informationsbasis des Herstellers größer als die des Konsumenten. Der Hersteller ist eine Anlauf- und Sammelstelle für Informationen, weil sich bei ihm beispielsweise Konsumenten beschweren. Das gilt für den Konsumenten nicht. Das daraus resultierende Informationsdefizit des Konsumenten wird auch nicht (voll) durch andere Informationsanbieter (z.B. Verbraucherverbände) behoben[491]. Zwar haben diese in der Regel bessere Ressourcen als der einzelne, aber auch ihnen fehlen die Insiderinformationen des Herstellers. Außerdem haben sie in aller Regel viele verschiedene Produkte zu beobachten. Im Ergebnis wird daher das spezialisierte Unternehmen auch neutralen Informationsanbietern wie Verbraucherverbänden überlegen sein.

Auch die Kosten der Informationsaufnahme und -verarbeitung sind für den Hersteller geringer als für den Konsumenten. Informationen sind nicht kostenfrei zu gewinnen und zu verarbeiten[492]. Der Konsument muss aufgrund seiner Diversifizierung über viele einzelne Produkte Informationen sammeln, verstehen und daraus seine Schlüsse ziehen[493]. Er unterliegt aber einer natürlichen Kapazitätsbeschränkung. Die Informationsaufnahme ist etwa mit einem erheblichen Leseumfang verbunden. Vor allem sind die Informationen über Coca-Cola ohne medizinisches Grundwissen auch kaum verständlich, so dass der durchschnittliche Konsument, sofern er nicht selbst medizinisch vorgebildet ist, für ein inhaltliches Verständnis die Hilfe eines Mediziners benötigt[494]. Damit sind die Kosten der Informationssammlung und -gewinnung so erheblich, dass sie leicht den Wert der mit dem Konsum verbundenen Vorteile übersteigen können. In einem solchen Fall liegt die kostenminimierende Lösung für den Konsumenten darin, sich überhaupt nicht zu informieren.

Der Produzent ist dagegen auf sein Produkt spezialisiert, er verfügt über Insiderwissen bezüglich der Herstellung des Produkts und ihm kommt ein Skaleneffekt bei der Informationsverarbeitung zugute. Außerdem steht den Kosten der

---

[491] Bei Erfahrungsgütern wird sich der Konsument in besonderem Maße auf solche alternativen Informationsquellen stützen, s. überzeugend: *Nelson, P.*, Advertising as Information, Journal of Political Economy (1974), Vol. 82: 729-754

[492] Grundlegend *Stigler, G.J.*, The Economics of Information, Journal of Political Economy (1961), Vol. 69: 213-225; vgl. *Meyer, J.*, Instruktionshaftung: eine Analyse aus Sicht der Rechts-, Wirtschafts- und Verhaltenswissenschaften Bielefeld: Gieseking, 1992 (Schriften zum deutschen und europäischen Zivil-, Handels- und Prozessrecht, Bd. 135) m.w.N.

[493] Vgl. *Adams, M.*, Ökonomische Theorie des Rechts: Konzepte und Anwendungen, Frankfurt am Main: Lang, 2002 (Schriftenreihe ökonomische Analyse des Rechts; Bd.1), S.179-226

[494] Zur entsprechenden Problematik bei AGBs s. *Adams, M.*, Ökonomische Begründung des AGB-Gesetzes, Der Betriebsberater, Zeitschrift für Recht und Wirtschaft, Heft 12, 30. April 1989, jetzt auch in: Adams, M., Ökonomische Theorie des Rechts: Konzepte und Anwendungen, Frankfurt am Main: Lang, 2002 (Schriftenreihe ökonomische Analyse des Rechts; Bd. 1)

Informationsverarbeitung beim Hersteller ein größerer Nutzen gegenüber als beim Verbraucher. Der Hersteller hat großes Interesse an der Informationssammlung, weil er an Optimierungsmöglichkeiten für sein Produkt interessiert ist, nicht zuletzt weil ihm – im Falle einer funktionierenden Produkthaftung – eine Haftung droht, wenn er notwendige Verbesserungen unterlässt[495].

Im Ergebnis lässt sich somit ein Informationsdefizit der Konsumenten feststellen: Die Aufklärung über Gesundheitsrisiken von Coca-Cola in den Medien ist unzureichend. Durch eigene Erfahrungen lassen sich die gesundheitlichen Auswirkungen nicht beurteilen. Der Informationsmangel wird auch nicht durch Herstellerangaben ausgeglichen; der Hersteller hat vielmehr einen Anreiz, durch Werbung und Lobbyarbeit die Risikowahrnehmung zu seinen Gunsten zu verbessern. Zu den Informationsdefiziten kommen systematische Fehlwahrnehmungen der Konsumenten. Für den Hersteller stellt sich die Situation anders da, da er über eine größere Informationsbasis verfügt und seine Kosten-Nutzen-Abwägung der Informationssammlung und -verarbeitung anders ausfällt. Daher muss man davon ausgehen, dass das Wissen über das Produkt und seine allgemeinen Wirkungen zwischen Konsument und Hersteller deutlich ungleich verteilt ist.

5.1.4 Folgen asymmetrischer Information

Die unzureichende Kenntnis der Konsumenten über die Gesundheitsgefahren von Coca-Cola wirkt sich auf den Konsum aus. Weil Konsumenten das mit dem Produkt verbundene Risiko und damit den (Gesamt-) Preis unterschätzen, konsumieren sie davon zu viel. Die Unkenntnis über die Eigenschaften eines Gutes hat aber noch einen anderen Effekt[496]: Nur wenn die Konsumenten eine Eigenschaft in ihre Bewertung des Gutes aufgenommen haben, können sie durch ihre Kauf- bzw. Nichtkaufentscheidung dem Anbieter vermitteln, welche von ihnen gewünschte Eigenschaften eines Gutes er herstellen möge. Nimmt der Konsument Eigenschaften eines Gutes hingegen nicht zur Kenntnis, wie es im Fall von Coca-Cola und für den Markt von Erfahrungsgütern im Allgemeinen kenn-

---

[495] Vgl. die Haftung für Konstruktionsfehler und die Produktbeobachtungspflicht.

[496] Vgl. hierzu *Adams, M.*, Ökonomische Begründung des AGB-Gesetzes, Der Betriebsberater, Zeitschrift für Recht und Wirtschaft, Heft 12, 30. April 1989, jetzt auch in: *Adams, M.*, Ökonomische Theorie des Rechts: Konzepte und Anwendungen, Frankfurt am Main: Lang, 2002 (Schriftenreihe ökonomische Analyse des Rechts; Bd. 1)

zeichnend ist, so gewährleistet der Wettbewerb nicht mehr, dass die Konsumenten die gewünschte Qualität erhalten[497].

Wiederholungskäufe könnten hier eine Korrektur des Marktversagens bewirken. Entscheidende Voraussetzung dafür ist allerdings, dass die Konsumenten zu irgendeinem Zeitpunkt die Qualität des Gutes feststellen und dem richtigen Anbieter zuordnen können[498]. Das ist bei Produkten wie Coca-Cola nicht der Fall. Die nachteiligen Folgen – wie Übergewicht, Diabetes, Zahnschäden oder Knochenschwäche – entwickeln sich nur schleichend. Sie treten aber auch erst nach einem längeren Zeitraum auf, so dass sie sich nur noch schwer zuordnen lassen.

Das Problem ließe sich andererseits auch überkommen, wenn der Hersteller die Qualität seines Produkts glaubwürdig signalisieren könnte. Kalorienangaben oder Angaben über zugesetzten Zucker könnten z.B. ein Signal für Qualität sein. In Deutschland besteht bislang aber keine allgemeine Pflicht, Kalorienangaben zu machen. Nur wenn in der Werbung die besonderen Qualitäten eines Produkts herausgestellt werden, müssen dazu Angaben gemacht werden (Grundsatz: "Werbung muss wahr sein."). Darum enthält Coca-Cola light Kalorienangaben, nicht aber die klassische Coca-Cola. Diese Regelung führt dazu, dass nur selektiv über positive Eigenschaften (wertvolle Mineralien, Vitamine oder wenig Kalorien) informiert wird, nicht aber über den Zucker- oder Fett-Anteil jedes Lebensmittels. Damit ist kein allgemeiner Vergleich zwischen Produkten möglich.

Für den Hersteller besteht auch kein Anreiz, über negative Aspekte aufzuklären[499]. Das bestätigt die Erfahrung aus den USA, wo vor Einführung von Pflichtangaben (zu Kalorien, Fett-, Zucker-, Eiweißanteilen usw.) die Hersteller besonders vorteilhafter Produkte in der Regel freiwillig entsprechende Angaben gemacht haben. Als Konsument hätte man aus fehlenden Packungsangaben also folgern können, dass das Produkt weder besonders gesund, noch besonders kalorienarm war. Dennoch nahm der Absatz besonders kalorienhaltiger Produkte

---

[497] Zu diesem grundlegenden Mechanismus s. *Akerlof, G. A.*, The Market for "Lemons": Quality Uncertainty and the Market Mechanism, Quarterly Journal of Economics (1970), Vol. 84: 488-500

[498] Vgl. hierzu Adams, der das Problem am Beispiel von AGB analysiert, *Adams, M.*, Ökonomische Begründung des AGB-Gesetzes, Der Betriebsberater, Zeitschrift für Recht und Wirtschaft, Heft 12, 30. April 1989, jetzt auch in: *Adams, M.*, Ökonomische Theorie des Rechts: Konzepte und Anwendungen, Frankfurt am Main: Lang, 2002 (Schriftenreihe ökonomische Analyse des Rechts; Bd. 1)

[499] Das bestätigt auch die Untersuchung des vzbv über das Informationsverhalten von Unternehmen bei kritischen Verbraucheranfragen, s. *Verbraucherzentrale Bundesverband (vzbv) e.V.* (Hrsg.), Hintergrundpapiere des vzbv zum Verbraucherinformationsgesetz vom 16. April 2002

nach der Einführung von Pflichtangaben ab. Das spricht dafür, dass – auch wenn man aus der Nichtangabe schon Schlussfolgerungen ziehen konnte – bis zur Einführung der Pflichtangaben ein Informationsdefizit vorlag. Denn nur neue Informationen oder ihre bessere Wahrnehmbarkeit vermögen das Verhalten zu beeinflussen. Diese Anpassung hat nach der Einführung von Pflichtangaben stattgefunden[500].

[500] Die Pflichtangaben haben aber nicht dazu geführt, dass besonders kalorienhaltige Produkte vollständig vom Markt verschwunden sind. S. *Mathios, A.D.*, The Impact of Mandatory Disclosure Laws on Product Choices: An Analysis of the Salad Dressing Market, in: Journal of Law and Economics, Vol. XLIII (2) (Oct. 2000), 651-677

5.2 Externalitäten

Eine weitere Ursache vermeidbarer Wohlfahrtsverluste sind sog. negative Externalitäten. Man unterscheidet zwischen positiven und negativen Externalitäten. Externalisierung bedeutet dabei, dass Kosten oder Nutzen nicht (vollständig) bei dem anfallen, der die kosten- bzw. nutzenverursachende Handlung ausübt. Das heißt: Externalisierte Kosten haben einen indirekten Effekt auf andere Konsum- oder Produktionsaktivitäten, der nicht in Marktpreisen reflektiert wird. Marktpreise haben aber gerade die wichtige Funktion, Produzenten wie Konsumenten Informationen zu liefern. Treten Kosten bei einem anderen als dem Verursacher auf, ohne dass sie diesem in Rechnung gestellt werden, so werden diese Kosten bei der Entscheidung über die Handlung nicht berücksichtigt. Die Kosten-Nutzen-Abwägung bleibt unvollständig. Bei einer unvollständigen Abwägung drohen Wohlfahrtsverluste.

Wie oben festgestellt, kann Coca-Cola-Konsum die Gesundheit erheblich schädigen. Dadurch entstehen Kosten für eine medizinische Behandlung. Die Kosten werden also durch die Produktion und den Konsum von Coca-Cola verursacht. Die Kostenlast für die medizinische Behandlung wird dem Einzelnen in Deutschland aber über das Gesundheitssystem abgenommen. Ausgenommen hiervon sind lediglich die erlittenen Schmerzen und die verkürzte Lebenserwartung. Von dieser Ausnahme abgesehen trägt der Sozialversicherungsträger die Kosten, ohne dass er Konsum oder Produktion des schädlichen Produkts beeinflussen kann. Da durch die Überwälzung die Kosten weder bei den Konsumenten, noch bei der Coca-Cola Company (vollständig) berücksichtigt werden, liegen negative Externalitäten vor.

Die externalisierten Kosten sind erheblich. Man bekommt eine Vorstellung vom Ausmaß der Kosten, wenn man sich die Verbreitung der wichtigsten Gesundheitsauswirkungen von Coca-Cola – Übergewicht, Diabetes und mögliche Folgeerkrankungen – vergegenwärtigt: Bereits eins von vier Kindern und jeder zweite Erwachsene in den USA ist übergewichtig. Das Auftreten von Übergewicht unter Kindern ist in den USA zwischen 1980 und 1994 um 100% gestiegen. In Europa sieht es nur unwesentlich besser aus: Hier sind etwa 15-20% fettleibig[501] und brauchen eine Behandlung. Das sind allein in Deutschland etwa 5-10 Millionen Menschen. Aber auch die Zahl der bloß übergewichtigen Men-

---

[501] *Björntop, P.*, Obesity, The Lancet (1997), Vol. 350: 423-426 Man unterscheidet zwischen Übergewicht und Fettleibigkeit. Fettleibigkeit ist eine Krankheit und wird definiert als ein Body Mass Index (BMI) von über 30 kg/m^2. Um als fettleibig eingestuft zu werden, muss z.B. ein Mann, der 1,80 m groß ist über 100 kg wiegen und eine Frau, die 1,60 m groß ist, mehr als 75 kg.

schen (BMI zwischen 25 und 29) nimmt deutlich zu. Schätzungsweise jeder dritte erwachsene[502] Bundesbürger ist übergewichtig und sollte aus medizinischen Gründen abnehmen[503]. Die Prognosen für 2006 gehen davon aus, dass 71% der Deutschen übergewichtig sein werden[504].

Diese Epidemie der Fettleibigkeit ist eines der größten Gesundheitsprobleme unserer Zeit. Denn Übergewicht ist nicht bloß ein Schönheitsmakel, die Auswirkungen sind vielfältig und weit reichend und könnten sich bald als ebenso schwerwiegend wie die des Rauchens erweisen. Übergewicht steht statistisch in Zusammenhang mit erhöhten Blutfettwerten, Bluthochdruck und Störungen des Zuckerstoffwechsels. Mit steigendem Übergewicht erhöht sich auch das Risiko für Gicht, Gallenstein, Bandscheibenschäden, Krampfadern, einige Krebsleiden und Asthma[505]. Übergewicht und die damit einhergehenden Krankheiten zählt die WHO daher mittlerweile zur Liste der Top 10 globalen Gesundheitsrisiken[506]. In den USA werden ca. 300.000 Todesfälle/Jahr auf die Adipositas mit ihren Folgeerkrankungen zurückgeführt[507]; sie ist damit die zweithäufigste Todesursache im Erwachsenenalter nach dem Rauchen[508].

Die Folgen von Übergewicht sind teuer. Nach einer Anfang 1998 veröffentlichten Schätzung geben die USA sechs Prozent ihrer gesamten Gesundheitsausgaben für die Folgekosten des Übergewichts aus, schätzungsweise US$ 100 Milliarden[509]. Andere schätzen die jährlichen Kosten für Gesundheitsausgaben und Arbeitskraftverlust durch Krankheiten, die im Zusammenhang mit Über-

---

[502] Zahlen für Übergewicht, Fettleibigkeit und BMI bei deutschen Vorschulkindern finden sich bei *Kalies, H./ Lenz, J./ von Kries, R.*, Prevalence of Overweight and Obesity and Trends in Body Mass Index in German Pre-School Children, 1982-1997, International Journal of Obesity (2002), Vol. 26: 1211-1217

[503] So die Deutsche Adipositas Gesellschaft: www.adipositas-gesellschaft.de

[504] Editorial: Getting a Handle on Obesity, The Lancet (2002), Vol. 359, 1955.

[505] Gefährdet sind dabei vor allem die Übergewichtigen, bei denen sich das Fett in der Körpermitte konzentriert, S. dazu *Björntop P.*, Obesity, The Lancet (1997), Vol. 350: 423-426 (424)

[506] *Grady, D.*, Why We Eat (and Eat and Eat), NY Times, Nov. 26, 2002

[507] *McGinnis, J.M./ Foege, W.H.*, Actual Causes of Death in the United States, Journal of the American Medical Association, 270, No. 18 (Nov 10, 1993) 2207-2212; *Allion, D.B. et al.*, Annual Deaths Attributable to Obesity in the United States, JAMA 282, No. 16 (Oct. 27, 1999) 1530-1538

[508] *McGinnis / Foege*, (1993), zit. in den Leitlinien der Deutschen Adipositas-Gesellschaft, verabschiedet auf der Konsensus-Konferenz am 19.10.2001, S.7

[509] *Wolf, A./ Colditz, G.*, Current Estimates of the Economic Cost of Obesity in the United States; Obesity Research, 6, No. 2 (1998) 97-106

gewicht stehen, auf US$ 117 Milliarden[510]. In Deutschland sollen es bis zu € 15 Milliarden sein[511].

Als eine der wichtigsten und teuersten Folgen von Übergewicht gilt Diabetes. In Deutschland leiden rund sechs Millionen Menschen an Diabetes mellitus, 90 Prozent davon unter Typ 2. Die Tendenz ist steigend. In den westlichen Ländern wird ungefähr ein Drittel aller fettleibigen Menschen mittleren Alters Diabetes entwickeln und in zehn Jahren dürfte nach Schätzung von Fachleuten vermutlich jeder zwölfte Deutsche unter Diabetes leiden. Das Phänomen ist nicht auf Deutschland beschränkt. Man kann auch hier regelrecht von einer globalen Epidemie sprechen[512]. Der Anteil der Diabetiker an der Bevölkerung wird in den westlichen Industrienationen auf sechs Prozent geschätzt und man rechnet weiterhin mit einem weltweiten Wachstum von sechs Prozent jährlich[513]. Demnach soll die Zahl der Diabetiker Schätzungen zufolge von 150 Millionen weltweit auf 220 Millionen im Jahr 2010 und 300 Millionen im Jahr 2020 ansteigen[514].

Die Erkrankung an Diabetes kann eine ganze Reihe Folgeerkrankungen mit sich bringen, zu Amputationen, Blindheit, Impotenz, Leberversagen und Herzkrankheiten oder Schlaganfall führen[515]. Zwei von drei Amputationen treffen Diabetiker. Jeder Dritte, der neu erblindet, und jeder zweite Dialysepatient leidet an

---

[510] Vgl. Editorial: Getting a Handle on Obesity, The Lancet (2002); Vol. 359: 1955.

[511] *Grimm, H.-U.*, Aus Teufels Topf: Die neuen Risiken beim Essen, München: Droemersche Verlagsanstalt Th. Knaur Nachf., 2001, S. 76, Zahlen bei *Seidell, J./ Deerenberg, J.*, Obesity in Europe: Prevalence and Consequences for the Use of Medical Care. Pharmaco Econ 1994; 5 (suppl 1): 38-44, zit. bei *Björntop, P.*, Obesity, The Lancet (1997), Vol. 350: 423-426, FN 8

[512] Vgl. *King, H./ Aubert, R.E./ Hermann, W.H.*, Global Burden of Diabetes, 1995-2025: Prevalence, Numerical Estimates, and Projections, Diabetes Care (Sept. 1998), Vol. 21, No. 9: 1414-1427 (1417, 1419), von wo auch die nachfolgenden Zahlen stammen.

[513] *Moller, D.E.*, New Drug Targets for Type 2 Diabetes and the Metabolic Syndrome, Nature Vol. 414 (13 Dec 2001), 821-827

[514] *Zimmet, P./ Alberti K.G.M.M./ Shaw, J.*, Global and Societal Implications of the Diabetes Epidemic, Nature, Vol. 414 (13 Dec 2001), 782-787 (783) m.w.N.

[515] Bundesweit rund 28.000 Beinamputationen im Jahr stehen im Zusammenhang mit einer Diabeteserkrankung, 6000 Menschen erblinden jährlich in Deutschland als Spätfolge von Diabetes, 8.300 Diabetiker werden Dialysepatienten und 27.000 Herzinfarkte und 44.000 Schlaganfälle werden der Erkrankung an Diabetes zugerechnet. Die Zahlen entstammen der sog. Code-2-Studie (Costs of diabetes in Europe) von 1998, zit. bei *Pater, S.*, Zuckerwasser – Vom Coca-Cola-Imperium, Bonn: RETAP-Verlag, 2002, S. 65.

Diabetes[516]. 10% der Frührentner sind dies wegen ihrer Diabeteserkrankung. Und die Lebenserwartung eines Diabetikers verkürzt sich statistisch um ein Drittel ab dem Zeitpunkt der Manifestation[517]. Dass Typ 2 Diabetes in letzter Zeit zunehmend bei jüngeren Altersgruppen auftritt, verschärft die Problematik. Hier summieren sich Kosten durch den Produktivitätsverlust, die Behandlung, aber auch die Spätfolgen von Diabetes. Auch der erwartete Zuwachs an Neuerkrankungen verschärft die Situation. Diabetes kostete die USA 1987 schätzungsweise US$ 20,4 Mrd., im Jahr 1994 schon US$ 90 Mrd.[518] und – nach jüngsten Schätzungen – mittlerweile US$ 100 Mrd. jährlich[519]. Deutschland gibt für etwa vier Millionen Diabetiker schätzungsweise € 20 Milliarden aus[520].

Nun ist Coca-Cola nicht die einzige Ursache für die Zunahme von Übergewicht, Diabetes und den entsprechenden Folgekrankheiten. Coca-Cola als Soft Drink mit einem erheblichen Marktanteil spielt aber keine nur untergeordnete Rolle, wie im Rahmen der medizinischen Erkenntnisse dargelegt wurde: So liefern *Soft Drinks* Jugendlichen in den USA 8% der gesamten täglich aufgenommenen Kalorien . Die durchschnittliche Kalorienaufnahme von Schulkindern, die keine *Soft Drinks* tranken, lag ca. 10% niedriger als bei Kindern, die im Durchschnitt ein großes Glas *Soft Drinks* täglich zu sich nahmen. Auch unter Erwachsenen ist der Anteil der Übergewichtigen unter regelmäßigen Soft Drink-Konsumenten deutlich höher als unter denjenigen, die keine *Soft Drinks* trinken. Damit hat man einen Anhaltspunkt für die Dimension des Problems.

Es stellt sich die Frage, wie man mit Externalitäten und Informationsasymmetrien umgehen kann. Dieser Frage widmet sich der nachfolgende Abschnitt. Dabei wird insbesondere das geltende Produkthaftungsrecht auf Anreize für eine

---

516 S. *PLUSMINUS* "Volkskrankheit Diabetes – Warum Deutschlands Ärzte versagen" vom 09.07.02, Textfassung im Internet unter http://www.hr-online.de/fs/plusminus/archiv/020709diabetes.html (accessed 10 Oct 2002)

517 *Pater, S.*, Zuckerwasser – Vom Coca-Cola-Imperium, Bonn: Retap-Verlag, 2002, S. 66

518 *American Diabetes Association*, Costs of Diabetes, Diabetes 1993 Vital Statistics, Alexandria, Virginia: American Diabetes Association (1993), 43-44, zit. *Zimmet, P.*, Globalization, Coca-Colonization and the Chronic Disease Epidemic: Can the Doomsday Scenario be Averted? Journal of Internal Medicine (2000), Vol. 247: 301-310, FN 21

519 Vgl. *Zimmet, P.*, Globalization, Coca-Colonization and the Chronic Disease Epidemic: Can the Doomsday Scenario be Averted? Journal of Internal Medicine (2000), Vol. 247: 301-310, FN 22 m.w.N. So auch die Schätzung des Center for Disease Control and Prevention, zit. bei *Zinczenko, D.*, Don't Blame the Eater, NY Times, Nov. 23, 2002

520 S. *PLUSMINUS* "Volkskrankheit Diabetes – Warum Deutschlands Ärzte versagen" vom 09.07.02, Textfassung im Internet unter http://www.hr-online.de/fs/plusminus/archiv/020709diabetes.html (accessed 10 Oct 2002)

Beseitigung der Marktimperfektionen untersucht sowie Alternativen und ergänzende Maßnahmen erörtert.

5.3 Bisherige Lösungen

5.3.1 Einleitung

Die beste Lösung wäre, eine Korrektur des Marktversagens über privates Verhandeln der beteiligten Parteien herbeizuführen. Das gegenseitige Zustimmungserfordernis bei einer Verhandlungslösung stellt sicher, dass die privaten Vorteile aller Beteiligten berücksichtigt werden. Werden aber die Interessen aller Beteiligten berücksichtigt, so wird zugleich eine sozial vorteilhafte Lösung erreicht. Eine private Verhandlungslösung kann aber nur unter bestimmten Voraussetzungen zustande kommen. Sie sind Gegenstand des Coase-Theorems[521]. Danach wird ein effizientes Verhandlungsergebnis erzielt, wenn - vereinfacht gesagt - Eigentumsrechte wohl definiert und zugeordnet sind, und die Parteien ohne Kosten zu ihrem beiderseitigen Vorteil verhandeln können[522].

Die erste Voraussetzung ist gegeben: Das Recht, nicht an der Gesundheit beschädigt zu werden, ist definiert und steht dem einzelnen zu (vgl. § 823 Abs. 1 BGB). Im Fall von Coca-Cola sind die Verhandlungen über den Ersatz von Schäden an der Gesundheit aber nicht kostenlos. Das hat zwei Gründe: Zum einen liegt keine perfekte Information vor. Wie gezeigt verfügt der Konsument nicht über die für eine Beurteilung notwendigen Informationen. Damit besteht ein Anreiz für den Hersteller, sich strategisch zu verhalten. Zum anderen gibt es viele Teilnehmer. Typisch bei einem Massenprodukt wie Coca-Cola sind viele Geschädigte mit Schäden, die vor allem in der Summe erheblich sind. Viele Geschädigte bedeuten zeit- und kostenintensive Verhandlungen. Damit scheidet eine Lösung durch privates Verhandeln über die Produktqualität wegen zu hoher Transaktionskosten aus.

5.3.2 Anreize des geltenden Haftungsregimes

Alternativ kommt die Beseitigung des Marktversagens über eine Produkthaftungsregel in Betracht. Eine Produkthaftungsregel gibt dem Geschädigten die Möglichkeit, unter bestimmten Voraussetzungen den Hersteller in Regress zu

---

[521] S. *Coase, R.H.*, The Problem of Social Cost, Journal of Law and Economics (1960), 1-44

[522] Das gilt unabhängig davon, wie die Eigentumsrechte ursprünglich zugeordnet sind. Daraus ergeben sich nur Unterschiede bei der Verteilung des Verhandlungsgewinns, s. *Pindyck, R.S./Rubinfeld, D.L.*, Microeconomics, 5th ed. (2001), Upper Saddle River, N.J.: Prentice Hall

nehmen. Von einer Produkthaftungsregel gehen aber auch Anreize aus, den Schadenseintritt von vornherein zu vermeiden. Der erwartete Schaden kann grundsätzlich durch Maßnahmen des Herstellers und des Konsumenten beeinflusst werden[523]. Der Hersteller kann durch Sicherheitsinnovationen[524] und Warnhinweise auf das Produkt einwirken. Der Konsument kann durch eine Veränderung seiner Nachfrage und einen vorsichtigeren Umgang mit dem Produkt zur Verminderung der Gefahren beitragen.

In Deutschland existiert bereits ein Produkthaftungssystem, das im vorigen Kapitel in Grundzügen dargestellt wurde. Die nachfolgenden Ausführungen konzentrieren sich auf dieses Haftungsregime und gehen am konkreten Beispiel von Coca-Cola[525] der Frage nach, welche Anreize für Hersteller und Konsument vom derzeitigen Haftungsrecht ausgehen[526]. Anschließend wird erörtert, ob Raum für Verbesserungen besteht.

Unsere Ausgangssituation ist, dass der Konsument sich nicht voll über die Gefahren bewusst ist, Coca-Cola aber die notwendigen Informationen hat (Informationsasymmetrie) und die wahren Kosten des Produkts signalisieren könn-

---

[523] Für die Bestimmung der effizienten Sorgfaltsvorkehrungen beider Seiten schlägt Adams die gedachte Vereinigung von Schädiger und Geschädigtem in einer Person vor. Der typische "Gesamteigentümer" wird das Aktivitäts- und Sorgfaltsniveau wählen, bei dem er seinen Gesamtnutzen maximiert. Da der Gesamteigentümer die Nutzen und Kosten beider Seiten berücksichtigt, indem er auf Produzentenseite die Kosten für Produktion und Haftung, auf Konsumentenseite den nominalen Preis und den erwarteten, selbst zu tragenden Schaden in seine Berechnung einbeziehen, stellt sein Optimum auch das erreichbare Maximum der sozialen Wohlfahrt da. Alle Kosten sind internalisiert. Bei voller Kosteninternalisierung reflektiert der Marktpreis die "wahren Kosten" eines Produkts. Dadurch werden zugleich Informationsasymmetrien abgebaut. S. *Adams, M.*, Ökonomische Analyse der Gefährdungs- und Verschuldenshaftung, Heidelberg: v. Decker, 1985 (R. v. Decker's rechts- und sozialwissenschaftliche Abhandlungen; Bd. 31)

[524] Beispielsweise durch Verwendung einer anderen Zuckerart, weniger Zucker, weniger Koffein etc. Die nachfolgenden Ausführungen konzentrieren sich allerdings auf die Möglichkeit, durch Warnhinweise (und entsprechend angepasstes Konsumentenverhalten) den Schadenseintritt und die Schadenshöhe zu vermindern.

[525] Die daraus gewonnenen Erkenntnisse lassen sich aber verallgemeinern und dann auf alle Produkte anwenden, die ähnliche Charakteristika aufweisen wie Coca-Cola (d.h. eine mit Unsicherheit behaftete Schädlichkeit und eine vergleichbare Lobbyproblematik).

[526] Für eine grundlegende Diskussion der Frage, welche Art von Haftungssystem (Gefährdungs- oder Verschuldenshaftung) unter welchen Umständen am besten dazu geeignet ist, Informationsasymmetrien zu beseitigen und zur Internalisierung von externalisierten Kosten beizutragen, s. *Adams, M.*, Ökonomische Analyse der Gefährdungs- und Verschuldenshaftung, Heidelberg: v. Decker, 1985 (R. v. Decker's rechts- und sozialwissenschaftliche Abhandlungen; Bd. 31)

te[527]. In einer solchen Konstellation besteht ohne Haftungsregel für den Hersteller kein Anreiz, umfassend und verständlich über Risiken und Nebenwirkungen seines Produkts aufzuklären, da eine wirksame Warnung zu Erlöseinbußen führt. Denn wenn der Konsument die Gefahren von Coca-Cola nicht kennt (Ignorance) oder sie unterschätzt (Misperception), werden Warnungen seine Risikoeinschätzung und sein Verhalten beeinflussen. Durch die Warnung erfährt der Konsument, dass das Produkt schädlich ist. Bei adäquater Aufklärung kann der Konsument den erwarteten Schaden mit dem erwarteten Nutzen abwägen und so seine Risikounterschätzung korrigieren. Dadurch steigt für ihn der wahrgenommene (Gesamt-) Preis (Marktpreis + erwarteter Schaden) des Produkts. Mit steigendem Preis sinkt aber die Nachfrage. Der Konsument wird seinen Konsum einschränken[528]. Das gilt für Kinder allerdings nur eingeschränkt: Es erscheint wenig realistisch, dass insbesondere jüngere Kinder entsprechende Informationen lesen oder richtig verstehen können. Daher kommt eine Lösung des Problems durch Produktaufklärung vorrangig für erwachsene Konsumenten in Betracht. Bei ihnen ist das Sorgfalts- und Konsumniveau eine Funktion der Warnungen des Herstellers. Dabei ist anzunehmen, dass mit der Intensität der Warnungen die vom Konsumenten erwartete Schadenshöhe steigt[529].

Der Hersteller muss folgendes erwägen: Warnungen führen, wie gezeigt, zu Nachfrageverlusten. Diese lassen die Erlöse sinken. Für den Hersteller besteht nur dann ein Anreiz zu Warnungen, wenn er dadurch auch seine Kosten redu-

---

527 Es ist nicht erforderlich, dass Coca-Cola die Risikofaktoren des einzelnen Verbrauchers kennt. Man muss davon ausgehen, dass Coca-Cola Konsumenten heterogen sind. (Bei Fettsucht und Diabetes spielt beispielsweise die genetische Veranlagung eine Rolle, die bei jedem anders ist.) Die Information über individuelle Risikofaktoren ist zwischen Konsument und Hersteller auch asymmetrisch verteilt. Wenn man aber ein Produkt flächendeckend vertreibt, kommt es für die Festlegung des erforderlichen Sicherheitsniveaus nur auf die Kenntnis von den Risikofaktoren in der Bevölkerung insgesamt an. Wird durch Warnhinweise auf das erhöhte Risiko von Coca-Cola für Menschen mit bestimmten Risikofaktoren deutlich hingewiesen, können sie ihren Konsum entsprechend anpassen.

528 Das gilt allerdings nur bei unvollständiger Kompensation. Bei vollständiger Kompensation spielt die Risikowahrnehmung des Konsumenten hingegen keine Rolle, da der Konsument (zumindest theoretisch) zwischen Eintritt und Ausbleiben des Schadens indifferent ist. Dadurch besteht der Gesamtpreis aus dem Marktpreis, s. *Endres, A./ Lüdeke, A.*, Produktsicherheit: Eine informations- und rechtsökonomische Analyse, Berlin: Duncker und Humblot, 2001 (Volkswirtschaftliche Schriften; H. 513), S. 186

529 Es gibt allerdings einen Punkt, wo die Annahme der positiven Korrelation zwischen Intensität der Warnung und erhöhter Schadenserwartung nicht mehr zutrifft, sondern sich in ihr Gegenteil verkehrt – wenn der Konsument derartig mit Informationen zugeschüttet wird, dass er sie gar nicht mehr beachtet (sog. information overload).

zieren kann, und diese Kostenreduktion die entstehenden Erlöseinbußen[530] und Informationskosten[531] zumindest kompensiert. Die Kosten des Herstellers setzen sich aus Herstellungs- und Sicherheitskosten und den zu erwartenden Schadensersatzzahlungen zusammen. Mit sinkender Produktion sinken auch die Herstellungs- und Sicherheitskosten[532]. Diese Kostensenkung ist aber zu vernachlässigen. Entscheidend kann nur eine Senkung der Haftungskosten sein. Übertrifft sie den erwarteten Erlösverlust, lohnen sich für den Hersteller Warnhinweise. Das wird der Fall sein, wenn der Hersteller nach derzeitiger Regulierung in entsprechender Höhe zur Haftung herangezogen wird.

Nach deutschem Produkthaftungsrecht (§ 823 Abs.1 BGB, § 1 Abs. 1 ProdHaftG) haftet der Hersteller für gefährliche Eigenschaften des Produkts, vor denen er den Verbraucher nicht gewarnt hat. Ausgenommen sind Gefahren, die allgemein bekannt sind. Die erwarteten Haftungskosten des Herstellers sind dabei abhängig von der Zahl der zu erwartenden Klagen, ihren Aussichten und den erwarteten Haftungssummen: Die Klagefreudigkeit hängt vom Nutzen einer Klage und den mit ihr verbundenen Kosten ab[533]. Übersteigt der erwartete Nutzen die erwarteten Kosten, wird sich ein Geschädigter zur Klage entscheiden[534].

Betrachten wir zunächst die Nutzenseite: Der Nutzen einer Klage ist abhängig von ihren Erfolgsaussichten und der erwarteten Haftungssumme. Die Erfolgs-

---

[530] *Erlöseinbußen* entstehen – wie zuvor erläutert – durch den zu erwartenden Nachfragerückgang. Dieser ist die Folge der durch die Warnhinweise korrigierten Risikowahrnehmung.

[531] *Informationskosten* entstehen, weil die Beschaffung und Auswertung der Informationen über die Wirkung eines Produkts nicht kostenlos ist. Sobald aber ein Hersteller vor den Nebenwirkungen seines Produkts warnt, profitieren davon auch die Hersteller von Konkurrenzprodukten (positiver externer Effekt). Die Erträge des Informationsangebots in Höhe der reduzierten Schadensersatzzahlungen werden also geteilt, nicht aber die Kosten (Informationen als öffentliches Gut). Dadurch vermindert sich für den Hersteller der Anreiz, in die Informationsbeschaffung zu investieren.

[532] Die *Produktionskosten* dürften bei einem Produktionsrückgang aber nicht überproportional sinken, wenn man davon ausgeht, dass der Hersteller in einem Wettbewerbsmarkt die optimale Menge produziert. Die *Sicherheitskosten* spielen bei Coca-Cola keine Rolle, da es nicht um teure "Sicherheitstechnik", sondern um Warnhinweise geht, deren Herstellung praktisch keine Kosten verursacht.

[533] Dazu grundlegend *Adams, M.*, Ein Vergleich des Kostenersatzrechts in Deutschland, Österreich und den USA, in: *Adams, M.,* Ökonomische Theorie des Rechts: Konzepte und Anwendungen, Frankfurt am Main: Lang 2002 (Schriftenreihe ökonomische Analyse des Rechts; Bd. 1), S. 313-325

[534] Siehe hierzu Adams, der eine entsprechende Kosten-Nutzen-Abwägung am Beispiel der Aktionärsklage mit Drittwirkung durchspielt, *Adams, M.*, Reform des Kostenersatzrechts bei Aktionärsklagen mit Drittwirkung, Die Aktiengesellschaft, AG 2000, S. 396-412.

aussichten einer Produkthaftungsklage nach gegenwärtigem Recht werden – wie oben gezeigt – wesentlich dadurch bestimmt, ob der Kläger die Kausalität zwischen dem Konsum des Produkts und seiner Erkrankung nachweisen kann. Diese Frage ist mit großer Unsicherheit behaftet. Das liegt zum einen daran, dass das Risiko von Coca-Cola statistisch signifikant, der Nachweis im Einzelfall aber schwer zu erbringen ist. Für eine erfolgreiche Klage ist aber ein individueller Schadensnachweis erforderlich. Die Beweislage ist für den Konsumenten durch die bestehende Informationsasymmetrie erschwert. Der Hersteller weiß deutlich mehr über sein Produkt, dessen Wirkungen und Funktionszusammenhänge als der Geschädigte. Nach geltendem Recht trägt aber der Geschädigte die Darlegungs- und Beweislast für die Kausalität.

Die Beweiserbringung kann außerdem durch erfolgreiche Lobbyarbeit des Herstellers erschwert werden. Für den Hersteller besteht – wie oben gezeigt – ein Anreiz zu Lobbyarbeit, weil für ihn viel auf dem Spiel steht. Die Lobbyarbeit kann auch die richterliche Entscheidung beeinflussen, weil die Richter die medizinischen Funktionszusammenhänge nicht aus eigener Kenntnis beurteilen können. Die Wissensverteilung zwischen Hersteller und Gericht stellt sich ähnlich dar wie die zwischen Hersteller und Konsument. Das Gericht unterliegt zwar nicht denselben subjektiven Fehlwahrnehmungen wie der Konsument (Optimismus und Selbstbetrug), da es keine Konsumentscheidung zu treffen hat, sondern das Verhalten anderer Personen beurteilt. Die Gegebenheiten, die bei Konsumenten zu Informationsproblemen führen, gelten für das Gericht aber entsprechend (Informationsdefizite, Diversifikation). Um die Wissenslücke zu schließen, bedient sich das Gericht eines Sachverständigen. Je erfolgreicher das Unternehmen die wissenschaftliche Meinung beeinflussen konnte, desto größer ist die Wahrscheinlichkeit, dass diese Meinung auch im Prozess von einem Sachverständigen vorgetragen wird. Eine Klage ist danach mit erheblichen Beweisrisiken belastet. Die Erfolgsaussichten sind dementsprechend unsicher.

Der erwartete Nutzen einer Klage wird – außer von den Erfolgsaussichten – auch von der erwarteten Haftungssumme bestimmt. Die Schadenssummen für Verletzungen und Schmerzensgeld sind in Deutschland im Vergleich zu den USA niedrig. Dementsprechend niedrig ist auch der Klageanreiz[535]. Angesichts unsicherer Erfolgsaussichten und niedriger Schadenssummen ist der erwartete Nutzen einer Klage somit gering.

Für eine umfassende Abwägung sind neben dem erwarteten Nutzen die Kosten entscheidend. Die Kosten einer Klage bestehen aus den Gerichts- und Anwalts-

[535] Adams erörtert das Problem für Aktionärsklagen, s. *Adams, M.*, Reform des Kostenersatzrechts bei Aktionärsklagen mit Drittwirkung, in: Die Aktiengesellschaft, AG, 2000, S. 396-412

gebühren, sowie gegebenenfalls den Kosten für einen Sachverständigen (Rechtsdurchsetzungskosten). Hinzukommen können nicht-monetäre Kosten wie Angst, Ärger oder Aufregung[536], die – zusammen mit einer Risikoaversion – den Unnutzen einer Klage für den Einzelnen verstärken können. Nach deutschem Zivilprozessrecht hat der Kläger vor Erhebung der Klage die Gerichtsgebühren zu entrichten, vgl. §§ 49, 61, 65 I 1 GKG. Daneben ist er seinem Anwalt zur Gebührenzahlung verpflichtet. Für den Sachverständigen hat derjenige, der die Anhörung beantragt, einen Auslagenvorschuss zu leisten, § 68 I GKG. Das wird in der Regel der Kläger sein, da er ohne Einschaltung eines Sachverständigen den Kausalitätsnachweis nicht erbringen kann[537]. Wie hoch die Kosten im konkreten Fall sind, hängt vor allem vom Streitwert, sowie von den benannten Zeugen und Sachverständigen ab. Die Kosten muss der Kläger vorstrecken. Ob er sie am Ende trägt, hängt vom Ausgang des Rechtsstreits ab. Im deutschen Zivilprozess trägt der Unterliegende die gesamten Kosten des Rechtsstreits; er hat auch seinem Prozessgegner die entstandenen Kosten zu erstatten, vgl. § 91 Abs. 1 ZPO[538]. Diese Regelung lässt den Anreiz, einen Prozess mit einer niedrigen subjektiven Gewinnwahrscheinlichkeit zu führen, sinken[539]. Als Zwischenergebnis lässt sich somit festhalten, dass die Klagefreudigkeit angesichts eines mit großer Unsicherheit behafteten Klageausgangs und niedriger erwarteter Schadenssummen gering ist. Dies gilt umso mehr, als Menschen nach den Erkenntnissen der Prospect Theory Verluste höher bewerten als Gewinne in selber Höhe[540].

Die Zahl der Geschädigten, die einen Prozess gegen Coca-Cola führen, ist aber auch deswegen gering, weil es in Deutschland keine Sammelklage gibt. Bei der Sammelklage klagt ein Kläger im Namen einer Klasse von Betroffenen. Er muss die Betroffenen nicht fragen, ob sie mit der Klageerhebung einverstanden

---

[536] S. *Adams, M.*, Ein Vergleich des Kostenersatzrechts in Deutschland, Österreich und den USA, in: *Adams, M.* Ökonomische Theorie des Rechts: Konzepte und Anwendungen, Frankfurt am Main: Lang, 2002 (Schriftenreihe ökonomische Analyse des Rechts; Bd. 1), S. 313-325, Fn. 2

[537] Ein Auslagenvorschuss kann aber auch verlangt werden, wenn die Anhörung eines Sachverständigen von Amts wegen (vgl. §§ 144, 403 ZPO) angeordnet wird, vgl. § 68 III GKG.

[538] Bei einem teilweisen Obsiegen sind die Kosten verhältnismäßig zum Ausmaß des Obsiegens zu verteilen, § 92 ZPO.

[539] Vgl. *Adams, M.*, Ein Vergleich des Kostenersatzrechts in Deutschland, Österreich und den USA, in: *Adams, M.* Ökonomische Theorie des Rechts: Konzepte und Anwendungen, Frankfurt am Main: Lang 2002 (Schriftenreihe ökonomische Analyse des Rechts; Bd. 1), S. 313-325

[540] Schätzungsweise ungefähr zwei mal so stark, s. *Kahneman, D./ Tversky, A.*, Prospect Theory: An Analysis of Decision under Risk (1979), 57 Econometrica, 263 (279), zit. bei: *Guthrie, C.*, Prospect Theory, Risk Preference and the Law, Vanderbilt University Law School, Law and Economics, Working Paper No. 02-12

sind. Im Rahmen einer Sammelklage entscheidet das Gericht über die Ansprüche aller Betroffenen[541]. Weil das Gericht in einem Verfahren über alle Ansprüche entscheidet, verändert sich die Kosten-Nutzen-Abwägung für die Klageerhebung: Der mit der Klage verbundene Aufwand bleibt im Wesentlichen gleich, es geht aber um eine Vielzahl von Fällen. Die Kosten verteilen sich damit auf viele, die Nutzen-Kosten-Relation steigt. In solchen Konstellationen kann das Instrument der Sammelklage somit einen sinnvollen Anreiz zur Klageerhebung geben.

Gegen Sammelklagen wird häufig vorgebracht, dass sie – wie man in den USA beobachten könne – zu Schadensersatzforderungen in astronomischer Höhe führten, die ein Erpressungspotential böten und sich für das beklagte Unternehmen mitunter existenzbedrohend auswirken könnten[542]. Bei dieser Kritik werden regelmäßig zwei wesentliche Unterschiede zwischen dem deutschen und dem US-amerikanischem Recht außer Acht gelassen: Zum einen gibt es in Deutschland nicht das Instrument der Strafzahlungen (punitive damages), zum anderen gibt es hierzulande im Zivilprozess keine Laienrichter (jury). Nach einer Untersuchung von *Hersch* und *Viscusi*[543] wurden 98% aller erheblichen Strafzahlungen von Juries verhängt. Die Höhe der Strafzahlungen war dabei nicht vorhersehbar, und es bestand kaum ein Zusammenhang zwischen der Höhe der Strafzahlungen und dem regulären Schadensersatz. Damit sind die unberechenbaren Schadensersatzsummen aber nicht in erster Linie auf das Instrument der Sammelklage, sondern auf die Institution der Laienrichter zurückzuführen.

Ohne Sammelklage gibt es hingegen kein Instrument, den Hersteller für die Schäden aller Betroffenen in Anspruch zu nehmen. In Deutschland muss der Hersteller nur mit einer Haftung für diejenigen rechnen, die sich – trotz schlechter Erfolgsaussichten und geringer Schadenssummen – zu einer Einzelklage entschließen. Der Ausgang dieser möglichen Einzelklagen ist aufgrund der Kausalitätsprobleme unklar. Damit wären aber deutlich höhere Schadens-

---

[541] In Deutschland müssen dagegen mehrere Geschädigte, auch wenn sie ihre Interessen bündeln und gemeinsam einen Hersteller verklagen wollen, stets einen individuellen Schadensnachweis erbringen. Gemeinsame Klagen würden also von deutschen Gerichten abgetrennt und einzeln verhandelt.

[542] S. z.B. *Fleischhauer, J.*, Milliardenklagen: US-Anwälte strangulieren die Wirtschaft, Der Spiegel 17/2003 – 24. April 2003

[543] *Hersch, J./Viscusi, W.K.*, Punitive Damages: How Judges and Juries Perform, Harvard John M. Olin Discussion Paper No. 362, 05/2002

summen notwendig, um für den Hersteller einen annährend adäquaten Anreiz zur Bestimmung des optimalen Sicherheitsniveaus zu erzeugen[544].

Die vom Hersteller insgesamt zu erwartende Haftungssumme spiegelt aber noch aus einem anderen Grund nicht die entstandenen Kosten wieder: In Deutschland werden ärztliche Behandlungskosten in der Regel nicht vom Einzelnen, sondern von den Sozialversicherungsträgern getragen. Der Geschädigte kann die dem Sozialversicherungsträger entstandenen Kosten im Prozess nicht geltend machen[545]. Dadurch wird der Hersteller nicht in vollem Maße mit den Schadenskosten belastet[546]. Die Schadenskosten werden externalisiert, weil weder der Hersteller noch der Konsument sie trägt. Damit sinken die Kosten für das risikobehaftete Produkt.

5.3.3 Zwischenergebnis und Verbesserungsvorschläge

Ohne Produkthaftungsregel werden die Kosten für Gesundheitsschäden überwiegend von den Sozialversicherungsträgern und die nicht-materiellen Kosten (Schmerzen) von den betroffenen Konsumenten getragen (negative Externalitäten). Daran ändert auch das existierende Produkthaftungsregime wenig: Die erwarteten Haftungskosten des Herstellers sind geringer als die erwarteten Erlöseinbußen bei wirksamen Warnhinweisen, so dass kein ausreichender Anreiz für Warnhinweise besteht. Die Haftungskosten spiegeln auch nicht die entstandenen Kosten wieder, weil zu wenig Kläger ihre Schäden geltend machen, und die zu

---

544 Wenn nur einem von zehn Klägern der Kausalitätsnachweis gelingt, müsste die Schadenssumme das Zehnfache des bei dem Kläger eingetretenen Schadens betragen, um den Hersteller zu einer realistischen Kosten-Nutzen-Abwägung zu bewegen. Vgl. *Kaplow, L./ Shavell, S.*, Property Rules versus Liability Rules: An Economic Analysis, Harvard Law Review, (1996) Vol. 109: 713-790

545 Der Sozialversicherungsträger hat nicht die notwendigen Informationen über die Konsumgewohnheiten der Geschädigten, um eine Klage zu begründen. Ohne diese Informationen der Konsumenten wird er Schwierigkeiten haben, dem Hersteller die Kausalität zwischen Produktfehler und Gesundheitsschäden nachzuweisen.

546 *Cooter* unterscheidet zwischen perfekter Kompensation und perfekter Haftung. Die Haftung ist perfekt, wenn der Konsument den bei ihm unmittelbar entstandenen Schaden vollständig ersetzt bekommt. Dies beinhaltet aber nicht die tertiären Schadenskosten (z.B. Anwalts- und Gerichtskosten), vgl. *Schäfer, H.-B./Ott, C.*, Lehrbuch der ökonomischen Analyse des Zivilrechts, 3. Aufl., Berlin, Heidelberg: Springer, 2000. Daher ist die Kompensation nicht perfekt, vgl. *Endres, A./ Lüdeke, A.*, Produktsicherheit: Eine informations- und rechtsökonomische Analyse, Berlin: Duncker und Humblot, 2001 (Volkswirtschaftliche Schriften; H. 513), S. 191 f. Diese Unterscheidung lässt sich nicht ohne Weiteres auf Deutschland übertragen, da hier bei einer erfolgreichen Klage in der Regel die gesamten gerichtlichen und außergerichtlichen Kosten von der unterliegenden Partei getragen werden.

erwartenden Haftungssummen nicht den entstandenen Kosten entsprechen. Die Haftung ist nicht "perfekt".

Bei nicht perfekter Haftung reflektiert der Marktpreis nicht den wahren Preis des Produkts[547]. Schadenskosten bleiben unberücksichtigt. Das fehlende Preissignal können die Konsumenten nicht ergänzen. Aufgrund ihrer Fehlwahrnehmung unterschätzen sie das Risiko des Produkts. Dadurch wird das Produkt mehr nachgefragt, als es bei korrekter Risikowahrnehmung der Fall wäre. Eine nicht perfekte Haftung trägt weder zur Kosteninternalisierung noch zum Abbau der Informationsasymmetrie bei.

Ziel von Verbesserungsvorschlägen muss danach die Erhöhung der Haftungskosten für den Hersteller sein. Dazu könnte die Einführung der Sammelklage einen wesentlichen Beitrag leisten[548]. Die Gesamtzahl der Klagen hinge dann nicht mehr vom Entschluss und der Risikofreudigkeit jedes einzelnen ab, sondern ein Geschädigter könnte die Ansprüche aller Produktgeschädigten in einem Verfahren geltend machen. Zugleich wäre das Beweisproblem behoben, da im Rahmen einer Sammelklage kein individueller Schadensnachweis erforderlich ist[549].

---

[547] Durch die nicht perfekte Haftung wird aber der Konsument seine eigene Schadensvorsorge auch nicht steigern, weil ihm der Schaden vom Sozialversicherungsträger abgenommen wird. Bei vollständiger Kompensation ist der Konsument indifferent zwischen Eintritt und Ausbleiben des Schadens. Der Hersteller wird sein Verhalten anpassen, indem er entweder sein Produkt sicherer macht (und die Sicherheitskosten auf den Produktpreis aufschlägt) oder für die durch sein Produkt verursachten Schäden haftet (und die Schadenskosten auf den Produktpreis umlegt). In jedem Fall wird der Marktpreis die vollen Kosten reflektieren. Der Konsument orientiert sich am Preis; Risikofehlwahrnehmungen spielen daher keine Rolle.

[548] Die vorliegende Arbeit beschäftigt sich mit der Anreizstruktur des geltenden Produkthaftungsrechts und notwendigen Verbesserungsvorschlägen. Die genaue Untersuchung, welche Änderungen im Einzelnen für die Einführung der Sammelklage im deutschen Zivilprozessrecht erforderlich wären, bleibt anderen Arbeiten vorbehalten.

[549] Die Sammelklage hätte noch einen anderen Vorteil: Das Gericht hat die Aufgabe, die sozial effizienten Aktivitäts- und Sorgfaltsniveaus aller Beteiligten festzusetzen. Referenzsystem hierfür ist das Aktivitäts- und Sorgfaltsniveau, das eine Person festlegen würde, die gleichzeitig Verletzer und Opfer wäre. Um das Sicherheitsniveau dieser Gesamtperson zutreffend zu bestimmen, müssen die Gerichte Kenntnis der Gesamtnutzen und -kosten (auf Konsumenten- und Produzentenseite) haben. Im Rahmen eines einzelnen Verfahrens werden dem Gericht keine Informationen über die Gesamtkosten vorgelegt. Hat das Gericht aber keinen Überblick über die Gesamtkosten, kann es nicht die effizienten Sorgfaltsniveaus bestimmen. Das ändert sich, wenn nicht mehr über einen Einzelfall, sondern über alle Geschädigte in einem Verfahren zu entscheiden ist.

Mit der Einführung der Sammelklage würden die Haftungskosten für den Hersteller eines gefährlichen Produkts steigen. Damit stiege der Anreiz, durch Warnhinweise die Haftung abzuwälzen, auch wenn dadurch Erlöseinbußen zu befürchten wären. Weil der Hersteller nicht für allgemein bekannte Risiken haftet, die Risiken aber durch (ausreichende) Warnhinweise bekannt gemacht werden, bestünde für Konsumenten auch kein Anreiz, sich beim Konsum des Produkts nachlässig zu verhalten und auf die Haftung des Produzenten zu vertrauen[550].

Unabhängig von der Einführung der Sammelklage ist bei statistisch gelungenem Nachweis eines Kausalzusammenhangs eine Kausalitätsvermutung einzuführen[551], wie sie jetzt für die Arzneimittelhaftung gilt, vgl. § 84 Abs. 2 AMG[552]. Die Problemlage ist ähnlich: Bei Schäden, die durch verschiedene Produkte verursacht worden sein können, stellt der Kausalitätsnachweis für den Geschädigten eine kaum zu überwindende Hürde dar. Dem Geschädigten wäre geholfen, wenn die Ursächlichkeit des Produkts für die Rechtsgutsverletzung dann, wenn das Produkt nach den Gegebenheiten des Einzelfalles dazu geeignet erscheint, vermutet würde. Das müsste der Geschädigte darlegen und beweisen. Hätte er diesen Beweis erbracht und weiter nachgewiesen, dass er das Produkt auch tatsächlich und bestimmungsgemäß konsumiert habe, so läge es am Hersteller, die Kausalitätsvermutung zu widerlegen. Dadurch würde die Hauptunsicherheit für klagende Geschädigte – das Beweisrisiko – beseitigt. Man kann erwarten, dass dadurch der Anreiz zu klagen stiege.

Unabhängig von der Einführung der Sammelklage ist über Beweiserleichterungen hinsichtlich der Kausalität nachzudenken. Auf die Problematik ist im Rahmen der rechtlichen Ausführungen hingewiesen worden: Nach dem im deutschen Recht geltenden Alles-oder-Nichts-Prinzip und dem Prinzip des Vollbeweises erlangt der Geschädigte nur dann Schadensersatz, wenn er nachweisen kann, dass das Produkt ursächlich für die Schädigung war[553]. Andernfalls wird

---

[550] Auch die viel beschworene Gefahr "amerikanischer Verhältnisse" durch die Einführung der *Sammelklage* ist in Deutschland schon deswegen gering, weil Anwälte hier - im Gegensatz zu den in den USA üblichen *contingent fees* - nicht gewinnabhängig bezahlt werden und die Kostenüberwälzung anders funktioniert: In Deutschland trägt der Verlierer alle Kosten, in den USA trägt jede Seite ihre Kosten.

[551] Siehe *Adams, M.*, Zur Aufgabe des Haftungsrechts im Umweltschutz, Zeitschrift für Zivilprozeß (ZZP) (1986), 99: 129-165

[552] S. *Wagner, G.*, Das neue Schadensersatzrecht, Baden-Baden: Nomos, 2002, S. 22 ff.

[553] Siehe *Schäfer, H.-B./ Ott, C.*, Lehrbuch der ökonomischen Analyse des Zivilrechts, 2. Aufl., Berlin, Heidelberg: Springer, 1995, 7. Kapitel, 5.1 (S. 227 f.)

die Klage vollumfänglich abgewiesen[554]. Bei Schäden, die durch verschiedene Produkte oder Umstände verursacht worden sein können, wird der Kausalitätsnachweis kaum gelingen können, weil der Geschädigte im Einzelfall lediglich beweisen können wird, dass ein bestimmtes Produkt bei der Entstehung einer bestimmten Krankheit eine Rolle gespielt hat, andere Faktoren aber nicht auszuschließen sein werden. So liegt es im Fall Coca-Cola. Dadurch besteht nur ein geringer Anreiz, eine Klage zu erheben.

Für solche Fälle wurde in der Wissenschaft die Einführung einer Wahrscheinlichkeitshaftung vorgeschlagen[555]. Unter Wahrscheinlichkeitshaftung versteht man eine Haftung des Herstellers für einen Teil des Schadens entsprechend der Wahrscheinlichkeit der Ursächlichkeit. Das klassische Beispiel hierfür ist das Atomkraftwerk[556], bei dem es aufgrund fahrlässigen Verhaltens zur Freisetzung von Strahlung kommt, was über die nächsten 20 Jahre zu einem Anstieg der Krebserkrankungen um 10% führt. Da Krebs aber auch andere Ursachen hat, wird man nie herausfinden können, welche Krebserkrankung genau auf das Reaktorunglück zurückzuführen ist. In einem Prozess wird dem Geschädigten folglich der Vollbeweis, dass seine Erkrankung auf die erhöhte Strahlung zurückzuführen sei, nicht gelingen. Da man sie nicht identifizieren kann, werden also auch die tatsächlich durch den Reaktor verursachten zusätzlichen 10% der Fälle leer ausgehen. Für den Betreiber der Anlage entsteht dadurch ein Anreiz, entsprechende Sicherheitsmaßnahmen, die eine Schädigung verhindern könnten, zu unterlassen. Lässt man hingegen für den vollen Ersatz ausreichen, dass die Tätigkeit die Wahrscheinlichkeit einer Erkrankung lediglich erhöht hat, würde der Betreiber mit den gesamten Kosten aller Erkrankungen belastet. Es käme zu einer Übermaßhaftung. Begreift man die Schädigung in diesem Fall hingegen als die erhöhte Wahrscheinlichkeit, an Krebs zu erkranken, und spricht einen

---

[554] Das Gericht entscheidet gemäß § 286 Abs. 1 ZPO unter Berücksichtigung von Verhandlung und Beweisaufnahme „nach freier Überzeugung". Nach ständiger Rechtsprechung ist der Beweis dabei erst erbracht, wenn der Richter persönlich voll überzeugt ist und zwar nicht nur von der Wahrscheinlichkeit, sondern von der Wahrheit der behaupteten Tatsache. Der Richter muss prüfen, ob er die an sich möglichen Zweifel überwinden kann. Er braucht diese aber nicht völlig auszuschließen. Ausreichend ist ein für das praktische Leben brauchbarer Grad von Gewissheit und nicht nur von Wahrscheinlichkeit. Dieser Gewissheitsgrad muss einem restlichen etwaigen Zweifel Schweigen gebieten, ohne ihn völlig ausschließen zu müssen. S. *Baumbach, A.. et al.*, Zivilprozessordnung, 62. Aufl., München: C. H. Beck, 2004, § 286, Rn. 16, 18 m.w.N.

[555] Für Deutschland siehe *Adams, M.*, Zur Aufgabe des Haftungsrechts im Umweltschutz, ZZP 1986, 129-165; *Shavell, S.*, Uncertainty over causation and the determination of civil liability, Journal of Law and Economics, vol. 28, 1985: 587-609

[556] *Posner, R.A.*, Economic Analysis of Law, 4th edition, Boston, Toronto, London: Little Brown and Company, 1992, §6.7. S. 183

dementsprechenden Schadensersatz (im Beispiel von 10%) zu, kommt man zu einem sinnvollen Ergebnis. Durch die Aufteilung der Haftung werden die sozial richtigen Anreize gesetzt, weil die Lasten wohlfahrtstheoretisch richtig verteilt werden. Prozessual ist es vorteilhaft, wenn das Instrument der Sammelklage zur Verfügung steht, da es die Bündelung der Einzelinteressen ermöglicht. Andernfalls kann der Klageanreiz, die Aussicht auf Ersatz von 10% der Kosten für die Erkrankung, für den Einzelnen zu niedrig sein.

Eine Wahrscheinlichkeitshaftung gibt es z.B. in Frankreich, England oder der Schweiz[557]. Im deutschen Recht ist sie unbekannt. Fälle, in denen eine Mitverursachung nicht auf Dritte, sondern auf den Geschädigten selbst zurückzuführen ist, werden im deutschen Recht über eine Anrechnung des Mitverschuldens gemäß § 254 BGB gelöst. Dies ist auch sinnvoll, da andernfalls ein Anreiz zur Sorglosigkeit gesetzt würde. Für Fälle, bei denen unklar ist, welcher von mehreren Verursachern welchen Anteil am Schaden zu tragen hat, gibt es im deutschen Recht die Gesamtschuldnerschaft – im Deliktsrecht nach §§ 830, 840 Abs. 1 in Verbindung mit § 421 BGB. Eine der Wahrscheinlichkeitshaftung ähnliche Wirkung wird dabei durch den Innenausgleich zwischen den Gesamtschuldnern nach § 426 Abs. 1 BGB erzielt. Die gesamtschuldnerische Haftung führt auch weitgehend zu denselben Folgen wie die Wahrscheinlichkeitshaftung. Es gibt aber auch Unterschiede: So besteht für den Kläger bei einer gesamtschuldnerischen Haftung ein höherer Anreiz zur Klage, weil er den Schaden in einem einzigen Prozess in voller Höhe geltend machen kann. Im Rahmen der rechtlichen Ausführungen ist jedoch bereits darauf hingewiesen worden, dass weder § 830 noch § 840 BGB im vorliegenden Fall weiterhelfen.

Der Fall von Coca-Cola liegt bei näherem Hinsehen aber auch anders als der des Atomkraftwerks. Zum einen ist der Stand des Wissens ein anderer. Im Fall von Coca-Cola – so die zugrunde liegende Annahme dieser Arbeit – kennt der Hersteller die Risiken seines Produkts, der Konsument (und das Gericht) hingegen nicht (Informationsasymmetrie). Nach den oben gemachten Ausführungen besteht angesichts der vielen täglich konsumierten Produkte auch keine Möglichkeit für Konsument oder Gericht, sich zu vernünftigen Kosten zu informieren. Zugleich besteht aber – im Gegensatz zum Kraftwerk – für den Konsumenten die Möglichkeit, das Risiko durch sein Verhalten zu beeinflussen, wenn er davon weiß. Dementsprechend kann sich der Hersteller durch eine entsprechende Warnung entlasten. Im Fall des Atomkraftwerks wäre es sinnlos, wenn der Betreiber sich durch den Hinweis auf die erhöhte Wahrscheinlichkeit, im Umfeld der Anlage an Krebs zu erkranken, entlasten könnte. Zudem besteht das Pro-

---

[557] *Schäfer, H.-B./ Ott, C.*, Lehrbuch der ökonomischen Analyse des Zivilrechts, 2. Aufl., Berlin, Heidelberg: Springer, 1995, 7. Kapitel, 5.2 (S. 228 f.)

blem der Kausalität im Fall von Coca-Cola nicht darin zu identifizieren, welcher Erkrankte auf die Gefährdung zurückzuführen ist, da nach den medizinischen Erkenntnissen der Coca-Cola-Konsum für die Erkrankung stets ein Faktor von mehreren ist. Das Kernproblem liegt darin, den Anteil der Schädigung, die darauf zurückzuführen ist, festzustellen.

Insofern würde man bei einer gedachten Vereinigung zwischen Schädiger und Geschädigtem zur Bestimmung der wohlfahrtstheoretisch optimalen Anreize zu dem Ergebnis kommen, dass der Schädiger die ihm vorliegenden Informationen bereit stellen, der potentiell Geschädigte sie beachten sollte. Einen Anreiz zur Bereitstellung der Informationen besteht für den Geschädigten nach den oben gemachten Ausführungen allerdings nur dann, wenn ihm andernfalls eine Haftung droht. Über die Hürde des Kausalitätsbeweises kommt der Geschädigte aber nur durch die Einführung einer Kausalitätsvermutung bei statistisch gelungenem Nachweis[558], wie sie jetzt für die Arzneimittelhaftung gilt, vgl. § 84 Abs. 2 AMG[559]. Die Problemlage ist ähnlich: Bei Schäden, die durch verschiedene Produkte verursacht worden sein können, stellt der Kausalitätsnachweis für den Geschädigten eine kaum zu überwindende Hürde dar.

Dem Geschädigten wäre geholfen, wenn die Ursächlichkeit des Produkts für die Rechtsgutsverletzung dann, wenn das Produkt nach den Gegebenheiten des Einzelfalles dazu geeignet erscheint, vermutet würde. Das müsste der Geschädigte darlegen und beweisen. Hätte er diesen Beweis erbracht und weiter nachgewiesen, dass er das Produkt auch tatsächlich und bestimmungsgemäß konsumiert habe, so läge es am Hersteller, die Kausalitätsvermutung zu widerlegen. Dadurch würde die Hauptunsicherheit für klagende Geschädigte – das Beweisrisiko – beseitigt. Man kann erwarten, dass dadurch der Anreiz zu klagen stiege.

Eine Beweislastumkehr birgt andererseits die Gefahr, dass der Schädiger mit Schäden belastet wird, die durch andere Faktoren gegeben sind und die er durch eine Anpassung seines Verhaltens nicht beeinflussen kann. Dann kommt es zu einer Übermaßhaftung. Dies bedeutet, dass der Hersteller seine Tätigkeit in geringerem Maße als sozial erwünscht aufnehmen wird[560]. Die Gefahr der Übermaßhaftung ist im vorliegenden Fall aber dadurch deutlich eingeschränkt, dass der Hersteller sich mit dem Argument des Mitverschuldens entlasten kann.

---

[558] Siehe *Adams, M.*, Zur Aufgabe des Haftungsrechts im Umweltschutz, Zeitschrift für Zivilprozeß (ZZP) (1986), 99: 129-165

[559] S. *Wagner, G.*, Das neue Schadensersatzrecht, Baden-Baden: Nomos, 2002, S. 22 ff.

[560] *Schäfer, H.-B./ Ott, C.*, Lehrbuch der ökonomischen Analyse des Zivilrechts, 2. Aufl., Berlin, Heidelberg: Springer, 1995, 7. Kapitel, 5.3.1 (S. 230)

Außerdem kann das Gericht nach § 287 BGB den Schaden schätzen, wenn zwischen den Parteien streitig ist, ob ein Schaden entstanden ist und wie hoch sich der Schaden oder ein zu ersetzendes Interesse belaufe. Voraussetzung ist aber ein nach § 286 ZPO zu beurteilender Zusammenhang zwischen dem Verhalten des Schädigers, dem rechtswidrigen Zustand oder – in unserem Fall – dem fehlerhaften Produkt und dem ersten Erfolg der haftungsbegründenden Ursächlichkeit[561]. Dafür ist die Beweislastumkehr erforderlich.

Zur Ergänzung der Beweislastumkehr bietet sich ein Auskunftsanspruch gegen den Hersteller an, wie er jetzt ebenfalls im AMG vorgesehen ist, vgl. § 84 a AMG. Dadurch würde zugleich die Informationsasymmetrie in der Gerichtssituation aufgehoben. Außerdem könnten Gerichte über eine Anhebung der Haftungssummen nachdenken. In Deutschland bleibt der Schadensersatz bislang hinter dem eingetretenen Schaden zurück[562]. Die Geschädigten werden nicht wirklich in den Zustand versetzt, der ohne das schädigende Ereignis bestehen würde. Üblicherweise bedauern die Geschädigten auch nach Leistung des Schadensersatzes, dass sie geschädigt wurden. Eine Anhebung der Haftungssummen würde den Klageanreiz erhöhen, und somit zur Steigerung der Effizienz des Haftungsrechts beitragen.

Neben diesen Vorschlägen zur Verbesserung der Klageanreize ist die Haftung auf Fälle manipulierender Werbung auszuweiten. Die bisherige Rechtsprechung, nach der es für eine Beeinflussung der Sicherheitserwartungen nur auf solche Werbeaussagen ankommen soll, denen der Werbeadressat „ernsthafte Aussagen über die Produktsicherheit entnimmt“[563], wird der Werbewirklichkeit nicht gerecht und setzt falsche Anreize[564]. Emotionalisierende Werbung kann ebenso wie rationale Qualitätsargumente die Produktwahrnehmung von Konsumenten beeinflussen[565]. Vor allem wird durch eine Beschränkung der Haftung auf "sachliche" Werbung die Werbung für Erfahrungsgüter pauschal privilegiert, da sie sich nie sinnvollerweise sachlicher Argumente bedienen kann. Die Qualität

---

561 *Baumbach, A.. et al.*, Zivilprozessordnung, 62. Aufl., München: C. H. Beck, 2004, § 287, Rn. 6 m.w.N.

562 Damit ist auch § 249 BGB nicht erfüllt.

563 Vgl. BGHZ 116, 60, 68 = NJW 1992, 560 – Kindertee I

564 Sie wird auch nicht durch das Verbot unwahrer Werbung im Rahmen des UWG kompensiert. Auf diese Grundlage können nur Wettbewerber, nicht aber einzelne Konsumenten eine Klage stützen.

565 Als abschreckendes Beispiel kann die Tabakwerbung dienen, die über ein Lebensgefühl zum Rauchen verführt. Zum Einfluss der Tabakwerbung auf den Zigarettenkonsum Jugendlicher s. *Rote Reihe Tabakprävention und Tabakkontrolle*, Sonderband: Gesundheit fördern - Tabakkonsum verringern: Handlungsempfehlungen für eine wirksame Tabakkontrollpolitik in Deutschland, Heidelberg: Deutsches Krebsforschungszentrum, 2002, S. 32 m.w.N.

von Erfahrungsgütern kann vorab nicht überprüft werden, das ist ihr Charakteristikum. Dadurch misst der Konsument Qualitätsaussagen aber auch keine übermäßige Bedeutung zu. Anders sieht es bei Inspektionsgütern aus: Hier sucht der Konsument direkte Produktinformationen, die er mithilfe anderer Informationsquellen überprüfen kann. Durch diese Möglichkeit besteht zugleich ein verminderter Anreiz für irreführende Werbung, da diese, wenn sie entlarvt wird, die Glaubwürdigkeit des Herstellers beschädigt[566]. Die bisherige Beschränkung der Haftung auf solche Werbeaussagen, die beim Konsumenten konkrete Sicherheitserwartungen hervorrufen, legt die Hürde zu hoch und führt dazu, dass die Manipulation des Konsumenten von Erfahrungsgütern in der Praxis keine Haftungskosten verursacht. Erweitert man die Haftung des Herstellers auf Fälle, in denen er die Konsumenten – egal wie – zur Risikounterschätzung verleitet, wird er mit den Kosten seines Handelns belastet. Dadurch sinkt auch hier der Anreiz zu einer Manipulation der Risikowahrnehmung[567].

Man ist für die Lösung der bei Coca-Cola festgestellten systematischen Probleme (Kostenexternalisierung und Informationsasymmetrie) aber nicht auf das Produkthaftungsrecht beschränkt. Es bestehen Regulierungsalternativen, wie beispielsweise die Anordnung von Warnhinweisen durch eine Behörde oder Werbebeschränkungen. Der große Vorteil von Haftungsregeln liegt darin, dass Firmen, die sich einer Haftung ausgesetzt sehen, selbst entscheiden, ob und wie viel Schäden sie in Kauf nehmen – in Kenntnis der Kosten für Prävention und der möglichen, zusätzlichen Profite[568]. Diese Informationen stehen Gerichten und Regulierern in der Praxis nur selten zur Verfügung. Andererseits ist das Funktionieren der Produkthaftungslösung stets vom Tätigwerden der Geschädigten abhängig. Das kann – wie vorliegend gezeigt wurde – die Effizienz des Haftungsregimes erheblich einschränken. Allerdings liegt die suboptimale Klagebereitschaft an den Anreizen des Rechtssystems, die verändert werden können. Hier liegt also kein struktureller Nachteil gegenüber einer Regulierungsalternative vor. Mögliche Regulierungsalternativen sollen nachfolgend diskutiert werden.

---

566 S. grundlegend *Nelson, P.*, Advertising as Information, Journal of Political Economy (1974), Vol. 82: 729-754

567 Im Rahmen von Werbung wird künftig möglicherweise noch ein anderer Fall an Bedeutung gewinnen – irreführende Anpreisungen. So tragen „Joghurt-Gums" von Katjes neuerdings den Aufdruck „absolut fettfrei". Das mag zutreffend sein, könnte aber eine irreführende Anpreisung sein, weil bei dieser Art von Süßigkeiten niemand erwartet, dass sie Fett enthalten. Das eigentliche Gesundheitsrisiko liegt in ihrem hohen Zuckergehalt. Die Heraushebung „absolut fettfrei" ist also geradezu fernliegend, könnte aber dennoch womöglich eine beruhigende Wirkung haben. Die weitere Entwicklung dieses Phänomens ist abzuwarten.

568 S. hierzu *Kaplow, L./ Shavell, S.*, Property Rules versus Liability Rules: An Economic Analysis, Harvard Law Review, Vol. 109 (1996), 713-790

5.4 Regulierungsalternativen

5.4.1 Anordnung von Warnhinweisen

Für Coca-Cola sind Warnhinweise zu empfehlen. Diese sollten insbesondere auf die Wirkung von Koffein und Zucker aufmerksam machen und die Gesundheitsfolgen des Coca-Cola-Konsums, wie z.B. Übergewicht, Diabetes, Mangelernährung, Knochenschwund und Zahnschäden klar und konkret benennen. Eine Überfrachtung mit Informationen (information overload) gilt es dabei zu vermeiden. Detailversessene Aufklärung auch über abwägige Eventualitäten lenkten vom Wesentlichen ab. Wie oben gezeigt, kann das Produkthaftungsrecht bereits Anreize zu Warnhinweisen geben. Warnhinweise können dem Hersteller aber auch von einer Regulierungsbehörde vorgeschrieben werden. Dann entwirft und formuliert eine Regulierungsbehörde (und nicht der Hersteller) – unter Berücksichtigung der bekannten Fehlwahrnehmungen (cognitive biases) – Warnungen, die der Hersteller auf sein Produkt zu drucken hat[569]. Inhalt und Gestaltung der Warnhinweise sind dabei vorab auf ihre Wirksamkeit zu testen. Dies favorisiert *Viscusi* in seinen Reformvorschlägen zur Produkthaftung[570].

Diesen Vorschlag haben *Hanson* und *Kysar* kritisiert[571], weil dabei, wie sie meinen, die Möglichkeiten des Herstellers, Produktwarnungen entgegenzuwirken, außer Acht gelassen werden. Der Markt sei viel besser als jede Regulie-

---

[569] *Tversky* und *Kahneman* haben festgestellt, dass die Wahl zwischen verschiedenen Alternativen von der Formulierung, dem Kontext und der Art der Darstellung beeinflusst werden kann. Entscheidungsmöglichkeiten werden stets im Verhältnis zu einem Referenzpunkt bewertet. Dabei hat sich gezeigt, dass Menschen bei Möglichkeiten, die sich als Gewinne darstellen, grundsätzlich risikoavers, bei Verlusten risikofreudig entscheiden. (Anders ist es bei geringen Eintrittswahrscheinlichkeiten.) Die zugrundeliegende unterschiedliche Wahrnehmung gleicher Situationen lässt sich mit einer optischen Täuschung vergleichen. Die Erkenntnisse können bei der Darstellung der Risiken nutzbar gemacht werden. Vgl. *Kahneman, D./ Tversky, A.*, Choices, Values and Frames, 39 American Psychologist (1984), 341 (342-44), zit. bei *Guthrie, C.*, Prospect Theory, Risk Preference & the Law, Vanderbilt University Law School, Law and Economics, Working Paper No. 02-12

[570] *Viscusi, W.K.*, Reforming Products Liability 137 (1991), zit. bei *Hanson, J.D./ Kysar, D.A.*, Taking Behaviouralism Seriously: Some Evidence of Market Manipulation, Harvard Law Review (1999), Vol. 112: 1420-1572 (1555)

[571] *Hanson, J.D./ Kysar, D.A.*, Taking Behaviouralism seriously: Some Evidence of Market Manipulation, Harvard Law Review (1999), Vol. 112: 1420-1572; s. auch *Hanson, J.D./ Kysar, D.A.*, Taking Behaviouralism Seriously: The Problem of Market Manipulation, N.Y.U. Law Review (1999), Vol. 74: 630-749; *Hanson, J.D./ Kysar, D. A.*, Taking Behavioralism Seriously: A Response to Market Manipulation, Roger Williams University Law Review (2000), Vol. 6: 584, 237-375

rungsbehörde in der Lage, Konsumverhalten zu beeinflussen, und die Marktanreize gingen dahin, die Wirkung von Warnungen zu vermindern. Sie befürworten daher eine Lösung des Problems über die Anpassung der Produkthaftung[572]. Eine strikte Produkthaftung brächte Marktkräfte zum Wirken und zwänge die Hersteller, die durch ihre Marktforschung sehr genaue Kenntnis über ihre Konsumenten hätten, diese, der Regulierungsbehörde überlegene Kenntnis für effiziente Warnhinweise zu nutzen. Mit einer Haftung für manipulierende Aussagen würde dem Hersteller der Anreiz genommen, zu manipulieren, wenn er dafür (über die Produkthaftung) die Kosten trüge.

Dabei übersehen *Hanson* und *Kysar* allerdings, dass die Produkthaftungslösung nur dann der Regulierungsalternative überlegen ist, wenn das Gericht besser als der Regulierer in der Lage ist, die Wirksamkeit der Warnungen zu überprüfen. Das Problem, das *Hanson* und *Kysar* bei der Regulierungsbehörde zu Recht betonen, verlagert sich durch eine Produkthaftungslösung tatsächlich nur auf das Gericht. Es bleibt aber bestehen. Der Hersteller ist mit seinen Kenntnissen über seine Konsumenten auch dem Gericht deutlich überlegen. Das Problem der Überwachung des Herstellers ist für Gericht und Regulierer insofern identisch[573] und für den Hersteller besteht gleichermaßen ein Dilemma, wenn er weiß, dass die Wirksamkeit seiner Warnhinweise nicht überprüfbar ist. Dann ist die Produkthaftungslösung aber auch nicht per se überlegen.

Als entscheidendes Kriterium kommt in Betracht, wer sich die Informationen besser beschaffen kann – das Gericht oder die Regulierungsbehörde[574]. Auf das Problem für ein Gericht, sich in einem Einzelverfahren einen Überblick über die mit einem Produkt verbundenen Gesamtkosten und -nutzen zu verschaffen, wurde bereits hingewiesen. Das könnte ein Argument für eine Regulierungslösung sein: Die Regulierungsbehörde beschäftigt sich nicht mit einem einzelnen Geschädigten. Sie müsste der Frage nachgehen, ob und wie schädlich ein Produkt ist, und wie man (wenn man ein Verbot des Produkts für nicht erforderlich hält) effizient vor den Gefahren warnen kann. Aufgrund dieser Fragestellung ist der Regulierer – im Gegensatz zum Gericht – gezwungen, sich einen Überblick über die Gesamtkosten und -nutzen zu verschaffen. Müsste eine Regulierungs-

---

[572] Zweifel an der Neuheit und Begründung der Vorschläge äußern *Henderson J.A./ Rachlinski, J.J.*, Product-Related Risk and Cognitive Biases: The Shortcomings of Enterprise Liability, Roger Williams Law Review (2000), Vol. 6: 1, 237; darauf erschien die Antwort von *Hanson, J.D./ Kysar, D. A.*, Taking Behavioralism Seriously: A Response to Market Manipulation, Roger Williams University Law Review (2000), Vol. 6: 584, 237-375

[573] Dieses Problem der Informationsasymmetrie lässt sich eventuell über entsprechende Offenlegungspflichten lösen.

[574] *Stigler, G.J./ Friedland, C.*, What Can Regulators Regulate? The case of Electricity, Journal of Law and Economics (1962), Vol. 5: 1-16

behörde diese Frage beantworten, würde das Untersuchungen über die Gesundheitsfolgen[575] des derzeitigen und prognostizierten Soft Drink- und Zuckerkonsums anregen. Dadurch könnte die Erforschung der Auswirkungen auf den Ernährungszustand, die Entwicklung von Übergewicht, Diabetes, Osteoporose, Nierensteine, Karies und Sucht gefördert werden. Dies wäre wünschenswert.

Für eine Regulierungslösung würde aber vor allem sprechen, dass der Regulierer sich im Laufe der Zeit grundlegende Kenntnisse z.B. über Fehlwahrnehmungen, Warnhinweise und ihre Wirkungen verschaffen könnte. Das gilt für Gerichte nicht. Gerichtsort für Produkthaftungsfälle ist regelmäßig der Firmensitz des verklagten Unternehmens. Jedes Gericht, das einen Produkthaftungsfall zu entscheiden hat, muss sich das Wissen neu aneignen. Die Schaffung einer Behörde, die über alle Warnhinweise entscheiden würde, hätte demgegenüber eine Konzentrationswirkung mit folgendem Vorteil: Informationen haben die Eigenschaft eines öffentlichen Gutes: Die wesentlichen Kosten im Zusammenhang mit Informationen sind Suchkosten[576], die Grenzkosten für die Nutzung gehen dagegen gen Null. Der Regulierer als zentrale Stelle würde dafür sorgen, dass Informationen (nur) einmal gesammelt vorlägen. Das würde Redundanzen vermeiden und zu einer Senkung der Informationskosten führen. In der Konzentration des Einflusses bei der Behörde liegt aber zugleich eine Gefahr für ihre Unabhängigkeit (risk of capture)[577]. Alle betroffenen Unternehmen würden ihre Ressourcen bündeln, sämtliche Lobbyarbeit würde sich auf sie konzentrieren. Das wäre bei der Schaffung einer Regulierungsbehörde zu beachten, der Gewährleistung der Unabhängigkeit der Behörde müsste daher besonderes Augenmerk gelten.

5.4.2 Pflichtangaben

Eine andere Möglichkeit, um Verbrauchern die "Nährwert-Kosten" eines Produkts zu signalisieren, ist die Einführung von aussagekräftigen Pflichtangaben

---

[575] Zu diesem Zweck wurde in Deutschland 2002 das Bundesinstitut für Risikobewertung gegründet, dessen Aufgabe es ist, wissenschaftliche Bewertungen über gesundheitliche Risiken im Bereich der Lebensmittelsicherheit und des Verbraucherschutzes abzugeben. S. die Darstellung des BMVEL im World Wide Web unter www.verbraucherministerium.de/bml_darstellung/index.html (accessed 08 Oct. 2002)

[576] S. hierzu den grundlegenden Aufsatz von *Stigler, G.J.*, The Economics of Information, Journal of Political Economy (1961), Vol. 69: 213-225

[577] Vgl. für eine Betrachtung der Entwicklung in den USA *Glaeser, E.L./ Shleifer, A.*, The Rise of the Regulatory State, Harvard Institute of Economic Research, Discussion Paper No. 1934, Nov. 2001

auf allen Produkten[578]. Entsprechende Angaben sollten auch bei Nahrungsmittelwerbung in Printmedien vorgeschrieben werden. Inhaltlich würden Angaben zum Kaloriengehalt, dem Anteil an Kohlenhydraten, Zucker, Fett und Eiweiß die Minimalanforderung darstellen. Darüber hinaus wären Angaben über den Koffeingehalt und den zugesetzten Zucker wünschenswert. Angaben zum Koffein sind wichtig, weil Koffein bereits in kleinen Mengen zu Abhängigkeit führen und das Verhalten beeinflussen kann. Die Angabe über zugesetzten Zucker ist wichtig, weil erst dadurch eine Kontrolle des täglich konsumierten zugesetzten Zuckers möglich ist, der nach derzeitigem Erkenntnisstand eine wichtige Rolle bei der Entwicklung von Übergewicht spielt. In den USA empfiehlt das United States Department of Agriculture, bei einem Energiebedarf von 2000 kcal die Menge an zugesetzten Zucker auf zehn Teelöffel (40 Gramm) zu beschränken[579]. Das entspricht etwa dem Zuckergehalt einer Dose Coca-Cola. Durch Angaben zum Gehalt an zugesetztem Zucker wird aber auch erst der Unterschied zwischen 100%-igem Apfelsaft und Coca-Cola deutlich: Ein 0,2 l-Glas Apfelsaft enthält 23 g Zucker. Dieselbe Menge Coca-Cola enthält 21 g Zucker. Der Unterschied besteht darin, dass es sich beim Apfelsaft um fruchteigenen Zucker handelt, bei Coca-Cola um zugesetzten Zucker. Auf den Unterschied für die Verarbeitung im Körper ist im medizinischen Teil hingewiesen worden.

Bei allen Angaben ist dabei auf Verständlichkeit zu achten. Die Schwierigkeit wird im Einzelnen darin bestehen, herauszufinden, was für wen verständlich ist. Das lässt sich nur in empirischen Untersuchungen feststellen. Denkbar wäre etwa, Angaben über zugesetzten Zucker plastisch in der entsprechenden Menge an Würfelzuckerstücken auszudrücken. Bei Angaben pro Portion muss zwingend die zugrunde gelegte Portionsgröße angegeben werden. Um dem Konsumenten aber auch den Vergleich zwischen Produkten zu ermöglichen, empfehlen sich außerdem absolute Mengenangaben (in g/mg pro 100g/ml).

Der Vorteil von Pflichtangaben gegenüber Warnhinweisen ist, dass man dafür weder die spezifischen Gesundheitsfolgen eines Produkts kennen, noch die Wirkung von spezifischen Warnhinweisen untersuchen muss. Mit Pflichtangaben kann man aber nicht auf die besonderen Gefahren eines Produkts hinweisen. Sie verbessern (nur) die allgemeine Informationssituation. Pflichtangaben und Warnhinweise haben allerdings beide gleichermaßen den Nachteil, dass sie auch bei optimaler Ausgestaltung nur einen Teil der Konsumenten erreichen. Insbe-

---

[578] Die Einführung einer obligatorischen Nährwertkennzeichnung wird von der EU Kommission beabsichtigt.

[579] S. die Pressemitteilung des *CSPI*, America: Drowning in Sugar (3 Aug. 1999), im World Wide Web unter: http://www.cspinet.org/new/sugar.html (accessed 11 Nov. 2002)

sondere Kinder werden die Angaben teilweise nicht einmal lesen, zu einem bedeutenden Teil aber auch nicht verstehen oder einordnen können. Selbst unter erwachsenen Verbrauchern lesen viele entsprechende Warnhinweise gar nicht, andere lesen sie zwar, haben aber Schwierigkeiten sie zu verstehen oder die Information umzusetzen. Daher sind alternative und ergänzende Maßnahmen zu erwägen.

5.4.3 Werbung

Für die Vermarktung von Coca-Cola spielt Werbung eine wichtige Rolle. Zur Werbung zählt jede Form der kommerziellen Kommunikation, deren Hauptziel, Nebenzweck oder zufälliges Ergebnis es ist, den Konsum zu fördern. Maßnahmen zur Einschränkung des Coca-Cola-Konsums müssen daher auch bei der Werbung ansetzen. Entsprechende Vorschläge zur Haftungserweiterung im Rahmen des geltenden Produkthaftungsrechts wurden bereits oben gemacht.

Kinder sind schlechter als Erwachsene in der Lage, die Konsequenzen ihres Handelns voll zu überschauen, weil sie ein unterentwickeltes Gesundheitsbewusstsein haben und dazu neigen, den erwarteten Schaden zu unterschätzen, da er in weiter Ferne liegt. Dies beruht auf der bei Kindern erhöhten Risikoneigung und starken Gegenwartspräferenz: Künftiges Leiden wirkt – auch weil es schwer vorstellbar ist – für sie weniger abschreckend als für Erwachsene[580]. Sie sind daher besonders schutzbedürftig.

Weil Kinder außerdem besonders schwer zwischen Programminhalt und Werbung unterscheiden können, sollte – nach schwedischem Vorbild – Werbung in Fernsehsendungen, die sich gezielt an Kinder unter 12 Jahren richten, verboten werden[581]. Entsprechende Verbote sind in den Landesmediengesetzen zu verankern. Im Rahmen der zurzeit laufenden Überarbeitung der EU-Richtlinie „Fernsehen ohne Grenzen“ sollte ein solches Verbot auch EU-weit aufgenommen werden.

Kinder und Jugendliche fühlen sich aber nicht nur von Werbung mit jugendgerechten Inhalten, sondern auch durch an Erwachsene gerichtete Werbung ange-

---

[580] S. *von Laffert, G.*, Rauchen, Gesellschaft, Staat, Wiesbaden: Dt. Univ. Verlag, Wiesbaden: Gabler, 1998 (Gabler Edition Wissenschaft: Ökonomische Analyse des Rechts), S. 184-187

[581] S. *vzbv/Stiftung Warentest*: Alarmierende Zunahme von Übergewicht bei Kindern und Jugendlichen - Hintergrundinformationen zur Pressemitteilung vom 15. Januar 2003, S. 4; ebenso *Nestle, M./ Jacobson, M.F.*, Halting the Obesity Epidemic: A Public Health Policy Approach, Public Health Reports (Jan/Feb 2000), Vol. 115: 12-24

sprochen[582]. Die Rechtslage in Deutschland bezüglich der Zulässigkeit gezielter Werbung für Kinder ist unklar: Werbung unter Ausnutzung der Unerfahrenheit und leichten Beeinflussbarkeit von Kindern und Jugendlichen kann möglicherweise einen Verstoß gegen § 1 UWG darstellen[583]. Dabei handelt es sich aber um eine auslegungsbedürftige, unbestimmte Generalklausel. Die Rechtsprechung ist bei der wettbewerbsrechtlichen Bewertung von Werbung mit oder vor Kindern und Jugendlichen zurückhaltend. Die alleinige Ausnutzung des Spiel- und Sammeltriebs von Kindern ist beispielsweise noch nicht wettbewerbswidrig[584].

Zur Auslegung des unbestimmten Rechtsbegriffs der sittenwidrigen Werbung dienen die Verhaltensregeln des Zentralausschuss der Werbewirtschaft (ZAW), die als Organ der Werbewirtschaft diese Regeln zur Selbstregulierung entwikkelt hat[585]. Auch der Deutsche Werberat[586], "eine Institution der Wirtschaft" mit Vertretern der werbungstreibenden Wirtschaft, der werbungsdurchführenden Medien und der Werbeagenturen und Werbeberufe, hat "Leitlinien selbstdisziplinären Charakters" entwickelt. Er entscheidet auch über Beschwerden über Werbung. Aber auch diese Leitlinien lassen jede Menge Bewertungsspielraum. Ihre Wirksamkeit ist fragwürdig. So gibt es für Zigarettenwerbung be-

---

[582] Zur vergleichbaren Problematik bei Zigarettenwerbung s. Rote Reihe Tabakprävention und Tabakkontrolle, Sonderband: Gesundheit fördern - Tabakkonsum verringern: Handlungsempfehlungen für eine wirksame Tabakkontrollpolitik in Deutschland, Deutsches Krebsforschungszentrum, Heidelberg, 2002, S. 32 m.w.N.

[583] So wurde die Werbung in Jugendzeitschriften für die Bestellung unter anderem von Klingeltönen über sog. Mehrwertdiensttelefonnummern (1,86 €/min.) in zwei erstinstanzlichen Urteile als Verstoß gegen die guten Sitten untersagt, LG Lübeck vom 16.04.2002 – Az. 13 O 26/02 und LG Hamburg vom 14.05.2002 – Az. 312 O 845/01. Angesichts der unsicheren Rechtslage haben die betroffenen Unternehmen aber jeweils Berufung eingelegt, s. die aktuelle Mitteilung des vzvb zum Thema Handel & Wettbewerb – Werbung: Kinder und Jugendliche vor Werbung schützen vom 22.Juli 2002. Das urteil des LG Hamburg ist jetzt vom OLG Hamburg bestätigt worden, s. *Joppig, T.*, Jugendschutz – Gericht verbietet Werbung für Handy-Klingeltöne, Spiegel Online vom 03.06.03, im World Wide Web unter http://www.spiegel.de/wirtschaft/0,1518,251448,00.html (accessed 6 June 2003)

[584] So schon BGHZ 79, 157 f. Die Rubbel-Los-Kampagne von McDonald's wurde allerdings kürzlich für unzulässig erklärt, s. LG München I vom 25.02.2003 – Az. 33 O 1562/03.

[585] Nach Art. 13 der Verhaltensregeln für die Werbepraxis soll Werbung u.a. nicht die natürliche Leichtgläubigkeit der Kinder ausnutzen und in Wort und Bild nichts enthalten, "was geeignet ist, ihnen <Kindern und Jugendlichen> geistigen, moralischen oder physischen Schaden zuzufügen". Es bleibt dann aber stets zu prüfen, ob in einem Verstoß gegen die Richtlinie zugleich ein Verstoß gegen § 1 UWG zu sehen ist.

[586] Im Internet unter http://www.interverband.com/u-img/69392/home_neu.htm (accessed 7 Oct 2002)

reits seit den späten 60er Jahren eine Selbstbeschränkung der Tabakindustrie. Sie wurde permanent unterlaufen und hat wenig Erfolge gezeitigt. Das Hauptproblem ist die Überprüfung. Subtil angelegte Werbung ist schwer nachzuweisen.

Weil Kinder „besondere Konsumenten" sind, für die die allgemeinen Annahmen des rationalen Konsumenten nur eingeschränkt gelten, sind genauere gesetzliche Regeln erforderlich, wie sie jetzt im Referentenentwurf des Gesetzes gegen den unlauteren Wettbewerb mit Stand vom 23.01.2003 in § 4 Ziffer 2 ausdrücklich als neue Gesetzesbestimmung vorgesehen sind. Daneben ist der Verbraucherschutz als Ziel in das allgemeine Wettbewerbsrecht aufzunehmen. Dies sollte auch für die Neuordnung des europaweiten Wettbewerbsrechts gelten.

5.3.4 Massenmediale und schulische Aufklärung und Erziehung

Warnhinweise, Pflichtangaben und Werbebeschränkungen müssten einhergehen mit Aufklärungs- und Werbekampagnen, welche die Bevölkerung auf die Folgen einer ungesunden Ernährung aufmerksam machen und ein Problembewusstsein für die Dimension des Problems schaffen. Diese sollten in allen Medien stattfinden und vorab auf ihre Wirksamkeit getestet werden. Die Nahrungsmittelindustrie sollte daran nicht beteiligt werden. Auch finanzielle Unterstützung birgt die Gefahr der Einflussnahme.

Bei der Gefährdung von Kindern durch ungesunde Ernährung spielt auch das Versagen des Elternhauses eine wichtige Rolle. Nach *Stigler* und *Becker* sind bei der Analyse von Konsumverhalten nicht nur Marktpreise zu berücksichtigen, sondern auch Faktoren wie Zeit, Fähigkeiten, Ausbildung etc., die in die Herstellung von Gütern eingebracht werden[587]. Danach kann man ein Familienessen als Gesamtprodukt aus Zutaten, Humankapital, Kenntnissen und einem sozialen Faktor (dem gemeinsamen Erlebnis) modellieren. Das Humankapital hängt dabei von der zuvor investierten Zeit ab[588]. Wenn Eltern wenig Zeit in gemeinsame Essen mit den Kindern investieren, ist wenig entsprechendes Humankapital vorhanden. Dadurch wird gemeinsames Essen auch nicht so hoch geschätzt. Anders ausgedrückt: Kinder, die die meiste Zeit vor dem Fernseher verbringen, haben hier einen enormen *capital stock* aufgebaut. Sie sind dadurch besonders „anfällig", weiter Zeit vor dem Fernseher zu verbringen.

---

[587] *Stigler G.J./ Becker G.S.*: De Gustibus Non Est Disputandum, in: The American Economic Review (March 1977) Vol. 67, No. 2: 76-90, reprinted in: *Cook, K.S./ Levi, M.*, The Limits of Rationality, Chicago: The University of Chicago Press, 1990, 191-217

[588] Durch investierte Zeit ändern sich die Schattenpreise. Schattenpreise werden – im Gegensatz zu Marktpreisen – durch die Kosten der Herstellung bestimmt.

Gerade in solchen Fällen sollte die Schule ihre Verantwortung wahrnehmen. Dies beinhaltet eine kritische Überprüfung möglicherweise bestehender Sponsoring-Verträge. Daneben sollten den Kindern zum einen Grundkenntnisse über eine gesunde Ernährung vermittelt, zum anderen geholfen werden, entsprechende Kenntnisse auch umzusetzen[589]. Dazu zählt das Angebot gesunder Getränke und Snacks, anstatt durch Getränkeautomaten unbegrenzten Zugang zu Coca-Cola und anderen *Soft Drinks* zu gewähren. Zumindest in Kindertagesstätten sollte auf Süßgetränke ganz verzichtet werden[590].

5.3.5 Kein Verkauf an Kinder

Weitergehend wäre ein allgemeines Verbot der Abgabe koffeinhaltiger Produkte an Kinder unter 12 zu erwägen. Ein solches besteht in den USA bereits für verkäufliche, aufputschende Medikamente – nicht aber für koffeinhaltige Produkte, die einen ähnlichen Effekt haben und an Kinder und Jugendliche vermarktet werden[591]. Wenn man sich zu einem entsprechenden Verbot entschlösse, müsste man in jedem Fall koffeinhaltige Produkte aus frei zugänglichen Getränkeautomaten verbannen. Andernfalls würde ein Abgabeverbot an Kinder – ähnlich wie bei Zigaretten[592] – leer laufen.

Es stellt sich aber die Frage, ob die Kosten für eine Umsetzung eines solchen Verbotes nicht den realistischerweise zu erwartenden Nutzen bei weitem überstiegen. Hier wäre auch zu bedenken, dass das Verbot eines Produkts seine Attraktivität für Kinder möglicherweise steigert[593]. Vor allem müssten angesichts des schwerwiegenden Eingriffs, den ein Verbot darstellt, weitere Untersuchun-

---

[589] Zu bereits bestehenden Projekten mit diesem Ziel in Deutschland, s. *Verbraucherzentrale Bundesverband (vzbv) e.V.* (Hrsg.), „... mit der Extra-Portion Zucker und Fett" – Dossier zu Fehlernährung bei Kindern und Jugendlichen in Deutschland, Berlin 2003, S. 21 ff.

[590] Bislang werden in jeder zweiten Kita Süßgetränke angeboten, s. *Verbraucherzentrale Bundesverband (vzbv) e.V.* (Hrsg.), „... mit der Extra-Portion Zucker und Fett" – Dossier zu Fehlernährung bei Kindern und Jugendlichen in Deutschland, Berlin 2003, S. 18

[591] Darauf macht das Center for Science in the Public Interest zu Recht in seiner Petition for Amendment of Food-Labelling Regulations to Require Quantitative Labelling of Caffeine Content and Request for Review of Health Effects of Caffeine aufmerksam, anzufordern bei CSPI, Presseerklärung dazu im World Wide Web unter: http://www.cspinet.org/new/caffeine.htm (accessed 12 Aug. 2002)

[592] S. hierzu *Rote Reihe Tabakprävention und Tabakkontrolle*, Sonderband: Gesundheit fördern - Tabakkonsum verringern: Handlungsempfehlungen für eine wirksame Tabakkontrollpolitik in Deutschland, Deutsches Krebsforschungszentrum, Heidelberg, 2002, S. 51-56

[593] *Wardle J./ Huon G.*, An experimental Investigation of the Influence of Health Information on Children's Taste Preferences, Health Education Research, Vol. 15 (2000), 39-44

gen durchgeführt werden. Eine umfassende Untersuchung oder Auswertung bestehender Untersuchungen über die Wirkung von Koffein (aber auch von Zukker und anderen Inhaltsstoffe von Coca-Cola) durch das Bundesministerium für Verbraucherschutz, Ernährung und Landwirtschaft wäre in jedem Fall zu begrüßen. Mit fundierten Erkenntnissen über die Gesundheitsrisiken des Produkts ließe sich ein sinnvoller Regulierungsvorschlag erarbeiten.

Um dabei die Beeinflussung der wissenschaftlichen Meinung zu erschweren, sollte bei wissenschaftlichen Veröffentlichungen eine Pflicht zur Offenlegung von Verbindungen zur Industrie, zu Interessenverbänden und ähnlichem, sowie über finanzielle oder andere Zuwendungen festgeschrieben werden. Wenn nämlich für Außenstehende sichtbar wird, wer was bezahlt hat, hat jeder die Möglichkeit, diesen Faktor bei der Bewertung mit einzubeziehen. Zugleich kann das den betroffenen Wissenschaftler anhalten, sich über eine mögliche Beeinflussung klar zu werden. Denn durch die Pflicht zur Offenlegung steigt für ihn der Preis für die Veröffentlichung industriefreundlicher Ergebnisse, wenn diese nicht voll von den Forschungsergebnissen getragen werden: Er kann seinen Ruf verlieren. Wann ein Interessenkonflikt droht, hat die Zeitschrift *The Lancet* mit großer Klarheit formuliert: „der Test, ob ein Interessenkonflikt besteht, ist einfach...Gibt es etwas, ... was Ihnen unangenehm wäre, wenn es nach der Veröffentlichung herauskäme und Sie es nicht angegeben hätten?“[594] Zur detaillierteren Regelung empfiehlt sich die Festlegung eines entsprechenden Verhaltenscodex. Das haben noch längst nicht alle Zeitschriften getan[595].

5.3.6 Preis und Steuern

Wenn man sich nicht dazu entschließen kann, ungesunde Snacks und *Soft Drinks* gänzlich zu verbannen, könnte man zumindest eine Quote einführen, die gewährleistet, dass jeder Getränkeautomat Alternativen zu den koffeinhaltigen, extrem zuckerhaltigen *Soft Drinks* enthält. Man könnte aber auch über den Preis entsprechende Anreize setzen, indem in Getränkeautomaten in Schulen gesündere Getränke zu niedrigeren, zucker- und koffeinhaltige Getränke zu höheren Preisen angeboten werden. Das scheint erfolgsversprechend: Forscher der *Uni-*

---

[594]Eigene Übersetzung. Wortlaut des Originals: „the conflict of interest test is a simple one ... Is there anything ... that would embarrass you if it were to emerge after publication and you had not declared it?" Zit. bei *Nestle, M.*, Food Politics: How the Food Industry Influences Nutrition and Health, Berkeley and Los Angeles, California: University of California Press, 2002 (California studies in food and culture; 3), S. 133

[595] Hier hilft die Datenbank des CSPI, in der Verbindungen zwischen Wissenschaft und Industrie nachgeguckt werden können, im Internet unter http://www.integrityinscience.org accessed 08 Oct 2002. Eine vergleichbare Datenbank für die Verbindungen hierzulande existiert nicht.

versity of Minnesota's School of Public Health haben entsprechende Versuche mit verschiedenen Snacks durchgeführt und festgestellt, dass mit sinkenden Preisen die Nachfrage nach den gesünderen Snacks stieg[596].

Entsprechende Untersuchungen über den Effekt von Preisreduzierungen für Snacks mit geringem Fettgehalt in Automaten am Arbeitsplatz und in Schulen bestätigen dieses Ergebnis: Im Rahmen einer Studie[597] wurden fettreduzierte Snacks in Verkaufsautomaten bereitgestellt. Die Preise für diese Snacks wurden um 10%, 15% und 50% reduziert. Diese Preisreduzierungen führten zu einem Nachfrageanstieg um respektive 9%, 39% und 93%. In einer zweiten Studie wurde der Effekt von Preisreduzierungen auf die Nachfrage nach frischem Obst und Gemüse in zwei Schulcafeterien untersucht: Eine 50%-ige Preisreduzierung ließ den Verkauf von Obst auf das Vierfache (von 14 Stück pro Woche auf 63 Stück pro Woche), den Verkauf von Gemüse immerhin auf das Zweifache (von 37 Stück pro Woche auf 77 Stück pro Woche) ansteigen[598]. Nachdem die Preisreduzierung aufgehoben wurde, ging die Nachfrage auf das Ursprungsniveau zurück. Damit erscheint die Preismanipulation ein wirkungsvolles Instrument zur Beeinflussung der Nachfrage[599].

Will man die Entscheidung über Preisreduzierungen nicht der einzelnen Institution überlassen, kommt die Erhebung einer Steuer auf gesundheitsschädliche Produkte wie koffein- und stark zuckerhaltige *Soft Drinks* in Betracht. Wenn die Preiselastizität von *Soft Drinks* in etwa der von Zigaretten entspricht (ca. -0,4[600]) würde eine 5%-ige Steuer zu einem 2% Nachfragerückgang führen. Derartig kleine Rückgänge könnten durch Preissenkungen abgeschwächt werden[601]. Es handelt sich aber auch um eine sehr konservative Schätzung. Raucher

---

596 zitiert bei *Rothstein R.*, Schools' Chosen Cure for Money Ills: A Sugar Pill, NY Times, 21 Aug. 2002

597 S. *French, S.A.*, Pricing Effects on Food Choices, Journal of Nutrition (2003), Vol. 133: 841S-843S

598 S. *French, S.A.*, Pricing Effects on Food Choices, Journal of Nutrition(2003), Vol. 133: 841S-843S

599 Eine Einschränkung könnte sich daraus ergeben, dass die bisherigen Untersuchungen die Veränderung der Nachfrage im Rahmen einer isolierten Auswahl und für eine begrenzte Zeit gemessen haben, so *Frazao, E./ Allshouse, J.*, Strategies for Intervention: Commentary and Debate, Journal of Nutrition (2003), Vol. 133: 844S-847S

600 *Lewit, E.M./ Coate, D.*, The Potential for Using Excise Taxes for Reducing Smoking, Journal of Law and Economics (1982) 1: 121-145, zit. bei *Jacobson, M.F./ Brownell, K.D.*, Small Taxes on Soft Drinks and Snack Foods to Promote Health, American Journal of Public Health (2000), Vol. 90: 854-857, FN 1

601 Die Soft Drink Industrie in den USA hat sich gegen eine entsprechende Besteuerung gewehrt und eine Kampagne unternommen. Dies blieb nicht ohne Erfolg. So wurde in Louisiana

reagieren auf Preiserhöhungen aufgrund der Suchtproblematik bei Tabakprodukten relativ unelastisch, so dass zu erwarten wäre, dass Steuern auf *Soft Drinks* einen größeren Nachfragerückgang bewirken könnten.

Außerdem ist zu beachten, dass eine entsprechende Steuer verschiedene Bevölkerungsgruppen unterschiedlich beeinflussen kann. So ist zu erwarten, dass gerade Kinder und Jugendliche sowie Personen mit geringerem Einkommen – also die Hauptkonsumenten von *Soft Drinks* und damit am stärksten Gefährdeten – deutlicher als andere Bevölkerungsgruppen auf Preiserhöhungen reagieren, da sie preisempfindlicher sind. Während speziell für Deutschland keine entsprechenden Daten vorliegen, zeigen US-amerikanische Untersuchungen, dass der Zigarettenkonsum von Jugendlichen und jungen Erwachsenen sich bei einer zehnprozentigen Preiserhöhung um bis zu 13% reduziert[602]. Hierin liegt ein weiteres Argument für eine Besteuerung: Preisanhebungen treffen nach den vorliegenden Erkenntnissen diejenigen besonders empfindlich, die durch Warnhinweise und Pflichtangaben besonders schlecht erreicht werden können (z.B. Kinder und Jugendliche), die also das Risiko eines Produkts und somit dessen Gesamtpreis in der Regel unterschätzen.

Außerdem könnten Einnahmen aus der Steuererhebung eine Grundlage für die Finanzierung ergänzender Maßnahmen bilden, wie sie oben vorgeschlagen wurden. In den USA haben einige Staaten bereits eine Soft Drink Steuer eingeführt[603]. Arkansas erzielte damit 1998 (bei einer Steuer von 2 Cents pro Dose) Einnahmen von US$ 40 Millionen[604]. In Kalifornien unterliegen nur *Soft Drinks* einer Verkaufssteuer von 7,25%. Dadurch werden jährlich US$ 200 Millionen erhoben. Entsprechende Einnahmen könnten in Deutschland beispielsweise zu einem Teil dem Sozialversicherungssystem zugeleitet werden, um bestehende Externalitäten auszugleichen. Sie könnten aber auch zweckgebunden zur Ernährungsaufklärung und für Werbekampagnen für eine gesunde Ernährung genutzt werden. Wenn die Steuereinnahmen für Maßnahmen genutzt

---

die Soft Drink Steuer zunächst halbiert, dann ganz abgeschafft, nachdem Coca-Cola angeboten hatte, dort eine Abfüllfabrik zu bauen. S. Break for Coke plant OK'd. Times-Picayune. May 21, 1993: C1, zit. bei *Jacobson, M.F./ Brownell, K.D.*, Small Taxes on Soft Drinks and Snack Foods to Promote Health, American Journal of Public Health (2000), Vol. 90: 854-857

602 Das ist nachgewiesen für den Zigarettenkonsum in den USA, s. *Rote Reihe Tabakprävention und Tabakkontrolle*, Sonderband: Gesundheit fördern - Tabakkonsum verringern: Handlungsempfehlungen für eine wirksame Tabakkontrollpolitik in Deutschland, Heidelberg: Deutsches Krebsforschungszentrum, 2002, S. 20 m.w.N.

603 Einen Überblick geben *Jacobson, M.F./ Brownell, K.D.*, Small Taxes on Soft Drinks and Snack Foods to Promote Health, American Journal of Public Health (2000), Vol. 90: 854-857

604 Hierzu wie zum Folgenden *Nestle, M./ Jacobson M.F.*, Halting the Obesity Epidemic: A Public Health Policy Approach, Public Health Reports (Jan/Feb 2000), Vol. 115: 12-24 (22)

werden, die mit der Besteuerung in Zusammenhang stehen, lässt sich auch eine höhere Zustimmung und Akzeptanz bei der Bevölkerung erzielen[605]. So ergab eine Umfrage in den USA, dass eine Steuer von einem Cent auf *Soft Drinks* von immerhin 45% der Erwachsenen unterstützt würde, wenn die Einnahmen zur Finanzierung eines nationalen Gesundheits-Aufklärungs-Programms dienten[606].

---

[605] S. *Rote Reihe Tabakprävention und Tabakkontrolle*, Sonderband: Gesundheit fördern - Tabakkonsum verringern: Handlungsempfehlungen für eine wirksame Tabakkontrollpolitik in Deutschland, Heidelberg: Deutsches Krebsforschungszentrum, 2002, S. 23 m.w.N.

[606] *Nestle, M./ Jacobson, M.F.*, Halting the Obesity Epidemic: A Public Health Policy Approach, Public Health Reports (Jan/Feb 2000), Vol. 115: 12-24

6. Ergebnis

Die Auswertung der medizinischen Literatur hat ergeben, dass Coca-Cola bei der Entwicklung von Übergewicht und Typ-2 Diabetes eine wichtige Rolle spielen kann. Außerdem kann Coca-Cola – vor allem bei Kindern – zu Mangelernährung und Knochenschwund führen und bei allen Konsumenten einen Vitamin- und Nährstoffmangel fördern. Auch im Zusammenhang mit der Entwicklung von Nierensteinen wird Coca-Cola eine Bedeutung zugemessen. Im Übrigen ist Coca-Cola schädlich für die Zahngesundheit. Und schließlich wird dem Produkt ein gewisses Suchtpotential bescheinigt, wobei die Inhaltsstoffe Zucker und Koffein beide eine Rolle spielen können.

Dennoch wird Coca-Cola in großen Mengen konsumiert. Das lässt sich teilweise mit der enormen Werbung erklären, die finanzierbar ist, weil Coca-Cola ein Produkt ist, das mit geringem Kostenaufwand produziert werden kann. Um weitere Käufer zu gewinnen, werden dabei auch immer jüngere Kinder durch mannigfache Marketingaktivitäten angesprochen. Auch bei der sonstigen Vermarktung geht Coca-Cola teilweise neue Wege.

Weil Coca-Cola aber als Produkt nicht unumstritten ist, wird die Sympathie der Konsumenten allein nicht ausreichen, um den Absatz zu sichern. Kritiker fordern schon heute beispielsweise Einschränkungen bei der Vermarktung. Die Coca-Cola Company wird entsprechende Einschränkungen zu verhindern suchen. Dabei zeichnet sich eine Strategie ab, die der von der Tabakindustrie seinerzeit verfolgten nicht unähnlich ist. Neben der Beeinflussung von Wissenschaftlern und der wissenschaftlichen Meinung gibt es Anzeichen für den Versuch, auch Medien, internationale Organisationen und nationale Entscheidungsträger zu beeinflussen.

Die Analyse der derzeitige Rechtslage führt zu folgendem Ergebnis: Nach geltendem Recht kommt eine Haftung von Coca-Cola wegen eines Konstruktionsfehlers nicht in Betracht. Coca-Cola verstößt nach den vorliegenden medizinischen Erkenntnissen allerdings gegen die Instruktionspflicht. Vor den nicht allgemein bekannten Gesundheitsauswirkungen müsste Coca-Cola durch deutliche Hinweise warnen.

Die vom bestehenden Produkthaftungsregime in Deutschland ausgehenden Anreize sind nicht ausreichend, um die sichtbaren Ursachen für ein Marktversagen – eine asymmetrische Informationsverteilung und die Externalisierung von Kosten – zu beheben. Es ist deutlich verbesserungsbedürftig. Außer der Einführung der Sammelklage bietet sich eine Kausalitätsvermutung an; auch ein Auskunftsanspruch könnte die Beweissituation des Geschädigten verbessern. Im Übrigen ist an eine Anhebung der Haftungssummen zu denken. Zu befürworten wäre auch die Ausweitung der Haftung für jede Art der Werbung, die die Konsumentenwahrnehmung beeinflussen kann – unabhängig davon, ob sie mit sachlichen Argumenten oder Emotionen arbeitet.

Um die Kernprobleme im Zusammenhang mit Coca-Cola – Informationasymmetrie und Externalitäten – zu lösen, ist man allerdings nicht auf das Instrument der Produkthaftung beschränkt. Alternativ könnten Warnhinweise auch von einer Regulierungsbehörde angeordnet werden. Für eine Regulierungsbehörde könnten Vorteile bei der Informationsgewinnung und -verarbeitung und das Argument der Spezialisierung sprechen. Neben dieser Möglichkeit sind Pflichtangaben zu bestimmten Kennzahlen des Produkts (wie Kalorien, Fett-, Zucker-, Eiweiß-, Koffeingehalt) zu empfehlen. Diese Maßnahmen zur Verbesserung des Informationsstandes der Konsumenten müssten ergänzt und begleitet werden durch Aufklärungsmaßnahmen, die über Massenmedien, Schulen usw. eine breite Bevölkerungsschicht erreichen könnten. Weitergehende Maßnahmen, wie ein Verbot koffeinhaltiger Getränke für Kinder unter 12 Jahren, kommen hingegen erst nach einer weiteren Prüfung in Betracht.

Eine wirksame Alternative zu diesen Maßnahmen, die gemeinsam angewandt werden müssten, bildet die Besteuerung besonders ungesunder Produkte. Sie bietet den Vorteil, dass sie auch diejenigen erreicht, die Warnhinweise ignorieren – vor allem Kinder und Jugendliche, die Hauptkonsumenten zuckerhaltiger *Soft Drinks*. Die Einnahmen aus einer entsprechenden Steuer könnten zugleich der Finanzierung der vorgenannten Maßnahmen dienen.

Coca-Cola ist nicht das einzige gesundheitsschädliche Produkt. Insofern wäre es ein Missverständnis, jetzt Coca-Cola zu verteufeln ohne die Gesamtproblematik in den Blick zu nehmen.. Die vorliegende Arbeit hat sich aus praktischen Gründen auf die Gesundheitsrisiken eines Produkts beschränkt und am Beispiel von Coca-Cola den größeren Zusammenhang aufgezeigt. Die vorgeschlagenen Maßnahmen zur Lösung des bestehenden Problems sollen einen Anstoß für eine öffentliche Diskussion geben, die dann – so ist zu hoffen – auch praktische Auswirkungen hat.

Literaturverzeichnis

AC Nielsen, Reaching the Billion Dollar Mark – A Review of Today's Global Brands, im Internet unter: http://www.acnielsen.ch/Inhalt/Reaching%20the%20Billion%20Dollar%20Mar k.pdf (accessed 2 Oct 2002)

ACNielsen. It's official: China Now a Consumer Society – The Millenium Report Reveals Consumer Trends, 7 June 1999, im Internet unter: http://acnielsen.com/news/asiapacific/cn/1999/19990607.html (accessed 27 Sept 2002)

Adams, M., Eigentum, Kontrolle und Beschränkte Haftung, Baden-Baden: Nomos, 1991

Adams, M., Ein Vergleich des Kostenersatzrechts in Deutschland, Österreich und den USA, in: *Adams, M.* Ökonomische Theorie des Rechts: Konzepte und Anwendungen, Frankfurt am Main: Lang 2002 (Schriftenreihe ökonomische Analyse des Rechts; Bd. 1), S. 313-325

Adams, M., Ökonomische Analyse der Gefährdungs- und Verschuldenshaftung, Heidelberg: v. Decker, 1985 (R. v. Decker's rechts- und sozialwissenschaftliche Abhandlungen; Bd. 31)

Adams, M., Ökonomische Begründung des AGB-Gesetzes, Der Betriebsberater, Zeitschrift für Recht und Wirtschaft, Heft 12, 30. April 1989, jetzt auch in: *Adams, M.*, Ökonomische Theorie des Rechts: Konzepte und Anwendungen, Frankfurt am Main: Lang, 2002 (Schriftenreihe ökonomische Analyse des Rechts; Bd. 1)

Adams, M., Ökonomische Theorie des Rechts: Konzepte und Anwendungen, Frankfurt am Main: Lang, 2002 (Schriftenreihe ökonomische Analyse des Rechts; Bd.1)

Adams, M., Reform des Kostenersatzrechts bei Aktionärsklagen mit Drittwirkung, Die Aktiengesellschaft, AG 2000, S. 396-412

Adams, M., Vorstandsvergütungen – Die Fälle Mannesmann und Daimler-Chrysler, in: *Nutzinger, H. G.* (Hrsg.), Regulierung, Wettbewerb und Marktwirtschaft – Regulation, Competition and the Market Economy, Festschrift für C.C. von Weizsäcker zum 65. Geburtstag, Göttingen: Vandenhoeck & Ruprecht, 2003

Adams, M., Zur Aufgabe des Haftungsrechts im Umweltschutz, Zeitschrift für Zivilprozeß (ZZP) (1986), 99: 129-165

Akerlof, G. A., The Market for "Lemons": Quality Uncertainty and the Market Mechanism, Quarterly Journal of Economics (1970), Vol. 84: 488-500

Allion, D.B. et al., Annual Deaths Attributable to Obesity in the United States, Journal of the American Medical Association (1999), Vol. 282: 1530-1538

American Diabetes Association, Costs of Diabetes, Diabetes 1993, Vital Statistics, Alexandria, Virginia: American Diabetes Association (1993), 43-44

American Dietetic Association (ADA), Comments to FDA on CSPI Added Sugar Petition, im Internet unter: http://www.eatright.com/gov/sugars.html (accessed 12 April 2003)
Anderson, G.H. et al., Aspartame: Effect on Lunch-time Food Intake, Appetite and Hedonic Response in Children, Appetite (1989), 13: 93-103
Bähr, P., Grundzüge des Bürgerlichen Rechts, 9. Aufl., München: Vahlen, 1995
Ballew, C./ Kuester, S./ Gillespie C., Beverage Choices Affect Adequacy of Children's Nutrient Intakes, Archives of Pediatrics and Adolescent Medicine (2000), Vol. 154: 1148-1152
Barrett-Connor, E./ Chang, J.C./ Edelstein, S.L., Coffee-associated Osteoporosis Offset by Daily Milk Consumption. The Rancho Bernardo Study, Journal of the American Medical Association (1994), Vol. 271: 280-283
Bartlett, B., Larding the litigious pantry, Washington Post, 3 April 2002
Baumgärtel, G., Handbuch der Beweislast, Bd. 1, 2. Aufl., Köln: Heymann, 1993
Bellisle, F./ Rolland-Cachera, M.-F., How Sugar Containing Drinks Might Increase Adiposity in Children, Commentary, The Lancet (2001), Vol. 357: 490
Björntop, P., Obesity, The Lancet (1997), Vol. 350: 423-426
Brody, J.E., Dietary Advice Takes on Mediterranean Flavor, NY Times, 3 Dec. 2002
Brody, J.E., Schools Teach 3 C's: Candy, Cookies and Chips, NY Times 24 Sept 2002
Bruker, M.O./Gutjahr, I., Zucker, Zucker..., Lahnstein: emu-Verlag, 1991
Buchner, B., Die Produkthaftung der Tabakindustrie, VersR 2000, 28-32
Buchner, B./ Wiebel, F.J., Die Fehlerhaftigkeit des Produkts Zigarette, VersR 2001, 29-34
Burros, M., The Diet Pendulum Swings Again NY Times, 14 Aug 2002
Calabresi, G./ Melamed, A.D., Property Rules, Liability Rules, and Inalienability: One View of the Cathedral, Harvard Law Review (1972), Vol. 85: 1089-1128
Chiasson, J.-L. et al. for the STOP-NIDDM Trial Research Group, Acarbose for Prevention of Type 2 Diabetes Mellitus: the STOP-NIDDM Randomised Trial, The Lancet (2002), Vol. 359: 2072-2077
Chou, S.-Y./ Grossmann, M./ Saffer, H., An Economic Analysis of Adult Obesity: Results from the Behavioral Risk Factor Surveillance System; NBER Working Paper 9247, Oct. 2002
Cleave, T.L., The Saccharine Disease, Bristol: John Wright & Sons Ltd., 1974
Cleave, T.L./Campbell, G.D., Diabetes, Coronary Thrombosis and the Saccarine Disease, Bristol: John Wright & Sons Ltd.
Coase, R.H., The Problem of Social Cost, Journal of Law and Economics (1960), Vol. III: 1-44

Coca-Cola GmbH (Hrsg.), Faszination Coca-Cola – Einsichten in einen Mythos (Katalog zur Coca-Cola Ausstellung im Haus der Geschichte 13.06.-16.07.2002)

Coca-Cola GmbH (Hrsg.), Reihe: Trinken mit Spaß und Verstand, "Zucker in Erfrischungsgetränken", Stand: 04/02.

Colantuoni, C. et al., Excessive Sugar Intake Alters Binding to Dopamine and mu-opioid Receptors in the Brain, NeuroReport (2001), Vol. 12: 3549-3552

Colantuoni, C. et al., Repeatedly Restricted Food Access Combined with Highly Palatable Diet Leads to Opiate-like Withdrawal Symptoms During Food Deprivation in Rats, Society for Neuroscience Abstracts (1997), Vol. 23: 517

COMA, Dietary Sugars and Human Disease. Report of the Panel on Dietary sugars of the Committee on Medical Aspects of Food Policy, Report no.37 (1989). HMSO, London, UK

Cook, D.G. et al., Relation of Caffeine Intake and Blood Caffeine Concentrations during Pregnancy to Fetal Growth: Prospective Population Based Study, British Medical Journal (1996), Vol. 313: 1358-1362

Cook, K.S./ Levi, M., The Limits of Rationality, Chicago: The University of Chicago Press, 1990, 191-217

CSPI, Consumer Groups Denounce World Health Organization „Sellout" to Food Industry (12 Feb. 2003), im Internet unter: http://www.cspinet.org/new/200302121.html (accessed 13 April 2003)

CSPI, America: Drowning in Sugar (3 Aug. 1999), im Internet unter: http://www.cspinet.org/new/sugar.html (accessed 11 Nov. 2002)

CSPI, Petition for Amendments of Food-Labeling Regulations to Require Quantitative Labeling of Caffeine Content and Request for Review of Health Effects of Caffeine, Center for Science in the Public Interest, July 31, 1997, anzufordern unter: www.cspinet.org Zitierweise: "CSPI Petition"

Day, S., An Old Brand Is Back, With Adds for a Young Crowd, NY Times 5 July 2002

Deutsche Gesellschaft für Ernährung (Hrsg.), Ernährungsbericht 2000, Frankfurt, 2000

Diehl, J.M., Fernsehwerbung für Süßes, Botschaften und Auswirkungen, Verbraucherdienst (1998), Vol. 43: 425-429

Dietborn, C., Produzentenhaftung – Güterschaden – Vermögensschaden: insbesondere die Haftung für sog. „primäre" Vermögensschäden, Frankfurt am Main: Lang 2000

Duenwald, M., Good Health is Linked to Grocer, NY Times, 12 Nov. 2002

Dufty, W., Sugar Blues, New York: Warner Books, 1976, (Reissued April 1993)

Ebbeling C.B./ Pawlak D.B./ Ludwig D.S., Childhood Obesity: Public-health Crisis, Common Sense Cure. The Lancet (2002), Vol. 360: 473-482

Editorial, Getting a Handle on Obesity, The Lancet (2002), Vol. 359: 1955

Editorial, Selling to – and Selling out – Children, The Lancet (2002), Vol. 360: 959

Editorial, The Tightening Grip of Big Pharma, The Lancet (2001), Vol. 357: 1141

Endres, A./ Lüdeke, A., Produktsicherheit: Eine informations- und rechtsökonomische Analyse, Berlin: Duncker und Humblot, 2001 (Volkswirtschaftliche Schriften; H. 513)

Evans S.M./ Griffiths R.R., Caffeine Withdrawal: A Parametric Analysis of Caffeine Dosing Conditions, Journal of Pharmacology and Experimental Therapeutics (1999), Vol. 289: 285-294

Faine, M.P., Dietary Factors Related to Preservation of Oral and Skeletal Bone Mass in Women, Journal of Prosthetic Dentistry (1995), Vol. 73: 65-72

Fasel, A., Wie süß darf die Verführung sein? Welt am Sonntag Nr. 47, 25. November 2001, S. 102 NRW Justiz

Fass, A., Sprite Tries to Increase Sales With a Campaign About Thirsts, NY Times, 30 July 2002

Fenster, L. et al., Caffeine Consumption During Pregnancy and Fetal Growth, American Journal of Public Health (1991), Vol. 81: 458-461

Fisher, J.O. et al., Maternal Milk Consumption Predicts Tradeoff between Milk and *Soft Drinks* in Young Girls' Diets, Journal of Nutrition (2000), Vol. 131: 246-250

Fleischhauer, J., Milliardenklagen: US-Anwälte strangulieren die Wirtschaft, Der Spiegel 17/2003 – 24. April 2003

Frazao, E./ Allshouse, J., Strategies for Intervention: Commentary and Debate, Journal of Nutrition (2003), Vol. 133: 844S-847S

French, S.A., Pricing Effects on Food Choices, Journal of Nutrition (2003), Vol. 133: 841S-843S

Garcia-Contreras, F. et al., Cola Beverage Consumption Induces Bone Mineralization Reduction in Ovariectomized Rats, Arch Med Res (2000), Vol. 31 (4), 360-365

Garrett B.E./ Griffiths R.R., Physical Dependence Increases the Relative Reinforcing Effects of Caffeine versus Placebo, Psychopharmacology (1998), Vol. 139: 195-202

Glaeser, E.L./ Shleifer, A., The Rise of the Regulatory State, Harvard Institute of Economic Research, Discussion Paper No. 1934 (Nov. 2001)

Glantz, S.A. et al., The Cigarette Papers. Berkeley: University of California Press, 1996. Im Internet unter: http://www.library.ucsf.edu/tobacco/cigpapers/book/contents.html (accessed 7 Oct 2002)

Gonder, U., Fette Lügen, Die Zeit Nr. 18 (25. April 2002), S. 34

Gonder, U., Schutz vor Herzinfarkt: weniger Zucker oder Fett? Im Internet unter: http://www.optipage.de/pfeffer/zuckeroderfett.html

Gonder, U., Zucker – geliebt und gehasst, getarnt und ersetzt. Im Internet unter: http://www.optipage.de/pfeffer/zucker.html (accessed 11 Dec 2002)
Grady, D., Why We Eat (and Eat and Eat), NY Times, 26 Nov. 2002
Graf von Westphalen, F. (Hrsg.), Produkthaftungshandbuch, 2. Aufl., München: Beck, 1999, Zitierweise: *Foerste* in: *Graf von Westphalen*
Griffiths, R.R./ Vernotica, E.M., Is Caffeine a Flavoring Agent in Cola Soft Drinks? Arch Fam Med (2000), Vol. 9: 727
Grimm, H.-U., Aus Teufels Topf: Die neuen Risiken beim Essen, München: Droemersche Verlagsanstalt Th. Knaur Nachf., 2001
Guenther, P.M., Beverages in the Diets of American Teenagers, Journal of the American Dietetic Association (1986), Vol. 86: 493-499
Guthrie, C., Prospect Theory, Risk Preference & the Law, Vanderbilt University Law School, Law and Economics, Working Paper No. 02-12, im Internet unter http://ssrn.com/abstract_id=344600
Guthrie, J.F./ Morton, J.F., Food Sources of Added Sweeteners in the Diets of Americans, Journal of the American Dietetic Association (2000), Vol. 100: 43-51
Hale, K.L. et al., Caffeine Self-administration and Subjective Effects in Adolescents, Experimental Clinical Psychopharmacology (1995), Vol. 3: 364-370
Hanson, J.D./ Kysar, D. A., Taking Behavioralism Seriously: A Response to Market Manipulation, Roger Williams University Law Review (2000), Vol. 6: 584, 237-375
Hanson, J.D./ Kysar, D.A., Taking Behaviouralism seriously: Some Evidence of Market Manipulation, Harvard Law Review (1999), Vol. 112: 1420-1572
Hanson, J.D./ Kysar, D.A., Taking Behaviouralism Seriously: The Problem of Market Manipulation, N.Y.U. Law Review (1999), Vol. 74: 630-749
Henderson J.A./ Rachlinski, J.J., Product-Related Risk and Cognitive Biases: The Shortcomings of Enterprise Liability, Roger Williams Law Review (2000), Vol. 6: 1, 237
Hernandez-Avila, M. et al., Caffeine, Moderate Alcohol Intake, and Risk of Fractures of the Hip and Forearm in Middle-aged Women, American Journal of Clinical Nutrition (1991), Vol. 54: 157-163
Hersch, J./ Viscusi, W.K., Punitive Damages: How Judges and Juries Perform, Harvard John M. Olin Discussion Paper No. 362, 05/2002
Hintz, H.F., Calcium, Cola, Calamity, Cornell Vet (1980), 70 (1), 3-9
Hirschhorn, N., Shameful Science: Four Decades of the German Tobacco Industry's Hidden Research on Smoking and Health, Tobacco Control (Summer 2000), Vol. 9: 242-248
Hoebel, B.G. et al., Neural Systems of Reinforcement and Inhibition of Behavior: Relevance to Eating, Addiction, and Depression. In: *Kahnemann, D./ Diener, E./ Schwarz, N.* (Eds.) Well-being: Foundations of Hedonic Psychology. New York: Russell Sage Foundation, 1999, 560-574

Hu, F.B. et al., Diet, Lifestyle, and the Risk of Type 2 Diabetes Mellitus in Women, New England Journal of Medicine (2001), 345: 790-797

Hughes, J.R. et al., Caffeine Self-administration, Withdrawal, and Adverse Effects among Coffee Drinkers, Archives of General Psychiatry (1991), Vol. 48: 611-617

Jacobson, M.F., Liquid Candy: How Soft Drinks are Harming Americans' Health, im Internet: http://www.cspinet.org/sodapop/liquid_candy.html (accessed 11 Sept. 2002)

Jacobson, M.F./ Brownell, K.D., Small Taxes on Soft Drinks and Snack Foods to Promote Health, American Journal of Public Health (2000), Vol. 90: 854-857

Johansson, A.K. et al., Dental Erosion, Soft-drink Intake, and Oral Health in Young Saudi Men, and the Development of a System for Assessing Erosive Anterior Tooth Wear, Acta Odontologica Scandinavica (1996), Vol. 54: 369-378

Johnson, R.K./ Frary.C., Choose Beverages and Foods to Moderate Your Intake of Sugars: The 2000 Dietary Guidelines for Americans – What's All the Fuss About, Journal of Nutrition (2001), Vol. 131: 2766S-2771S

Joppig, T., Jugendschutz – Gericht verbietet Werbung für Handy-Klingeltöne, Spiegel Online vom 03.06.03, im Internet unter http://www.spiegel.de/wirtschaft/0,1518,251448,00.html (accessed 6 June 2003)

Juliano, L.M./ Griffiths, R.R, Is Caffeine a Drug of Dependence, Psychiatric Times (Feb 2001), Vol. XVIII, Issue 2

Kaas, K.P./ Busch, A., Inspektions-, Erfahrungs- und Vertrauenseigenschaften von Produkten – Theoretische Konzeption und empirische Validierung, Marketing ZFP, Heft 4, 4. Quartal 1996, 243-252

Kalies, H./ Lenz, J./ von Kries, R., Prevalence of Overweight and Obesity and Trends in Body Mass Index in German Pre-School Children, 1982-1997, International Journal of Obesity (2002), Vol. 26: 1211-1217

Kaplow, L./ Shavell, S., Property Rules versus Liability Rules: An Economic Analysis, Harvard Law Review (1996), Vol. 109: 713-790

Keijzers, G.B. et al., Caffeine can Decrease Insulin Sensitivity in Humans, Diabetes Care (2002), Vol. 25: 364-369

Kiel, D.P. et al., Caffeine and the Risk of Hip Fracture: the Framingham Study, American Journal of Epidemiology (1990), Vol. 132: 675-684

King, H./ Aubert, R.E./ Hermann, W.H., Global Burden of Diabetes, 1995-2025: Prevalence, Numerical Estimates, and Projections, Diabetes Care (1998), Vol. 21, No. 9: 1414-1427

King, H./Zimmet, P., Trends in the Prevalence and Incidence of Diabetes: Non-insulin-dependent Diabetes Mellitus, World Health Statistic Quarterly 41 (1988), 190

Kleinman, R. E. et al., Let Them Eat Cake!: The Case Against Overcontrolling What Children Want to Eat: The Pediatrician's Guide to Safe and Healthy Food and Growth, Villard Books, 1994

Knowler, W.C. et al., for The Diabetes Prevention Program Research Group, Reduction in the Incidence of Type 2 Diabetes with Lifestyle Intervention or Metformin, New England Journal of Medicine (2002), Vol. 346: 393-403

Kötz, H./ Wagner, G., Deliktsrecht, 9. Aufl., Neuwied: Luchterhand, 2001

Kotz, K./ Story, M., Food Advertisements During Children's Saturday Morning Television Programming: are they Consistent with Dietary Recommendations? Journal of the American Dietetic Association (1994), Vol. 94: 1296–300

Krauss, R.M., Triglycerides and Atherogenic Lipoproteins: Rationale for Lipid Management. Am J Med (1998), Vol. 105: 58S-62S

Kruse, H., Coca-Cola entdeckt neue Zielgruppe, Die Welt (3. Dez. 2002), S. 14

Kullmann, H.J., Die Produzentenhaftung für Lebensmittel nach dem Stand der Rechtsprechung, ZLR 1/2002, 37-57

Kullmann, H.J., Die Rechtsprechung des BGH zum Produkthaftungspflichtrecht in den Jahren 1994-1995, NJW 1996, 18

Kullmann, H.J., Die Rechtsprechung des BGH zum Produkthaftungspflichtrecht in den Jahren 1995-1997, NJW 1997, 1756

Kullmann, H.J., Haftung für Raucherschäden, in: *Ahrens, H.-J. et al. (Hrsg.)*, Festschrift für Erwin Deutsch, Köln: Heymann, 1999, S. 217-231

Kullmann, H.J., Produkthaftungsgesetz – Kommentar, 3. Aufl., Berlin: Erich Schmidt, 2001

Kullmann, H.J./Pfister, B./ Buchwaldt, E., Produzentenhaftung, Loseblattsammlung, Berlin: Schmidt

Levine, E./ Guthrie, J.F., Nutrient Intakes and Eating Patterns of Teenagers, Family Economics and Nutrition Review (1997), Vol. 10: 20-35

Littbarski, S., Herstellerhaftung ohne Ende – ein Segen für den Verbraucher? NJW 1995, 217-222

Ludwig, D.S., Dietary Glycemic Index and Obesity, Journal of Nutrition. (2000), Vol. 130: 280S-283S

Ludwig, D.S./ Peterson, K.E./ Gortmaker, S.L., Relation Between Consumption of Sugar-sweetened Drinks and Childhood Obesity: a Prospective, Observational Analysis, The Lancet (2001), Vol. 357: 505-508

Mathios, A.D., The Impact of Mandatory Disclosure Laws on Product Choices: An Analysis of the Salad Dressing Market, Journal of Law and Economics (2000), Vol. XLIII (2): 651-677

Mattes, R.D., Dietary Compensation by Humans for Supplemental Energy Provided as Ethanol or Carbohydrate in Fluids, Physiology and Behavior (1996), Vol. 59: 179-187

Matthäus, C., Schlachtfeld Ernährung – Das amerikanische Fett- und Zucker-Desaster, Spiegel Online vom 02. Okt. 2002, im Internet unter

http://www.spiegel.de/wirtschaft/0,1518,druck-216470,00.html (accessed 04 Oct. 2002)
Mazariegos-Ramos, E. et al., Consumption of Soft Drinks with Phosphoric Acid as a Risk Factor for the Development of Hypocalcemia in Children: A Case-Control Study, Journal of Pediatrics (1995), Vol. 126 (6): 940-942
McLellan, F., Marketing and Advertising: Harmful to Children's Health, The Lancet (2002); Vol. 360: 1001
McLellan, Obesity Rising to Alarming Levels Around the World, The Lancet (2002), Vol. 359: 1412
Medicus, D., Bürgerliches Recht, 19. Aufl., Köln: Heymann, 2002
Meyer, J., Die neue BGH-Rechtsprechung zur Produkthaftung gegenüber Kindern, Deutsches Steuerrecht 1999, S. 1319-1323
Meyer, J., Instruktionshaftung: eine Analyse aus Sicht der Rechts-, Wirtschafts- und Verhaltenswissenschaften Bielefeld: Gieseking, 1992 (Schriften zum deutschen und europäischen Zivil-, Handels- und Prozessrecht, Bd. 135)
Meyer, J., Von Saugern und Säften – ein Zwischenbericht zum Kindertee-Komplex, Zeitschrift für Wirtschaftsrecht (ZIP) 1995, 716-721
Meyer, K.A. et al., Carbohydrates, Dietary Fiber, and Incident Type 2 Diabetes in Older Women, American Journal of Clinical Nutrition (2000), Vol. 71: 921-930
Michalski, L., Produktbeobachtung und Rückrufpflicht des Produzenten, Betriebs-Berater 1998, 961-965
Michalski, L./ Riemenschneider, M., Die zivilrechtliche Bedeutung des Mindesthaltbarkeitsdatums für den Verbraucher, Betriebs-Berater 1993, 2097-2105
Moazzez, R./ Smith, B.G./ Bartlett, D.W., Oral pH and Drinking Habit During Ingestion of a Carbonated Drink in a Group of Adolescents with Dental Erosion, Journal of Dentistry (2000), Vol. 28: 395-397;
Moller, D.E., New Drug Targets for Type 2 Diabetes and the Metabolic Syndrome, Nature, Vol. 414 (13 Dec 2001), 821-827
Münchener Kommentar, hrsg. von Rebmann, K. et al., 3.-4. Aufl., München: C. H. Beck, 1992-1997; Zitierweise: *MüKo*/Bearbeiter
Nagourney, E., Nutrition: Flavored Milk a Calcium Solution, NY Times, 16 July 2002
Nelson, P., Advertising as Information, Journal of Political Economy (1974), Vol. 82: 729-754
Nelson, P., Information and Consumer Behavior, Journal of Political Economy (1970), Vol. 78: 311-329.
Nestle, M., Food Politics: How the Food Industry Influences Nutrition and Health, Berkeley and Los Angeles, California: University of California Press, 2002 (California studies in food and culture; 3)
Nestle, M./ Jacobson M.F., Halting the Obesity Epidemic: A Public Health Policy Approach, Public Health Reports (Jan/Feb 2000), Vol. 115: 12-24

Neubacher, A., Tamtam auf der Barrikade, Der Spiegel 29/2002, S. 37

Neuman, M./ Bitton, A./ Glantz, S., Tobacco Industry Strategies for Influencing European Community Tobacco Advertising Legislation, The Lancet (2002), Vol. 359: 1323-1330

Nielsen, S.J./ Popkin, B.M., Patterns and Trends in Food Portion Sizes, 1977-1998, Journal of the American Medical Association (2003), Vol. 289: 450-453

O.N., Schul-Sponsoring: Diese Unterrichtsstunde wurde präsentiert von..., Spiegel Online vom 6. Aug. 2002, im Internet unter: www.spiegel.de/unispiegel/geld/0,1518,208276,00.html

O.N., Wenn der Text zur Werbung wird, Pharma-Brief 3/2002, S. 7

Ong, E.K./ Glantz, S.A., Constructing "sound science" and "good epidemiology": Tobacco, Lawyers and Public Relations Firms, American Journal of Public Health (2001), Vol. 91: 1749-1757

Ong, E.K./ Glantz, S.A., Tobacco Industry Efforts Subverting International Agency for Research on Cancer's Second-hand Smoke Study, The Lancet (2000), Vol. 355: 1253-1259

Palandt, Bürgerliches Gesetzbuch, 62. Aufl., München: C.H.Beck, 2003, Zitierweise: *Palandt*/Bearbeiter

Pan, X.R. et al., The Da Qing IGT and Diabetes Study: Effects of Diet and Exercise in Preventing NIDDM in People with Impaired Glucose Tolerance, Diabetes Care (1997), Vol. 20: 537-544

Pater, S., Zuckerwasser – Vom Coca-Cola-Imperium, Bonn: Retap-Verlag, 2002

Petridou, E. et al., The Role of Dairy Products and Non-alcoholic Beverages in Bone Fractures among School Children, Scandinavian Journal of Social Medicine (1997), Vol. 25: 119-125

Pindyck, R.S./Rubinfeld, D.L., Microeconomics, 5th ed., Upper Saddle River, N.J.: Prentice Hall, 2001

Robinson, T.N., Reducing Children's Television Viewing to Prevent Obesity: a Randomized Controlled Trial, Journal of the American Medical Association (1999), Vol. **282**: 1561–67

Rogers, P.J./ Richardson, N.J./ Elliman, N.A., Overnight Caffeine Abstinence and Negative Reinforcement of Preference for Caffeine Containing Drinks, Psychopharmacology (1995), Vol. 120: 457-462;

Rolls, B.J./ Engell, D./ Birch, L.L., Serving Portion Size Influences 5-year-old but not 3-year-old Children's Food Intake, Journal of the American Dietetic Association (2000), Vol. 100: 232–234

Rote Reihe Tabakprävention und Tabakkontrolle, Sonderband: Gesundheit fördern – Tabakkonsum verringern: Handlungsempfehlungen für eine wirksame Tabakkontrollpolitik in Deutschland, Heidelberg: Deutsches Krebsforschungszentrum, 2002

Rothstein, R., Schools' Chosen Cure for Money Ills: A Sugar Pill, NY Times, 21 Aug 2002

Saltiel, A.R./ Kahn, C.R., Insulin Signalling and the Regulation of Glucose and Lipid Metabolism, Nature, Vol. 414 (13 Dec 2001), 799-806 (802)

Schäfer, H.-B./Ott, C., Lehrbuch der ökonomischen Analyse des Zivilrechts, 3. Aufl., Berlin, Heidelberg: Springer, 2000

Schiessl, M., Gefundenes Fressen, Der Spiegel 24/2002, S. 132/133.

Schiller, D., Die süßeste Verführung – Die Werbebranche – eine globale Schlüsselindustrie, Le Monde diplomatique Nr. 6443 (11.05.2001)

Schlosser, E., Fast Food Nation, London: Penguin Books, 2002

Schmidt-Salzer, J./Hollmann, H.H., Kommentar EG-Richtlinie Produkthaftung, Heidelberg: Verlag Recht und Wirtschaft, 1986-1993, Bd. 1

Shuster, J. et al., Soft Drink Consumption and Urinary Stone Recurrence: A Randomized Prevention Trial, Journal of Clinical Epidemiology (Aug 1992), Vol. 45 (8): 911-916

Smit, H.J./ Rogers, P.J., Effects of Low Doses of Caffeine on Cognitive Performance, Mood and Thirst in Low and Higher Caffeine Consumers, Psychopharmacology (2000), Vol. 152: 167-173

Staudinger, J. v., Kommentar zum Bürgerlichen Gesetzbuch, Buch 2: Recht der Schuldverhältnisse §§ 823-825, 13. Bearbeitung von J. Hager, Berlin: de Gruyter, 1999, Zitierweise: *Staudinger*/Bearbeiter

Stigler G.J./ Becker G.S.: De Gustibus Non Est Disputandum, The American Economic Review (March 1977), Vol. 67, No. 2: 76-90, reprinted in: *Cook, K.S./ Levi, M.*, The Limits of Rationality, Chicago: The University of Chicago Press, 1990, 191-217

Stigler, G.J., The Economics of Information, Journal of Political Economy (1961), Vol. LXIX: 213-225

Stigler, G.J./ Friedland, C., What Can Regulators Regulate? The case of Electricity, Journal of Law and Economics (1962), Vol. 5: 1-16

Streitz, M., Pepsi-Cola, Schul-Millionen, dicke Texaner und wie das alles zusammenhängt, Spiegel Online vom 12. Juli 2002. Im Internet unter http://www.spiegel.de/wirtschaft/0,1518,204818,00.html (accessed 22 July 2002)

Taschner, H.C./Frietsch, E., Produkthaftungsgesetz und EG-Produkthaftungsrichtlinie: Kommentar, 2. Aufl., München: Beck, 1990

Taubes, G., What if It's All Been a big Fat Lie? NY Times, 7 July 2002

The Coca-Cola Company, Annual Report 1997

The Coca-Cola Company, Annual Report 2001

The Diabetes Prevention Program, Design and Methods for a Clinical Trial in the Prevention of Type 2 Diabetes, Diabetes Care (1999), Vol. 22: 623–634

The National Alliance for Nutrition and Activity, From Wallet to Waistline – The Hidden Costs of Super Sizing, im Internet unter http://www.cspinet.org/new/pdf/final_price_study.pdf (accessed 4 May 2003)
Thobrietz, P., Syndrom X – Häufiges Essen kann den Organismus schädigen: Viele Wohlstandskrankheiten haben ihren Ursprung in einem dauerhaft überhöhten Blutzuckerspiegel, Die Woche, 14. Sept. 2001, S. 26
Tolkemitt, T., Die deutsche Glücksspielindustrie, Frankfurt am Main: Lang, 2002 (Schriftenreihe ökonomische Analyse des Rechts; Bd. 2)
Troiano, R.P. et al., Energy and Fat Intake of Children and Adolescents in the Unites States: Data from the National Health and Nutrition Examination Surveys, American Journal of Clinical Nutrition (2000), Vol. 72: 1343S-53S
Tuomilehto, J. et al., Prevention of Type 2 Diabetes Mellitus by Changes in Lifestyle among Subjects with Impaired Glucose Tolerance, New England Journal of Medicine (2001), Vol. 344: 1343-1350
Tversky, A./ Kahneman, D., Judgement under Uncertainty: Heuristics and Biases, in: *Kahneman, D./ Slovic, P./ Tversky, A.* (Hrsg.), Judgement under Uncertainty 3, 1982, zit. und angewandt in *Sunstein, C.R.* (Hrsg.), Behavioral Law and Economics, Cambridge: Cambridge University Press, 2000 (Cambridge series on judgement and decision making)
Tversky, A./ Kahneman, D., Rational Choice and the Framing of Decisions, Journal of Business (1986), Vol. 59 (4): 251-278, reprinted in: *Cook, K.S./ Levi, M.*, The Limits of Rationality, Chicago: The University of Chicago Press, 1990, 60-89
US Department of Agriculture, Agricultural Research Service, What and Where our Children Eat – 1994 Nationwide Survey Results. Research news press release, im Internet: http://www.barc.usda.gov/bhnrc/foodsurvey/Kidspr.html (accessed 9 Sept 2002)
v. Westphalen, F., Das Milupa-Urteil – eine beträchtliche Verschärfung der Produkthaftung, Zeitschrift für Wirtschaftsrecht (ZIP) 1992, 18-21
v. Westphalen, F., Instruktionspflichten des Warenherstellers im Lebensmittelbereich – Zum „Baby-Bottle-Syndrom", Betriebs-Berater Beilage 1994, Nr. 18, S. 1-18 (15f.)
van Dam, R.M. et. al., Dietary Patterns and Risk for Type 2 Diabetes Mellitus in U.S. Men, Annals of Internal Medicine (2002), Vol. 136: 201-209
Varian, H.R., Employment and Prosperity Affect Body Inflation, NY Times, 26 Sept. 2002
Verbraucherzentrale Bundesverband (vzbv) e.V. (Hrsg.), „... mit der Extra-Portion Zucker und Fett" – Dossier zu Fehlernährung bei Kindern und Jugendlichen in Deutschland, Berlin 2003
Verbraucherzentrale Bundesverband (vzbv) e.V. (Hrsg.), Hintergrundpapiere des vzbv zum Verbraucherinformationsgesetz vom 16. April 2002

Verbraucherzentrale Bundesverband (vzbv) e.V. –aktuelle Mitteilung vom 22.07.2002: Kinder und Jugendliche vor Werbung schützen. Im Internet zu finden unter http://www.vzbv.de (accessed 27 Sept 2002)

Vines, G., Sweet but Deadly, New Scientist Archive 1 Sept 2001; im Internet unter http://archive.newscientist.com/archive.jsp?id=23064500 (accessed 10.01.02)

von Laffert, G., Rauchen, Gesellschaft, Staat, Wiesbaden: Dt. Univ. Verlag, Wiesbaden: Gabler, 1998 (Gabler Edition Wissenschaft: Ökonomische Analyse des Rechts)

Wagner, G., Das neue Schadensersatzrecht, Baden-Baden: Nomos, 2002

Walker, A. R./ Cleaton-Jones, P.E., Sugar Intake and Dental Caries; British Dental Journal (1992), Vol. 172: 7

Wardle J./ Huon G., An experimental Investigation of the Influence of Health Information on Children's Taste Preferences, Health Education Research (2000), Vol. 15: 39-44

Weinstein, N.D., Unrealistic Optimism About Future Life Events, 39 J. Personality & Soc. Psychol. 806 (1980), zit. und angewandt in *Sunstein, C.R.* (Hrsg.), Behavioral Law and Economics, Cambridge: Cambridge University Press, 2000 (Cambridge series on judgement and decision making

Wieckhorst, T., Vom Produzentenfehler zum Produktfehler des § 3 ProdHaftG, VersR 1995, 1005-1015

Willett, W. C., Eat, Drink and Be Healthy, The Harvard Medical School Guide to Healthy Eating, Simon & Schuster Source

Wolf, A./ Colditz, G., Current Estimates of the Economic Cost of Obesity in the United States; Obesity Research (1998), Vol. 6, No. 2: 97-106

World Health Organization: World Health Report 1997. Conquering suffering, enriching humanity, Geneva: 1997

Wurtman, R.J./ Wurtman, J.J., Brain Serotonin, Carbohydrate-craving, Obesity and Depression, Obesity Research (1995), Vol. 3: 477S-480S

Wüsthof A., Die dicken Kinder von nebenan, Die Zeit Nr.36 vom 29.August 2002, S. 33

Wyshak, G., Teenaged girls, Carbonated Beverage Consumption, and Bone Fractures, Archives of Pediatrics and Adolescent Medicine (2000), Vol. 154 (6): 610-613

Yach, D./ Bialous, S.A., Tobacco, Lawyers, and Public Health – Junking Science to Promote Tobacco, American Journal of Public Health (2001), Vol. 91, No 11: 1745-1748

Yeomans M.R. et al., Expression of Flavour Preferences Conditioned by Caffeine is Dependent on Caffeine Deprivation State, Psychopharmacology (2000), Vol. 150: 208-215

Yeomans, M.R./ Spetch, H./ Rogers, P.J., Conditioned Flavour Preference Negatively Reinforced by Caffeine in Human Volunteers, Psychopharmacology (1998), Vol. 137: 401-409

Young L.R./ Nestle, M., Portion Sizes in Dietary Assessment: Issues and Policy Implications, Nutrition Reviews (1995), Vol. 53: 149-158

Zammit, V.A. et al., Insulin Stimulation of Hepatic Triacylglycerol Secretion and the Etiology of Insulin Resistance, Journal of Nutrition (2001), Vol. 131: 2074-2077

Zimmet, P., Globalization, Coca-colonization and the Chronic Disease Epidemic: can the Doomsday Scenario be Averted? Journal of Internal Medicine (2000), Vol. 247: 301-310

Zimmet, P./ Alberti K.G.M.M./ Shaw, J., Global and Societal Implications of the Diabetes Epidemic, Nature, Vol. 414 (13 Dec 2001), 782-787

Zinczenko, D., Don't Blame the Eater, NY Times, 23 Nov. 2002

Zoll, M.H., Psychologists Challenge Ethics of Marketing To Children, http://www.mediachannel.org/original/kidsell.html (accessed 1 Oct 2002)

Schriftenreihe Ökonomische Analyse des Rechts
Law and Economics

Herausgegeben von Michael Adams

Band 1 Michael Adams: Ökonomische Theorie des Rechts. Konzepte und Anwendungen. 2., korrigierte und ergänzte Auflage. 2004.

Band 2 Till Tolkemitt: Die deutsche Glücksspielindustrie. Eine wirtschaftswissenschaftliche Analyse mit rechtspolitischen Schlussfolgerungen. 2002.

Band 3 Jens Maßmann: Nonproftis. Analyse, Entwicklung und Rechtspolitik. 2003.

Band 4 Claus C. Roggatz: Informationspflichten von Investmentgesellschaften. Analyse der gesetzlichen Publizitätsvorschriften zur Verbesserung der investmentrechtlichen Transparenz und des Anlegerschutzes. 2003.

Band 5 Maja Kraas: Produkthaftung und Warnhinweise. Eine rechtsökonomische Analyse am Beispiel von Coca-Cola. 2004.

www.peterlang.de

Peter Lang · Europäischer Verlag der Wissenschaften

Marc Colussi

Produzentenkriminalität und strafrechtliche Verantwortung

Frankfurt am Main, Berlin, Bern, Bruxelles, New York, Oxford, Wien, 2003.
XVI, 252 S.
Frankfurter kriminalwissenschaftliche Studien.
Verantwortlicher Herausgeber: Ulfrid Neumann. Bd. 80
ISBN 3-631-50826-3 · br. € 45.50*

Schädliche Produkte verursachen inzwischen zahllose Krankheiten und Gesundheitsschädigungen auf Seiten der Verbraucher. In der Regel sind den Produzenten die Gefahren ihrer Produkte bekannt. Dennoch wird aus profitorientierten Gründen weiter produziert und verkauft. Trotz dieses kriminellen Verhaltens brauchen die Verantwortlichen eine Verurteilung nicht zu fürchten. Vielfach werden entsprechende Ermittlungen durch die Strafverfolgungsorgane erst gar nicht eingeleitet oder später eingestellt. In den seltenen Fällen einer Anklageerhebung enden die Strafverfahren mit Einstellung bzw. Absehen von Strafe oder Freispruch der Beschuldigten. Diese Arbeit untersucht präsumtive Erklärungsmöglichkeiten für jenes Phänomen der Impunität anhand rechtspolitischer, dogmatischer und forensischer Aspekte. Dabei wird deutlich, daß ein wirkungsvoller Schutz der Verbraucher nur über eine extensive Nutzung der vorhandenen Möglichkeiten des Strafrechts möglich ist.

Aus dem Inhalt: Rechtspolitische Aspekte der strafrechtlichen Produkthaftung · Dogmatische Aspekte der strafrechtlichen Produkthaftung · Gründe für den geringen strafrechtlichen Output der Gerichte (forensische Aspekte)

Frankfurt am Main · Berlin · Bern · Bruxelles · New York · Oxford · Wien
Auslieferung: Verlag Peter Lang AG
Moosstr. 1, CH-2542 Pieterlen
Telefax 00 41 (0) 32 / 376 17 27

*inklusive der in Deutschland gültigen Mehrwertsteuer
Preisänderungen vorbehalten

Homepage http://www.peterlang.de

Druck:
CPI Druckdienstleistungen GmbH
im Auftrag der
Kolibri 360 GmbH
Ferdinand-Jühlke-Str. 7
99095 Erfurt

FSC
www.fsc.org
MIX
Papier | Fördert gute Waldnutzung
FSC® C083411

Kolibri 360 GmbH
Ferdinand-Jühlke-Straße 7
99095 Erfurt, Deutschland
produktsicherheit@kolibri360.de